U0468042

云南省中国特色社会主义理论体系研究中心
云南大学马克思主义学院
云南省21世纪马克思主义创新团队
推 出

马克思人类学哲学探索丛书·主编 张瑞才

马克思关于人和人类世界的哲学构建

苗启明 林安云 著

中国社会科学出版社

图书在版编目(CIP)数据

马克思关于人和人类世界的哲学构建 / 苗启明,林安云著. —北京:中国社会科学出版社,2013.4(2018.4 重印)

ISBN 978-7-5161-2523-6

Ⅰ.①马… Ⅱ.①苗… ②林… Ⅲ.①马克思主义哲学—哲学人类学—研究 Ⅳ.①B0-0 ②B089.3

中国版本图书馆 CIP 数据核字(2013)第 080688 号

出 版 人	赵剑英
责任编辑	王 茵
特约编辑	王福仓
责任校对	任晓晓
责任印制	王 超

出 版	中国社会科学出版社
社 址	北京鼓楼西大街甲 158 号
邮 编	100720
网 址	http://www.csspw.cn
发 行 部	010-84083685
门 市 部	010-84029450
经 销	新华书店及其他书店
印刷装订	北京明恒达印务有限公司
版 次	2013 年 4 月第 1 版
印 次	2018 年 4 月第 2 次印刷
开 本	710×1000 1/16
印 张	21.25
插 页	2
字 数	350 千字
定 价	65.00 元

凡购买中国社会科学出版社图书,如有质量问题请与本社联系调换
电话:010-64009791
版权所有 侵权必究

《马克思人类学哲学探索》丛书
编 委 会

主　　任　张瑞才
副 主 任　李　兵　苗启明
编　　委　谭启彬　杨志玲　张兆民　白利鹏

编委会成员介绍

张瑞才：云南省社会科学界联合会党组书记、主席、研究员；云南省中国特色社会主义理论体系研究中心主任，"21世纪马克思主义创新团队"总顾问

李　兵：云南大学马克思主义学院院长、哲学博士、教授；"21世纪马克思主义创新团队"负责人、创新团队双首席专家之一

苗启明：云南省社会科学院哲学所研究员、创新团队双首席专家之一

谭启彬：云南省中国特色社会主义理论体系研究中心办公室专职副主任

杨志玲：云南大学马克思主义学院党委书记、教授、历史学博士

张兆民：云南省社会科学院哲学所副研究员、哲学博士

白利鹏：昆明理工大学社会科学学院教授、哲学博士

总　序

　　今年是马克思诞辰200周年,《共产党宣言》发表170周年,为纪念马克思主义创始人马克思、纪念马克思主义产生的标志《共产党宣言》的发表,我们"21世纪马克思主义创新团队"组织撰写了《马克思人类学哲学探索》丛书。这套丛书,通过深入系统的学理研究,力图提出和回答马克思开创的人类学哲学以及人类学马克思主义有什么根据,特征何在,对于今天的中国发展和世界历史发展有什么意义等问题。

　　马克思在继承前人的基础上,从人类学立场出发特别是从"社会人"和"社会化的人类"的视角来理解和把握人和人类世界,找到了正确打开人和人类世界的钥匙,形成了人类学世界观,创立了人类学哲学。这一哲学为21世纪马克思主义发展开辟了新境界。

　　人类学哲学是马克思的超越时代的理论构建,它特别适应于今天这个人类学发展的新时代,适用于中国特色社会主义进入新时代的实践要求。2014年,中国第十四届"马克思哲学论坛"开创性地提出,要从国际视野、世界历史视野理解马克思哲学,从广义的人类学即全人类的价值立场和价值要求理解马克思哲学。本丛书就是研究马克思在这一方向上的开创和构建的产物,是新时代的一种理论回应。

　　要理解人类学哲学的马克思主义,就要深刻理解马克思的问题意识:马克思是从他所把握到的"一个时代的迫切问题"开始他的理论探索的。"一个时代的迫切问题"一般包括"历史基本问题"与"现实迫切问题"两方面。马克思从当时的历史语境出发,首先关注的"历史基本问题"是:世界历史发生了政治革命即政治解放之后而进一步提出的人类解放问题,这一问题在本质上是人类学问题。当时的"现实迫切问题"是:"劳动与资本的对立"所造成的无产阶级的生存解放问题。马克思发现,要追求"全人类解放",首先就要解决无产阶级的生存解放问题。这就成了马克思自觉担负起来的双重一体的世界历史使命,他终生都在为这两大历史使命而奋斗。针对现实迫切的无产阶级的生存解放问题,马克思主要诉诸经济学;针对全人类解放问题,马克思主要诉诸人类学,形成了以人类学为理论根基的人类学马克思主义。今天看来,东西方之所以会出现对马克思的两种严重误解,在于不理解马克思的双重历史使命、双重问题域和双重理论构建;在于不理解马克思早期哲学思想的人类学价值特性及其重要性;在于忽视了马克思本来就是为了全人类解放才首先需要解决作为现实迫切问题的无产阶级的解放问题的。

马克思的人类学哲学思想,从他早年的博士论文到晚年的《人类学笔记》都有所体现。他早年就旗帜鲜明地提出:任何解放都是"使人的世界和人的关系回归于人自身",后来又提出"每个人的自由发展是一切人的自由发展的条件"等论断,这些都体现了他所追求的人类学价值原则。马克思开创的人类学哲学方向,超越了他的时代,适应于21世纪的人类学发展。

人类学哲学和以其为基础的人类学马克思主义,有丰富的内容。人类学哲学不仅包括对人和人类世界的人类学特性的研究,也包括从人类学立场出发对人的生存发展的人类学价值的追求。建立在人类学哲学基础上的生存人类学,作为人类学马克思主义的理论主体,在今天就是具体追求人的生存合理性的价值哲学。只有进行这些学科的理论构建,才能针对当代和未来世界的人类学发展所遇到的根本问题提出马克思主义的解决方略。21世纪的马克思主义,可以通过弘扬人类学哲学,而再次走在21世纪的世界历史发展前沿,通过对世界历史发展提出马克思主义的人类学价值主张,而引领新的世界历史发展。而这一切,都有待于人们对马克思超越其时代需要而构建的人类学哲学的发现、理解、研究、完善和弘扬。

马克思之后,西方自囿于对马克思的人道主义、人本主义的理解,故不可能上升到人类学高度理解马克思。东方则囿于断裂论、不成熟论和转变论,并企图以此维护对马克思主义哲学传统理解的权威,不仅没有而且排斥人类学意识,所以也不能上升到人类学高度来理解马克思。这是东西方长期不能发现人类学马克思的哲学立场的认识论原因。20世纪初的马尔库塞,虽已指出马克思哲学的人类学特质，但没有深入研究。1996年在俄国召开的第十九届"世界哲学大会"，肯定了"世界哲学发生了人类学转折"，对人的研究成了当代世界的哲学主题，这是当代世界的人类学发展的理论表现。

时代是思想之母、实践是理论之源。改革开放之后，尤其是到了世纪之交，国内哲学界开始了对马克思哲学的人类学方向的探索，其中云南学者迈出了新步伐。如苗启明先生从2003年起一直潜心于这一方向，提出了马克思哲学是"实践的人类学哲学"这一新理解，现在已在这一方向发表论文30多篇和出版6本学术专著。本丛书就是这一研究的又一新成果。通过这一研究，能把马克思的各种思想统一起来，进行系统的人类学马克思主义理论构建。这一研究，一是为国内呼声很高的全面而完整地理解马克思打开了局面；二是为人类学哲学、人类学马克思主义的提出，开辟了前所未有的马克思主义研究新方向；三是让我们的改革发展有一种理论自觉，从而形成新的马克思主义信念；四是让马克思主义哲学与当代的时代精神结合起来，让马克思成为解决人类21世纪的人类学发展问题的马克思，从而继续成为21世纪的世界历史发展的灯塔；五是开辟了一种由马克思奠定的马克思主义新哲学，即从人类学立场出发研究人和人类世界的人类学特性和人类学发展的新哲学，这是一种全新的学术任务。

当今世界正处在大发展大变革大调整时期，随着全球化、互联网、全球生态保护、全球和平、全球治理出现，表明世界历史已开始向人类学时代发展。在这个新的世界历史发展时代，最需要的哲学就是马克思开创而又一直被遮蔽、被曲解的人类学哲学。因而，在当代发现、疏理、弘扬马克思的人类学哲学思想，并进而构建人类学哲学和以此为基础的人类学马克思主义，是当代马克思主义者的世纪性任务。

中国经过40年改革开放的发展，在21世纪全球化进程中，大踏步赶上世界潮流，成为全球化的主要推动者，成为互联网发展、全球生态保护、全球和平的领头羊。中国的"一带一路"倡议，正在助推全球化的发展；中国率先提出"构建人类命运共同体"思想，已得到联合国的支持，这些无不表明中国是当代世界历史走向人类学时代的伟大推进力量。"任何真正的哲学都是自己时代的精神上的精华"[①]，今天能够体现和弘扬这种时代精神的哲学，

[①] 《马克思恩格斯全集》第1卷，人民出版社1995年版，第220页。

就是新时代的马克思主义人类学哲学。所以，发现、构建、弘扬马克思站在世界历史高度上所构建的人类学哲学，是时代的需要，是世界历史发展即全人类生存发展的需要，也是中国发展和走向世界、引领世界的人类学发展的精神理念需要，更是当代的时代精神对马克思人类学哲学精神的再呼唤。所以，推出马克思的人类学哲学，是中国改革发展和世界历史的人类学发展的哲学要求。目前的问题是：由于这一思想太新，理解的人还不多；或者还担心与传统意识形态不协调，因而还在观望。只有站在马克思的新的人类学哲学立场上，才能使中国不仅在行动上而且在精神理念上成为世界历史的人类学发展的开拓者。解决了马克思主义在当代"失语、失声、失踪"的问题，中国将成为 21 世纪世界历史的人类学发展的旗手。

我们必须深刻认识到，马克思人类学哲学所倡导的人类学的自由、真理、正义、平等精神，有利于全人类的合理生存、健康发展与走向自由解放的价值追求。顺应和平、发展、合作、共赢的时代潮流，习近平新时代中国特色社会主义思想贡献了"铸剑为犁、构建人类命运共同体"[①] 等世纪性的中国智慧，提出"五大发展"理念和"以人民为中心的发展思想"，提出"建设持久和平、普遍安全、共同繁荣、开放包容、清洁美丽的世界"的方案，在国际层面倡导"和平、发展、公平、正义、民主、自由"的共同价值；在国内层面倡导"富强、民主、文明、和谐"的国家理念；"自由、平等、公正、法治"的社会理念等新的价值理想，都已超越了传统马克思主义的价值范畴，不仅有利于中国的人类学方向的发展，作为新的马克思主义价值理念也有利于当代世界的人类学发展。当然，这一切都还有待于人类学哲学的正确构建和理论支持。本丛书就是从不同方面分别研究构建马克思的这一新哲学的初步尝试。目前在国内、国外尚未见到这方面的专著。

本丛书是一种开创性的理论构建，其目的就是为了让马克思的人类学哲学能够有利于中国和世界在 21 世纪的发展。我们再次强调：所谓人类学哲学，不外是从人类学立场出发研究人和人类世界的人类学特性和规范其人类学价值发展的新哲学，并指向全人类的自由解放。马克思早在人类解放初露

[①] 习近平：《携手构建合作共赢新伙伴 同心打造人类命运共同体——在第七十届联合国大会一般性辩论时的讲话》，2015 年 9 月 28 日，人民网（http://politics.people.com.cn）。

端倪时，就开创了研究和推进这一发展的人类学哲学，它特别适应于 21 世纪的人类学发展的新时代，因而是当代世界的历史发展所特别需要的新哲学。所以，21 世纪的真正的马克思主义者，应当为构建 21 世纪的马克思主义人类学哲学而抢占理论制高点，掌握话语权。计划中这些书是一个体系，是从直接表现深入到理论核心再到扩展应用的关系：《哲学理性与时代精神》是探索哲学的真实使命，让哲学亲近人们的现实生活；《马克思关于人和人类世界的哲学构建》是从现象和事实引入；《马克思开创的新哲学——人类学哲学及其当代意义》是初步揭示；《〈巴黎手稿〉开创的人类学哲学及其后续发展》是对马克思的相关文献的系统疏理，初步提出人类学哲学的一些范畴和原理；《马克思人类学哲学思想的体系构建》是根据马克思的思想理论探索对人类学哲学理论的客观体系的系统构建；《人类学哲学：以实践改变世界的哲学》是强调这一哲学作为改变世界的哲学的实践特征；《马克思人类学哲学：开辟人类学时代的新哲学》是强调它对开拓 21 世纪的人类学时代的重要性；《马克思的双重历史使命与广义马克思主义》是从哲学深入到对整个马克思主义的分析，从双重理论构建提出广义的人类学马克思主义及其相关内容和任务；《马克思生态哲学思想与社会主义生态文明建设》是从人类学哲学高度来看的马克思的生态哲学思想及其当代应用和对人类生态文明的开辟；《东西方文明的发展与走向自由解放》是运用人类学哲学原理对于东西方文明发展和人类解放问题的初步分析；《开创与理解：21 世纪的马克思哲学》（论文集），是对人类学哲学的各种重要特征的补充研究等，将分两辑推出。

《马克思人类学哲学探索》丛书是云南省哲学社会科学界在新时代，按照习近平总书记提出的"把坚持马克思主义和发展马克思主义统一起来，结合新的实践不断做出新的理论创造"的要求，进行有益探索，是坚持以人民为中心的研究导向，坚持问题导向，发扬哲学社会科学批判精神，进行深入研究而推出的系列性研究著作。

张瑞才

云南省社科联党组书记、主席，研究员，博士生导师

2018 年 3 月 30 日

内容简介

本书认为，马克思以人类学意义的自由、真理、正义、公平精神，构建了一种关于人和人类世界的新哲学。这是一种从人类学价值高度，关心每个人与一切人即全人类的合理生存、健康发展与走向自由解放的哲学。是他从人类学高度对人类生存发展解放问题的哲学关怀。全书分三篇：第一篇马克思关于人和人类世界的哲学构建历程，主要从事实和时序方面讨论了马克思一生的主要哲学理论构建，如人类学视野的确立，从人的社会存在到社会人本论的创立，马克思哲学视域的六大范畴和十二论题等等；第二篇马克思的哲学开创：人类学—哲学的生成，主要从理论上讨论了人类学—哲学赖以形成的理论前提和方法论基础，它对旧哲学的十大否定与对新哲学的十大开创，以及这一哲学的核心价值追求：人的生存合理性要求以及以实践改变不合理世界；第三篇马克思人类学—哲学开辟的哲学新天地，主要讨论了人类学—哲学所开辟的新的哲学方向：马克思从真实的人出发，建立了他的不同于费尔巴哈的社会人本论和个体生命本体论，以及在此基础上的基本理论构建，如人本辩证法和人本解放论等基本理论。强调人类学—哲学的哲学使命是"在批判不合理旧世界中创建合理新世界"，为人类的合理生存与自由解放而奋斗。最后讨论了马克思的人类学思维范式以及这一哲学与西方的哲学人类学的本质区别。作者认为马克思的这一哲学构建，特别适应当代人类世界、当代世界历史发展的要求，是可以为解决当代人类生存发展问题提供马克思主义的规范性、指导性、方向性的"当代世界的哲学"。

马克思哲学"要求以人为本，从人出发，关心人和人类的生存状况和命运，关心个人的幸福和社会的正义，追求对于现存世界的否定、超越，消除人的物化、异化；特别是通过对于现存世界的反思、批判、解构、治疗，创造性地建设一个'人为的'和'为人的'新价值世界，一个更加美好、合乎人性的目的、促进人与社会自由而全面发展的理想世界。"

——孙伟平：《作为价值哲学的马克思哲学》

马克思以人类学意义的自由、真理、正义、公平精神，构建了一种关于人和人类世界的新哲学。这是一种从人类学价值高度，关心"每个人"与"一切人"即全人类的合理生存、健康发展与走向自由解放的哲学。是他从人类学高度对人类生存发展解放问题的哲学关怀。马克思的这一哲学构建，特别适应当代世界历史发展的要求，是可以为解决当代人类生存发展问题提供马克思主义的规范性、指导性、方向性的"当代世界的哲学"。

——本书题记

目　录

前言 ………………………………………………………………… （1）

代序　马克思关于人和人类世界的哲学之合法性基础与
当代意义 …………………………………………………… （1）

导论　马克思主义哲学：从重新理解马克思开始 …………………（1）

第一篇　马克思关于人和人类世界的
哲学构建历程

第一章　马克思哲学开创的根本精神：人类学意义的自由、
真理、正义、公平精神 ……………………………………（15）
一　马克思的自由精神：人类追求自由的精神化身 ……………（16）
二　自由精神的人类学价值追求：真理—正义—公平精神 ……（18）
三　自由—真理—正义—公平精神在批判斗争中的体现：
反剥削、反奴役、争自由、要公正的人类学价值精神 ………（20）

第二章　1841—1843：马克思从哲学上对人类自由解放的探求 ……（23）
一　1841：对人的自由精神的本体论探求 …………………………（24）
二　1842：从对自由的追求到要求创立实现自由的
"当代世界的哲学" …………………………………………（27）
三　1843：从自由到解放：以"人的解放"为核心的哲学构建 ……（32）

第三章　1844 年《手稿》：马克思从人类学视野对人和人类世界的哲学开创 ……………………………………………（41）
　　一　以人类学视野观察把握人和人类世界 ………………（42）
　　二　《手稿》对人和人类世界的哲学精神的多方面构建 ……（49）
　　三　《手稿》对社会人本论的初步创立 …………………（59）
　　四　《手稿》所揭示的人和人类世界的哲学基本原理……（64）

第四章　1845—1848：马克思从社会历史上对人和人类世界的深入把握 ……………………………………………………（73）
　　一　1845：以"人类的感性活动"为根基的人类学实践论的构建 …（74）
　　二　1846：从"现实的人及其活动"出发的人类学历史观的构建 …（82）
　　三　1847—1848：开创人类解放新时代的革命政治哲学的构建……（87）

第五章　1857—1883：马克思从经济学人类学视野对人类世界深层问题的哲学揭示 ………………………………………（91）
　　一　1857—1858：对人类解放历程的人类学高度的审视 …（92）
　　二　1859：以生产力逻辑对历史发展规律的把握 ………（97）
　　三　1867：《资本论》对经济学—哲学和人类学辩证法的发展 …（99）
　　四　1873—1883：以实证人类学为基础对人类解放多重道路的哲学探索 ……………………………………………（103）

第六章　马克思哲学视域、哲学开创的基本方面及其统一 ……（107）
　　一　马克思主要哲学构建的历程与相互关系 ……………（108）
　　二　马克思哲学视域的六大范畴、十二论题 ……………（112）
　　三　六大范畴、十二论题的统一 …………………………（119）

第二篇　马克思的哲学开创：
人类学—哲学的生成

第七章　西方哲学的人类学转向与马克思的独特开辟 …………（127）
　　一　西方哲学眼界的历史性转换 …………………………（128）

二　马克思的独特哲学开辟 ………………………………（129）
　　三　马克思以"以社会化了的人类"为立脚点研究人和人类
　　　　世界 ……………………………………………………（133）

第八章　马克思人类学—哲学形成的理论前提 ……………（139）
　　一　马克思揭示了构成人和人类世界的三大前提 ………（139）
　　二　马克思揭示了人类生存发展的三大前提 ……………（145）
　　三　马克思奠定了人类学—哲学的基础
　　　　理论范畴 ………………………………………………（146）

第九章　马克思人类学—哲学生成的理论逻辑 ……………（155）
　　一　马克思走向人和人类世界的哲学前提 ………………（155）
　　二　从人的关系和联系到"人类社会或社会化的人类" …（161）
　　三　人类学—哲学诞生的时序历程 ………………………（167）

第十章　马克思把握人和人类世界的四大基点 ……………（170）
　　一　把握人和人类世界的立足点：社会化的人类 ………（171）
　　二　把握人和人类世界的出发点：现实的人及其实践活动 ……（172）
　　三　把握人和人类世界的归宿点："每个人"与"一切人"的
　　　　自由发展 ………………………………………………（175）
　　四　把握人和人类世界的制高点：人类学价值立场 ……（176）

第十一章　马克思对旧哲学的否定与对新哲学的创立 ……（178）
　　一　否定关于"整个世界"的形而上学哲学，创立了关于
　　　　"人和人类世界"的新哲学 …………………………（179）
　　二　否定传统认识论与历史观，创立了人类学认识论和
　　　　人类学历史观 …………………………………………（184）
　　三　否定抽象人本论与其片面自然观，创立了社会人本论与
　　　　人化自然观 ……………………………………………（187）
　　四　马克思开创的新哲学：关于人的生存合理性的新哲学 …（189）
　　五　马克思的综合创新：改变不合理世界的人类学—哲学的
　　　　创立 ……………………………………………………（191）

第十二章　马克思人类学—哲学的存在论基础 …………（193）
  一　人的自然存在 …………………………………………（194）
  二　人的社会存在 …………………………………………（194）
  三　人的关系存在 …………………………………………（196）
  四　人的本在、他在与异在（劳动异化）………………（199）

第三篇　马克思人类学—哲学开辟的哲学新天地

第十三章　马克思人本理性哲学的本体论——人的个体生命本体论 ………………………………………………（205）
  一　对马克思主义哲学"本体论问题"的多种主张 ……（205）
  二　马克思人本理性哲学的本体论：人的个体生命本体论 …（207）
  三　人的个体生命的辩证本性与人本理性哲学的基本理论 ……（211）

第十四章　"真实的人"：马克思人类学—哲学的人本基础 ………（217）
  一　从批判费尔巴哈与施蒂纳的人本论开始 ……………（218）
  二　"真实的人"：在具体社会关系中生活着的"社会人" …（220）
  三　从"真实的人"走向人的真实关系世界 ……………（223）

第十五章　人类学—哲学的使命："在批判不合理旧世界中创建合理新世界" ………………………………………（226）
  一　人类学—哲学：作为"批判"的哲学 ………………（227）
  二　人类学—哲学：作为"消解"的哲学 ………………（230）
  三　人类学—哲学：作为"改变世界"的哲学 …………（234）

第十六章　马克思人类学—哲学开辟的哲学新世界 ………（240）
  一　对社会人本论的哲学开辟 ……………………………（241）
  二　对人类学实践论和人类学历史观的哲学开辟 ………（242）

三　对人类学辩证法、人类学解放论和人类学生存论的
　　　　哲学构建 …………………………………………………（247）
　　四　马克思哲学开辟的丰富性与系统性联系 ………………（254）

第十七章　当代世界的社会基本问题与马克思的人类学—哲学 …（257）
　　一　当代世界的社会基本问题 ………………………………（258）
　　二　哲学的人类学转向与马克思广义人类学—哲学的出场 ……（261）
　　三　人类实践的发展与全球伦理价值尺度的增长 ……………（266）
　　四　当代人类学—哲学：研究人与自然的、人类内部的合理性
　　　　原则 …………………………………………………………（269）

第十八章　从对马克思主义哲学的据点式理解跃向
　　　　　　整体式发展 ………………………………………（271）
　　一　对马克思主义哲学的据点式发展 ………………………（271）
　　二　从对马克思哲学理念的全面理解跃向整体式发展 ……（281）
　　三　广义人类学—哲学范式：具有当代"世界历史"生命力的
　　　　哲学范式 ……………………………………………………（287）

附录　马克思人类学—哲学与西方哲学人类学的本质区别 ………（291）

参考文献 ………………………………………………………………（296）

后记 ……………………………………………………………………（304）

前　言

马克思与历史上一切哲学家不同的地方，在于他从一开始就要创立一种作为"世界公民"的"真正的哲学"。没有哪位哲学家把真正的哲学理解为"世界公民"，他们都认为真正的哲学就是世界的头脑，是从最高层次解释世界的哲学，怎么可能是世界公民呢？要理解马克思的哲学构建，关键就在于理解马克思要求哲学要"以世界公民的姿态出现在世界上"是何等意思。

马克思曾经指出，新的哲学，作为未来世界的哲学，无论从内容上还从其表现来说，"都要和自己时代的现实世界接触并相互作用"[①]，这里对作为世界公民的哲学做了很好的说明：就是这一哲学要像世界公民那样关心现实世界的问题和其解决，关心现实世界的真理正义、自由创造、公平合理和未来发展，并积极奋斗付诸实践，等等。马克思这里不是说说而已，他自己就在身体力行，他一方面否定以往的全部哲学，另一方面以其"人类精神的真正视野"关注人和人类世界。因此，马克思不仅确立了新的哲学的对象，也确立了新哲学的性质。在马克思看来，"真正的哲学"不是对高深莫测的抽象领域进行"孤寂淡漠"的"自我直观"，与时代的迫切问题不相关涉。而应当像一位热血的世界公民那样，以火热的精神关心人和人类世界，关心全人类的生存发展。而这一切就要从"时代的迫切问题开始"。我们可以看到，马克思在这里首先创立了一种"世界公民精神"，并以这一精神实际开辟了这一全新的"当代世界的哲学"，这是一种开辟新世界的"世界哲学"。因此，我们必须上升到这一高度理解马

[①] 《马克思恩格斯全集》第1卷，人民出版社1995年版，第268页。

克思。本书，作为"探索丛书"的第一本，只能是从这一视域，对马克思开创的这种"真正的哲学"做初步的考察，而把更深入的问题留待以后。

本书的代序是丛书的总序，由于丛书未能同时出版，只好以代序名之。

代 序

马克思关于人和人类世界的哲学之合法性基础与当代意义

小引：马克思的以"人类社会或社会化的人类"为立脚点的"新唯物主义"哲学，是关于人和人类世界的哲学，是关于人类社会这一特殊领域的部门哲学，它是从广义人类学维度和世界哲学高度对于人和人类世界的把握，因而可以称之为人类学—哲学。这是一种关于每个人与一切人如何合理生存与健全发展的新哲学。它的从自然界出发的人与自然界的生态一体性原理；它的以"社会人"为本理解人和人类世界的一切问题以及人的自由解放原理；它的以人与自然界、人与人的"合理的物质变换"作为人类世界的最高生态价值的原理；以及以"每个人"与"一切人"的合理生存为根基的社会公平正义和社会公共人本主义价值立场等等，都是如何调节人与人、人与自然界的合理关系的哲学原理，它可为中国特色社会主义理论提供马克思主义的哲学理论基础，因而对中国特色社会主义道路的发展是至关重要的。只有对马克思构建的这一哲学的发掘，才能使马克思主义的中国化、时代化、大众化的推进出现飞跃。因此当前应当加强这一哲学的研究。

新词：人类纪，人类学时代，马克思哲学的世界化，人类学—哲学，自由、真理、正义、公平，社会公共人本价值，"每个人"与"一切人"，社会人

胡锦涛在纪念中国共产党成立 90 周年讲话中要求：以科学态度对待马克思主义，用发展着的马克思主义指导新的实践，要求加强马克思主义

的中国化、时代化、大众化研究。

然而，马克思主义哲学如何才能结合当代问题而时代化，从而更好地中国化、大众化，是这些年来困惑学术界、理论界的大问题。解决这一问题的思路，一般是以当代性的内容改变辩证唯物主义与历史唯物主义的传统内容和理论形态等等，这当然不失为一种方法。但是，我们认为，要使这一工作有重大进展，就需要有一种创新精神理解马克思和马克思主义哲学。这就应当从现时代的时代精神、时代需要、时代问题出发，到经典作家的理论文本中探索能够对此有所启迪的新的思想理论内容，构建一种新的马克思主义部门哲学，以适应当代世界历史发展和中国改革发展的理论需要。正是这一努力，让我们发现了马克思理论文本中有一种从人类与自然界的关系和人的人类学规定性这种广义人类学立场出发的、关于人和人类世界的哲学思考，这是一个以往还没有被发现、被认识的领域，或者说是一个被曲解的领域。如何研究和构建马克思对这一哲学领域的开拓[①]，应当是我们急迫的任务。

一

辩证唯物主义与历史唯物主义哲学，作为关于自然界、社会和人类思维的一般规律的哲学，它的规律涵盖了自然世界、社会世界和思维世界三大领域，这已成为一种公论。一个自然的推论是：这三大世界应当各有自己的特殊规律，作为总体规律的部门哲学基础。恩格斯的《自然辩证法》手稿，开启了关于自然世界的特有规律的研究，这在今天形成了自然辩证法或科学哲学这一学科。它形成了马克思主义哲学的自然基础理论或者说部门哲学。关于思维世界，今天有一堆学科在研究，其中关于思维辩证法或哲学思维学的研究，也可以构建成这一哲学的基础理论或部门哲学。比较复杂的是社会，我们能把哪些关于社会的总体性研究作为马克思主义的部门哲学呢？所谓社会辩证法、历史辩证法、经济哲学、政治哲学、生存哲学、发展哲学、社会哲学等，都不能说是从马克思主义哲学立场对社会世界的总体把握。这就表明，从哲学上对社会或者说社会世界做总体性的

[①] 为集中研究马克思的思想，关于恩格斯、列宁、毛泽东等等的相关思想都未做考察，这可以作为后继任务。

思考，以构建马克思主义哲学的新的部门哲学，在今天仍然是一项重要的哲学任务。

这里应当注意到，所谓社会或社会世界，如果立于其下，那就会形成形形色色的社会科学或局部哲学如经济哲学、政治哲学等；如果立于其上，那就应当上升到人类学高度看问题，否则不足以从整体上把握社会世界或者说人类社会。从人类学高度来看，"社会"不过是人和人类世界的生存体或者说存在方式，因为人和人类世界是不能不以社会的形态存在着的。当马克思在1844年指出"人是社会的存在物"时，他就是站在广义人类学高度把社会视为人和人类世界的存在形态的。马克思既从经济学、政治学上在社会内部研究着社会，又从社会外部即人类学高度研究着他所说的"人和人类世界"，这一层在今天才显现出了它的重要意义。

这就是说，对于社会或社会世界的哲学考察，除了就事论事的社会科学和局部哲学之外，在今天应当明确上升到人和人类世界这种人类学高度来考察，马克思为这一考察开了先河，奠定了理论基础，直接创立了这一哲学。

马克思关于人和人类世界的哲学思考，是在当时的哲学由近代本体论、认识论哲学向现代的人类学转向的大背景下的新开拓[①]，它属于现代哲学。由于没有理解马克思哲学开创的这种现代哲学特质，东西方一直以传统的"人道主义"、"人本主义"、"哲学人类学"等不恰当的旧概念来理解马克思，这是对马克思的严重曲解和哲学创新的埋没。

我们认为，马克思不仅仅是追求无产阶级解放的哲学家，他也是一位追求全人类解放和人类学意义的自由、真理、正义、公平的全人类的伟大哲学家，这一追求在《共产党宣言》中表露为"每个人的自由发展"是"一切人的自由发展"的条件，即全人类的合理生存、健康发展与走向自由解放，正是这一精神和这一追求，使他超越了传统的人道主义、人本主

---

① 如海德格尔指出："在今天有一种思想是人人都熟悉的，那就是'人类学'的思想，这种思想要求：世界要根据人的形象来解释，形而上学要由'人类学'来取代。"（[德]海德格尔：《尼采》下卷，孙周兴译，商务印书馆2002年版，第762页）又说：在今天"世界观和世界观学说"要"无保留地变成一种关于人的学说，变成人类学"（《海德格尔选集》下卷，孙周兴选编，上海三联书店1996年版，第902页）。海德格尔在尼采哲学中看到的这种现代哲学倾向，是从叔本华就开始的，而在马克思这里得到了最激进的发展开拓，这就形成了他的人类学—哲学。

义、哲学人类学或任何已有的哲学观念，直接站在他所开创的"人类精神的真正的视野"即广义人类学维度和世界历史高度，观察"人类社会或社会化的人类"即人和人类世界，创立了关于人和人类世界的新哲学，他称之为"新唯物主义"。不论马克思是否自觉到这一点，这正是他所希望创立的"真正的哲学"。

那么，如何概括马克思的这一哲学呢？由于马克思对问题的把握既是人类学的，又是哲学的，既是建立在人类学基础上的哲学思考，又是从哲学上对人类问题的广义人类学思考，由于马克思把人类学的价值原则作为他哲学思考的内在依据，因而，可以根据这种既是人类学价值原则又是哲学理性原则的双重特质，从学术上概括为"人本理性哲学"或"人类学哲学"。为突出这种双重一体性质，可以用"人类学—哲学"加以概括，正像人们把《巴黎手稿》概括为"经济学哲学"或"经济学—哲学"一样。这些术语虽然陌生，但能把握住马克思哲学理念的特质。它与西方传统的哲学人类学有本质的不同。有的同志对此不甚理解，建议直接概括为"人类哲学"，如果这样，就显得没有学理基础。因为西方哲学由近代向现代的发展，如海德格尔所说，是以人类学转向为体现的。一方面人类学是马克思时代的新兴学科[①]，另一方面当时的时代发展也突显出了人和人类问题的重要。马克思作为从一开始就最关心人类命运的人[②]，其对人类的哲学思考不能不从人类学价值原则出发。因而，在这样一个由时代问题所推动的哲学大潮中，马克思开创了"前无古人"的然而却又"后无来者"的新哲学，即关于人和人类世界的人类学—哲学。这一理解是有充分的文本根据的。当然，我们也可以直白地理解为人类解放哲学，那就显不出它的特色。

然而，马克思关于人和人类世界的哲学理念，除唯物史观外，由于它的超时代性，不能与他那个时代的时代需要相结合，大都被埋没在他的手稿里。他的1844年手稿在19世纪没有发表，20世纪30年代在苏联发表

---

① 俞吾金指出：马克思主义有四个来源和四个组成部分，这第四个就是当时盛行的人类学。这一思想是很重要的。只要承认人类学是马克思主义的来源和组成部分，人类学—哲学就找到了合法性基础。而最近云南省社会科学院的李立纲研究员的《马克思恩格斯人类学编年史》（云南民族出版社2009年版），80万字全是语录，为这一思想提供了文本事实基础。

② 马克思17岁时的中学作文就表明他立志为了"人类的幸福"而奋斗，此后在强调阶级斗争和无产阶级革命时也是对这一方向的坚持。

时，因为与主导思想和时代要求不一致而被弃置不顾，其真谛更没有得到应有的认识和研究。而在西欧发表后，西方哲学和西方马克思主义立刻把它归结为西方传统的人道主义和人本主义精神，以这些传统思想"湮没"了马克思的重大哲学开创。后来受了阿尔都塞的"断裂论"影响，也基本把马克思1845年之前的哲学思想排除在马克思主义本质性理论之外。所以，东西方通常所理解的马克思主义哲学，并没有包括马克思关于人和人类世界的哲学构建。而这些构建对于今天这个人类学时代来说，却显得特别珍贵，特别有启发意义和现实意义。

面对上面的情况，在地球史已经进入"人类纪"的今天，在全人类面对共同的生存危机的今天，在全人类问题结成一体的今天，在世界历史通过"全球化"而走向人类学时代之时，在中国特色社会主义道路开辟人类文明新时代的今天，以辩证唯物主义与历史唯物主义立场为基础复兴马克思本人关于人和人类世界的哲学论述，构建一种新的马克思主义部门哲学，既是这个时代的现实需要，又是马克思主义理论在当代发展的需要。如果真的能够完成这一任务，马克思主义的中国化、时代化就会出现突破性飞跃，从而可以进一步开辟马克思主义世界化的新道路。

二

马克思开创的这种关于人和人类世界这一特殊领域的哲学，我们已经命名为人类学—哲学，它的理论宗旨不在于研究"抽象永恒"的哲学问题，不在于对一切存在的根基或世界的物质本性、辩证本性做抽象的总体性回答，而在于针对人和人的生存世界及其在不同历史时代的生存发展问题，提出既有人类学价值高度，又是时代精神所要求的解决之道。它的基本任务，是针对每个时代的"时代的迫切问题"，进行合理性审思与合法性批判，并力图通过实践的途径改变权力逻辑和资本逻辑对人的统治及其导致的不合理世界，推动人们在其不同历史发展时代对生存合理性的追求和相应的自由解放的实现。凭借这一精神，它可以结合各国的具体历史发展境遇，而对其现实问题提出人类学意义的解决方向，从而使其既走在时代开拓发展的前沿，又走向世界文明健康发展的大道。在这个意义上，它可以成为推动和规范中国特色社会主义道路和当代世界历史发展进步的新哲学，从而赋予马克思主义在21世纪的世界历史生命力。

要理解马克思构建的关于人和人类世界的哲学学说，还要注意到：马克思不仅有阶级性的一面，更有他所说的"人类性"的一面。他不仅是无产阶级的马克思，更是他所说的"全人类"的马克思。尤其是关于人和人类世界的哲学思考，他从来就是站在"人类性"的价值立场上研究问题的。因此，毫不奇怪，马克思创立了人类学—哲学。这一哲学与抽象地站在社会关系之外研究人类的一般本性及其文化创造的哲学人本学、哲学人类学或人学根本不同，而是从人与自然界、人与社会、人与人的关系这种自然历史高度研究人和人类世界及其历史发展问题的。是站在"天—地—人"这种广义立场上研究人和人类世界的合理生存与健康发展问题的新哲学。正是这一广义的人类学—哲学立场，使它既能解决中国特色社会主义道路的发展问题，又能解决当代人类面临的共同问题，推进全人类的合理生存与健康发展。如果说过去还没有这种明确意识的话，那是世界历史的发展还未能提出这样的问题。而今天就不同了，当代世界历史发展，正需要这样一种关怀全人类如何合理生存与健康发展的马克思主义新哲学。

马克思的人类学—哲学作为关怀全人类的合理生存与健康发展的哲学，体现在马克思所确立的一系列原理之中，诸如：

其一，从自然界出发的人与自然界的生态一体性原理。马克思是从"自然史"和"人类史"、从人与自然界的关系即"天—地—人"的高度研究人和人类世界的，因而他从一开始就创立了人与自然界是同一个生态整体的生态哲学理念，他反对掠夺自然、掠夺人从而导致自然异化和人的异化的资本主义，提出人与自然界、人与人的非异化的和谐生存要求，这为确立人与自然界的生态关系、解救人类第三次生存危机即今日的生态危机，以及人类世界未来的生态文明发展方向，奠定了理论基础。他能把今日人和人类世界的生存发展，定位在自然界的可能性基础上，追求人与自然界的和谐共存，这就成了新千年的起始性开拓性的生存理念。

其二，以人的人类学特性为根据的人的自由发展和其赖以实现的社会优化组织原理。马克思的人类学—哲学，以研究人的人类学特性如自由创造性和人类世界如何保障其发展的最佳社会结构关系为根本。人类世界的最佳社会结构关系，在《共产党宣言》中被集中表述为"每个人的自由发展成为一切自由发展的条件"的"自由人的联合体"，即"真正的共同体"。这种"自由人的联合体"就是人和人类世界的最佳社会结构。这一原理为今日的人和人类世界如何构建以个体为基础的、既能激发个体又能激发整体两个积极性的社会优化组织结构指明了方向。不过，这种最佳社会结构的实现是个历史发展过程，它要通过每个时代、每个社会不断实现人的合理生存、健康发展与不断走向自由解放才能实现，而这也正是马克思人类学—哲学的根本价值精神。这一精神在当时、现在和将来都是人类最理想的愿望、最崇高的目标、最需要的哲学精神。它的实现，即它的深层目标，是如何实现人从自然界的奴役中的解放、人从社会奴役中的解放和人从自身动物本性奴役中的解放，从而争得自由发展，这是今日每个民族和国家都应当通过制度建设加以推进的历史使命。

其三，以人与自然界、人与人的"合理的物质变换"作为人类世界的最高生态价值原则。当代世界历史的发展，特别需要从广义人类学维度研究各种人类关系、人类行为、人类规范、人类发展的共同价值方向，如何从哲学层面展开这种研究并提供马克思主义的立场和原则，使中国改革开放不再"摸着石头过河"，世界历史发展不再"危机之后转头"，是人类学—哲学的使命。马克思的人与自然界、人与人的"合理的物质变换"原则，为这一切指明了方向。这既是立足于人与自然界关系的社会物质生产的基本原则，又是立足于人与人的关系的社会物质分配的基本原则，而人类世界的合理生产与合理分配，是人和人类世界赖以合理生存、健康发展的最基本的前提；因而，这既是构建良性的自然生态基础的基本原则，又是构建良性的社会生态基础的基本原则。它应当成为当代世界各国人民追求和塑造人与人和谐相处、人与自然界和谐相处即构建"和谐社会与和谐世界"的基础性价值原则。

其四，以"每个人"与"一切人"的合理生存为根基的社会公平正义精神和社会公共人本价值立场。马克思的以"现实的个人"为基础的、兼顾"每个人"与"一切人"合理生存的哲学理念，只能是建立在社会普遍公平基础上的公共人本思想，他由此建立了人类学意义的以普遍性的公平正义为前提的社会公共人本关系和社会公共人本价值立场。这一价值关系和价值立场，就其普遍性言，既是关于"一切人"即关于全人类、关于任何社会共同体的公共关系哲学，也是关于"每个人"即任何个体、任何"我"的自我关系哲学。因为，不仅对于全人类、对于任何共同体来说，在今天有合理生存、健康发展与自由解放问题，而且对于任何个体而言，也都有个如何争取合理生存、健康发展与自由解放的问题。对于前者即对于集体和整体来说，它是在人与自然界、人与社会的整体公共关系的前提下的制度建设、制度保障问题，是哲学政治学问题；而对于后者即对于任何个人来说，它是在人与社会、人与人的个体关系的前提下自觉争取问题，是哲学伦理学问题。在今天，人和人类世界的任何合理生存、健康发展与走向自由解放，都必须建立在社会公共人本关系和以其为最高价值原则的基础上。所以，这是一种关于人和人类世界的新的基本社会关系和基本社会价值立场，是可以进入当代世界生活、当代国家生活、当代社会生活和个人生活的普适性的社会关系和社会价值立场。正是这种社会公共人本关系和公共人本价值立场，可以承载和实现当代世界的"和平、发展、环境"的时代精神，承载和实现全人类团结一致解决生态危机、和平发展、构建"和谐社会"与"和谐世界"的普遍努力。因而，这是在现代化社会兴盛起来的、富有时代特征的社会基本关系和富有历史生命力的价值原则，是世界历史进入人类学时代的人类学价值原则，也是马克思主义在今天应当塑造的世界性原则。

其五，"在批判不合理旧世界中开创合理新世界"的革命批判精神。马克思为什么要求把哲学构建成一种"作为世界公民的哲学"？这就涉及这一哲学的哲学使命问题。马克思的回答是要求这一哲学"在批判不合理旧世界中创建合理新世界"。试问：有哪一种对马克思的哲学理解范式，能够担当如此重任呢？非人类学—哲学莫属。所以，马克思的人类学—哲学，既是批判的哲学，又是消解的哲学，更是改变不合理世界的哲学。凭借这一批判战斗精神，它会永远战斗在一切不合理时代和不合理社会的最前线，是针对不合理问题的批判哲学，历史的辩证法是：只有通过批判，不合理问题才能暴露它的不合理性和应当发展改变的方向，才能真正推动社会进步，也才能真正发挥马克思哲学的革命批判意义。

其六，以实践的方式改变不合理世界的实践改变原则。马克思的"哲学家们只是用不同的方式解释世界，而问题在于改革世界"的哲学呼声，表明他要创立的哲学是"改变世界"即改变不合理世界的哲学。马克思生在一个封建专制和资本积累统治下的不合理世界，他不仅指出了改变世界的矛盾根据，也指出了改变世界的实践方式和其向"自由人的联合体"（或共产主义）的发展方向，以及其逐步实现的基本环节。应当承认，今天的世界依然是由资本逻辑和权力逻辑支配的不合理关系统治的世界，它只有诉诸实践的方式才能改变。前述五条原理，也都是"作为实践的哲学"而在实践中发生作用的原理。改变世界既要靠理论的审思和批判,又要诉诸行动,诉诸实践,靠人的"革命的实践"来改变世界。这不仅仅是指革命,也是指改革,是指不断地除旧布新,而在今天普遍盛行的改革,是革命实践的新形式。通过不断的改革而进步发展,是改变世界的最重要的革命实践方式。拒绝改革、不能改革就会沦落成为落后的黑暗的世界,就会需要"革命的行动"。以实践的方式改变世界,是马克思人类学—哲学的基本原则。而要实现这一原则,首先就是要以社会主义原则特别是上述四大原则对一切进行合理性审思与合法性批判,只有通过这种理性的自由的批判,才能为行动和实践开辟正确的不会误入歧途的道路。这些对于构建以人为本的中国特色社会主义道路、对于当代世界的文明发展都是非常重要的。它为当代世界的改革大潮提供了理论基础。

其七,马克思关于人和人类世界的哲学是一种能够解决当代世界问题的人类性哲学、世界性哲学。雅斯贝尔斯提出"世界哲学"要有三大特点:"(1)全球性。凭借全球尺度,世界哲学诉诸全人类;(2)理性。凭借理性的无限开放性,世界哲学能够深入当下的世界之中;(3)普遍交往。凭借普遍交往的意志,世界哲学能够通向所有存在形态的真理,达到世界的可能统一。"[①] 马克思的人类学—哲学,就是在全球化开始时代构建的适应于解决全人类问题的理性的哲学。世界历史性(全球性)、理性和普遍交往,正是马克思所强调的他的哲学理念的三大特征。也正是这三大哲学特征构成了马克思人类学—哲学的特征。因此,我们必须从当代的"世界哲学"的高度,从解决当代世界问题的高度,探索马克思的哲学开创。任何狭隘的立场,都有碍于理解马克思哲学的这种"世界哲学"特质。

总之,马克思是从人类学价值高度和世界历史的发展眼光从事他的哲学创造的。马克思站在人与自然界、人与社会、人与人的关系这种广义人类学立场上,把从自然到人心、从远古到未来、从生存到解放的问题结合成为同一个哲学问题,这不是任何既有的哲学门类所能概括的,只有概括为人类学—哲学,才能彰显马克思独特的哲学开创,才能把马克思哲学内含的以人为本问题、生态性问题、公共性问题、和谐发展问题、以公平正

---

① 梦海:《走向世界哲学的可能曙光——论卡尔·雅斯贝尔斯的未来世界哲学规划》,《哲学动态》2007年第8期。

义为核心的政治哲学问题等当代性的哲学理念开发出来，也才可能把握住马克思唯物史观的核心理念和整体精神：人和人类世界走向合理化的历史发展问题。马克思这一哲学在全球化开始时代产生，在全球化高潮时代的今天，理应得到认识、尊重和弘扬，使它成为"当代世界的哲学"。相对于辩证唯物主义这种"关于整个世界"的哲学来说，马克思这里构建的仅仅是关于"人类社会或社会化的人类"这一特殊领域的哲学，因而相对于前者来说，只能一种"部门哲学"。

上述七大原理，不过是这一哲学的基本原理之一组，它不仅为人与自然界、人与社会、人与人的基本关系确立了社会主义的合理性原理，也为人和人类世界的社会组织、社会关系、社会生产、社会分配、社会发展的价值方向等重大问题确立了基本的社会主义原理。因而，马克思关于人和人类世界的人类学—哲学，不仅仅是当代世界应当树立的价值观、实践观，也为当代世界的世界观、人生观奠定了基础。它是马克思的社会主义立场、人类解放立场在人类进入和平、发展环境、合作时代的基本要求，是构建"和谐社会"与"和谐世界"的基本原理。如果这一考虑是对的，那就是说，它应当既是当代社会主义的发展原则，又是当代资本主义内部社会主义因素的增长方向。

三

作为关于人和人类世界的哲学研究，不是凭空构建的，从继承性方面说，它以马克思主义经典作家所发现、所构建、所强调的马克思主义哲学的奠基范畴，如唯物性、辩证性、历史性、实践性、人本性、解放性等，结合人和人类世界的特殊性而发扬光大，形成能够更加贴近、更加灵活地解决人和人类世界问题的人类学实践论、人类学历史观、人类学辩证法、人类学解放论等新的哲学理念，即把这些都建立在人和人类世界这种社会人本论的基础之上，从而使它们成为活生生的关于人和人类世界的辩证哲学理论。因为，人和人类世界正是唯物的、实践的、历史的、辩证的、争取合理生存与自由解放的社会生命存在。只有针对人和人类世界构建起丰实的社会公共人本哲学理论，才能为以人为本的中国特色社会主义提供丰实的哲学理论基础。从现实性方面说，马克思关于人和人类世界的哲学，特别为中国改革开放所开辟的作为世界新的文明形态的中国特色社会主义新道路（如社会主义市场经济），为在当代世界历史条件下，发展了马克思主义的邓小平、江泽民、胡锦涛等新一代马克思主义者开拓出来的一整套改革发展的现代政治理念——特别是"改革开放"、"三个代表"、"以人为本"、"和谐世界"的新思想，奠定了马克思主义哲学的理论根据，为改革开放、共同富裕、以人为本、公平正义、和谐社会等这些当代社会主义政治理念直接提供了马克思主义哲学的理论基础。中国特色社会主义道路的改革发展，及其对于人类新的文明大道的开创，都内在地与马克思的这些深层哲学理念有关，因而同样能为中国（以及世界）未来的改革发展奠定马克思主义哲学理论基础。换言之，中国特色社会主义的改革发展，中国向世界文明大道上的迈进，直接启动了马克思的深层哲学理念，直接开启了构建关于人和人类世界未来发展方向的人类学—哲学的需要，因而才使我们关注到了马克思的这一潜在理论构建。简言之，它是改革开放的产物，是为未来的改革发展奠定马克思主义哲学理论基础这一需要的产物。如果我们真的能够做到这一点，马克思就会以新的世界历史面貌，再次降临到21世纪的中国和世界。

这里还应当强调的是：从广义人类学视域看，马克思首先是世界历史的马克思，是全人类的马克思，他要求于无产阶级的，不是其狭隘的阶级利益的实现，而是从世界历史高度完成世界历史伟业。因而，他的这一哲学开创也是世界历史性的、为全人类的合理生存与自由解放而斗争的哲学。正是在这个意义上，它不仅适用于当代中国，也适用于当代世界：它特别能够为世界历史发展到这个"和平与发展"并重、"机会与风险"共存、"资源与环境"同危的全球化时代提供规范性、方向性的哲学理念，能够为不同历史、不同文化、不同社会里以不同方式实现"人的自由而全面的发展"、为全人类走向生态文明新时代等当代世界历史理念，直接提供哲学理论规范。

马克思主义从来就是代表世界先进文化发展和广大劳动人民利益的进步理论，在这个意义上它也是代表世界先进生产力发展的理论。马克思关于人和人类世界的哲学更是这样，它作为人类进步思想力量的代表和马克思主义在当代世界历史条件下的发展，能够把当代世界各种进步理论团结在一向代表世界历史进步的马克思的旗帜下，共同为全人类的合理生存与健康发展而斗争。

中国作为现今世界上经济发展最成功的开辟了社会主义新道路的国

家，如果能够弘扬和高举以马克思这一哲学精神为基础的，包含新时代伟大马克思主义开拓者邓小平、江泽民、胡锦涛等现代政治理念在内的世界进步思想理论体系，就能同时构建一种引导当代人类发展的意识形态和推动世界历史发展进步的世界性的精神力量，这就必然能够更加增强中国特色社会主义的世界性吸引力。从而，中国在影响世界历史进步方面将会继经济发展方式软实力、文化软实力、改革发展软实力之后，更进一步地形成引领世界历史进步的思想意识形态软实力（没有这样一种软实力只能是有缺陷的软实力）。这对当今世界各国社会主义方向和社会主义因素的发展是至关重要的。因此，我们不能让马克思的这种具有当代世界影响力的宝贵思想沉没在被曲解的文本里。在当前中国和世界历史发展的关键时期，如何复兴马克思的这一哲学开创，构建马克思的这一伟大的适用于当代世界向未来发展的新哲学，以规范和加强当代世界的社会主义方向的发展，是一项历史性的任务。我们应当有这一战略性的眼光，做这种具有战略性的理论事业。

总之，马克思的以"人类社会或社会化的人类"为立脚点的"新唯物主义"哲学，是关于人和人类世界的哲学，是关于人类社会这一特殊领域的部门哲学，它是从广义人类学维度和哲学高度对于人和人类世界的把握，因而可以称之为人类学—哲学。这是一种关于每个人与一切人如何合理生存与健全发展的新哲学。它的从自然界出发的人与自然界的生态一体性原理；它的以"社会人"为本理解人和人类世界的一切问题以及人的自由解放原理；它的以人与自然界、人与人的"合理的物质变换"作为人类世界的最高生态价值的原理；以及以"每个人"与"一切人"的合理生存为根基的社会公平正义和社会公共人本主义价值立场等等，都是如何调节人与人、人与自然界的合理关系的哲学原理，它可为中国特色社会主义理论提供马克思主义的哲学理论基础，因而对中国特色社会主义道路的发展是至关重要的。只有对马克思构建的这一哲学的发掘，才能使马克思主义的中国化、时代化、大众化的推进出现飞跃。这就是我们以十年精力研究这一哲学的原因。

(代序曾作为"特稿"发表于《思想战线》2012年第6期)

导 论

马克思主义哲学：从重新理解马克思开始

小引：如何正确理解马克思的哲学学说，是我们在当代遇到的最重大也最困难的问题。这里，首先应当记取伟大的马克思主义改革家邓小平的话："真正的马克思列宁主义者，必须根据现在的情况，认识、继承和发展马克思列宁主义"。这就要求我们必须站在当代世界历史的立场上重新理解马克思，理解他的精神、目的和伟大的全人类胸怀。马克思不是要去创造一种解释世界的哲学学说，而是站在人类历史发展高度上，怀抱着人类自由、人类正义的批判精神审视和批判一切不合理、非法性的东西，开创了一种"为历史服务"的即追求人的合理生存与自由解放的哲学精神，这就形成了他的关于人和人类世界的哲学学说。这是马克思开创的特别适应这个人类学时代的哲学学说。

新词：时代的制高点，人类学时代，人类学的马克思，人类的合理生存与自由解放，人和人类世界的哲学

改革开放以来，对马克思主义哲学的讨论，其核心和困难归结到一点就是：如何理解马克思本人的哲学精神和哲学理念？现在通行的马克思主义哲学，虽然有不同的流派，但都带着它所从出的那个时代的时代背景和理论目的，即该时代的理论需要和时代精神。也就是说，这些理论的产生，主要是不同时代的产物，虽然可以在马克思那里找到一些根据，但不一定符合马克思哲学的本真精神。

正由于这样，近年来，人们在大力探寻马克思哲学的真谛，力图以当

代的时代精神,来烛照马克思哲学的奥韵。这就开始了"回到马克思"的思潮,本书就是笔者的这种自觉的精神追求。

在我们对马克思哲学的应有理论体系进行构建之前,首先要弄清的问题是:马克思在他的一生中,直接进行了怎样的哲学构建?这是我们讨论的基础和出发点,因而不得不首先做一些概略的探讨。

马克思不是继承某位哲学大师而属于某家某派的哲学家;他也不是立志于哲学的专业哲学家,他一生除了其博士论文之外没有专门的哲学著作,甚至没有对他的哲学思想做一次梳理。但是,马克思却创立了一种非常重要的哲学。对这种无志于哲学而又创立了新哲学的马克思现象,首先需要弄明白的是:既然马克思不是由哲学到哲学,不是师承某种哲学话题而讨论哲学,而是站在传统哲学之外,间或对哲学发表意见,那就有一个问题:他是以什么样的精神理念来对待哲学、评价哲学并提出自己的哲学见解的?即马克思是以什么样的主观精神来创立他的哲学的?他借以构建他的哲学的精神前提,即他是以什么精神为依据创立他的哲学的呢?不把握这一层,就不能理解和把握马克思的哲学精魂。换句话说,要了解马克思的哲学,必须首先了解马克思本人的精神理念、他的时代的主要问题和他由此产生的根本精神。

一 从重新理解马克思开始

1. 马克思主义的灵魂:必须根据现实问题的发展而发展

马克思的主要理论,是适应当时"时代的迫切问题"而形成的无产阶级革命理论,虽然由于西欧社会历史的变化在马克思恩格斯时代未能实现而错过了历史时机,但它的被剥削的劳动者通过革命改变命运的思想,却让东方的前现代社会俄国和中国,找到了摆脱阶级对立、政治专制和经济贫弱的社会矛盾的道路。而为这一切提供哲学理论基础的,直接来说就是唯物史观和社会主义理论,间接来说就是马克思的辩证法和实践论思想。所以,从恩格斯开始,就试图概括马克思的哲学理论。于是,出现了历史唯物主义、辩证唯物主义和实践唯物主义、实践哲学等理论体系。但是今日看来,这些哲学的理论立场,都不再可能适应当代世界的历史发展,因此很难和当代世界的历史发展结合起来,说明和解决当代的问题,为当代社会历史的发展提供理念和思路。例如,在我们改革开放伊始,由于没有理论指导，不能不"摸着石头过河"，结果摸出个贫富分化、特权阶层来。从主观上说，马克思主义哲学家都是力图联系实际的，因为理论与实践的结合人人都知道是马克思主义哲学的生命力。但是，传统理论由于它固有的时代性，很难与当代世界的社会历史飞速发展的情况结合起来。

马克思上述哲学思想，即使在传统理解的意义上，也深深影响了世界历史的发展，深深改变了近代灾难深重的中国的命运，深深改变了中国人民的命运。所以，我们对传统理解的马克思主义有深厚的感情，久久不能超越其边界。正由于此，一种新的有现实意义思想就提了出来：

> 真正的马克思列宁主义者，必须根据现在的情况，认识、继承和发展马克思列宁主义。①
>
> 自觉地把思想认识从那些不合时宜的观念、做法、制度中解放出来，从对马克思主义的错误的教条的理解中解放出来，从主观主义和形而上学的桎梏中解放出来。②

邓小平所说的必须"根据现在的情况"发展马克思主义，应当是马克思主义者的基本立场。根据这一立场重新理解马克思，就是发展马克思主义。江泽民这里所说的"三个解放出来"，抓住了我们当前思想观念的（也是中国人精神上的）病根所在，这就是不能从既得的、传统的、成为自己的精神自我的思想意识中解放出来。即使有些人对某种意识形态已经不信任，但是，一是为了某种利益和习惯而仍然不得不坚持；二是想放弃也没有顺理成章的可以代替的东西。人们总是要站在一定的精神信念的基础之上，才会感到双脚是坚实地立在地上，才会有明确的前进方向。精神空虚的人是站立不起来的。而在新的精神信念没有确立之前，"解放"谈何容易！政治体制改革喊了 30 多年了，但始终未能正式提上日程，其原因之一，在于主导我们的精神理念的，依然是传统意识形态。我们缺乏政治体制改革所必需的新的哲学理念基础。

要从对马克思主义的错误和教条的理解中解放出来，必须重新理解马

---

① 《邓小平文选》第 3 卷，人民出版社 1993 年版，第 291 页。
② 江泽民：建党 80 周年"七一讲话"。

克思。而要创新马克思主义哲学，也必须从重新理解马克思开始。学术界已经喊出"创新马克思主义哲学"的口号，也喊出了"科学地创新主流意识形态"的口号①。这两个创新都不能不以重新理解马克思为前提。这是改革开放30多年来，我们在经济、政治、文化、思想、社会方面的重大改革与变更的必然要求。但是，在现行体制下，在人们的精神惯性的轨道上，要"科学地创新"，还会有许多困难和阻力。没有新的思想，就不会有新的行动。

2. 没有马克思的遗产，就没有人类将来的良好发展

之所以要创新，在于当代世界历史发生了重大的变化，传统理解的马克思主义已经不能适应时代发展的要求，也多有不符合马克思精神实质的地方。我们应当看到，马克思的哲学思想是极其丰富的。除了我们熟知的一面外，还有我们所不熟悉的东西，适应于全人类性的东西，有可能影响人类在21世纪乃至第三个千年的健全发展的东西。对这种有利于全人类发展的哲学理念，我们一直没有深入研究过，而被过去时代的理论需要所遮蔽。因此，重新理解马克思，是当前马克思主义哲学界、思想理论界进一步发展的要求和前提，也是中国在这个特定历史时代继续向前发展、走向世界文明大道的必然。所以，我们应当自觉地走到这个要求中来。要知道，马克思是唯一能够代表人类正义精神向一切不合理非法性东西展开批判的精神力量。当代西方思想家深刻认识到了这一点。笔者想举两段很有意义的话，表明这种重新理解的历史的和现实的需要。

一段是当代法国马克思主义者汤姆·洛克曼的话：

> 马克思是最重要的现代作家之一，一个真正的巨人，一个有独创性的、才华横溢的、见解深刻的思想家……马克思的理论是重要的，甚至可以说是我们洞察现代社会和我们自身的重要理论依据。……那种认为政治性的马克思主义迅速崩溃、马克思的思想不复存在的看法同样是不适当的。……马克思的理论继续存在，它的相关内容也将会像宝贵财富那样长久地供不应求，并且它的生命力也会和现代工业社

---

① 《社会科学报》2004年第7、8期；《哲学动态》2004年第8期。

会固有的问题一样长久地存在。

一段是后现代主义者德里达的名言：

> 地球上所有的人，所有的男人和女人，不管他们愿意与否，知道与否，他们今天在某种程度上说都是马克思和马克思主义的继承人。
>
> 不能没有马克思，没有马克思，没有对马克思的记忆，没有马克思的遗产，也就没有将来：无论如何得有某个马克思，得有他的才华，至少得有他的某种精神。①

这些话，显然都不是针对传统马克思主义理论而言的，而是从马克思的精神实质与当代和未来社会的问题而言的。马克思的革命和批判，揭露和主张，已经深深改变了世界历史进程，从而改变了人们的生活，在这个意义上，马克思已经深深改进了全人类的生存，他成了历史成长的一部分，促进了人类历史的发展和进步。因此，我们不能忘记马克思。但是，从未来发展上说，从"后现代"意义上说，我们"不能没有马克思"，这当然不是指传统的东西，这就需要我们扩展视界，看一看马克思理论中的全人类性的东西，对当代世界历史发展真正有益的东西，对未来有意义的东西，而这，我们却一向视而不见。

历史的现实面貌是不断发展变化的，马克思作为一定历史时代的伟大人物，不能没有历史的局限性。但是，即使马克思的所有论述都只适应他那个时代，他对一切不合理、非法性的东西的批判精神，却是人类在一切时代都不能没有的最宝贵的精神财富。因此，面对今日之世界，我们不但应当继承马克思的革命批判精神，更要弄清他的批判精神的哲学理念、哲学意蕴是什么，而不要在丢掉我们对马克思的错误理解时，却连马克思也一同丢掉了。

---

① ［法］雅克·德里达：《马克思的幽灵》，何一译，中国人民大学出版社1999年版，第21、127页。

二 站在当代世界立场上深入
理解马克思的哲学理念

马克思曾经强调自己的哲学属于"新唯物主义",但其"新"在何处?有说在于"辩证",有说在于"历史",有说是"实践",有说是"人道",等等,这些当然都有一定的根据,但都难以把握马克思哲学的特质,不能令人满意,否则,就不会产生这样多的说法了。这些情况表明:马克思哲学"新"在何处,是值得认真研究和思索的。

事实上,这些说法都带着它所从出的时代背景和理论目的,即该时代的理论需要和时代精神。也就是说,人们不能不以自己时代的眼光寻找马克思哲学的真谛,不能不以自己时代的精神乃至个人思想来烛照马克思哲学的奥韵。这是诠释学已经阐明的道理。而且我们也只有这样,才能既"回到马克思",又让马克思成为"我们的同时代人",把"当年马克思"与"当代马克思"结合起来。这也是本书自觉的精神追求。

众所周知,马克思强调自己的哲学是"新唯物主义"。但是,这既不是以一种新的精神阐述18世纪法国唯物主义早就强调过的"物质"内容,也不是在"物质世界"贯彻了一种辩证法精神,更不止于以唯物主义态度观察历史。这些都不能概括马克思独特的哲学创造。马克思在哲学史上的贡献,主要在于以人类正义精神,唯物主义地审视人类世界的特质、问题和改变的途径,从而创立了一种新的关于人类世界的哲学。

1. 马克思站在他的时代的制高点上,把握住了人类生存发展的根本问题

要理解这一点,首先要理解马克思哲学精神的起点:马克思在以下几个方面站在他的时代的制高点上:

其一,是由哲学、自然科学而来的自觉的现代性的科学态度,即唯物主义态度;

其二,是从进步的哲学、人文社会科学而来的对人类命运的深切关怀;

其三,是把握住了当时社会的最重大的社会基本问题及其解决途径;

其四,是怀抱着人类自由、人类正义的批判精神审视和批判一切不合

理非法的东西，等。

这几方面使他成了他那个时代的最进步、最具有全人类精神的哲学家。第一，使马克思的哲学倾向于唯物主义的、实事求是的态度。第二，使马克思的哲学抛开对一切存在的形而上学追求，而转向了对人类的社会存在境况、人类的社会历史发展和"人类世界的真理"的关怀；第三，即对最重大的时代问题的关心，这就使他关注到了广大的无产阶级的贫困及其解决的途径。第四，使马克思成为真正的人类自由、人类解放的斗士。这几方面的一致，使他的思考和关心，在客观上集中到人类世界特别是人类的合理生存与自由解放这一人类生存发展的根本问题上来。

2. 马克思的哲学所向，是追求人类世界的最高真理

在马克思时代，德国的哲学有如法国的革命一样，是具有世界历史高度的，马克思在《〈黑格尔法哲学批判〉导言》中表明：当时的德国哲学大力开展的"对宗教的批判"，由于费尔巴哈发现了"是人创造了宗教而不是宗教创造了人"[①]这一真理，而"实际上已经结束"，这一批判的最高成果，实际上"归结为人是人的最高本质这样一个学说"[②]。从而，"历史的任务就是确立此岸世界的真理"即人类世界的真理[③]。

因而，马克思认定：哲学的新任务或新的哲学（马克思的新唯物主义），也就应当成为这样一种新"学说"：它应当在人的社会存在（马克思确认"人是社会存在物"）中寻找人类世界的"最高本质"。但是，马克思认为，人的最高本质就是人本身，这就是说，这种哲学是把"人"（他的应然状态）作为人的最高本质、最高真理的哲学。这样的哲学，应当归结为什么哲学？能不能概括为是关于人类世界的最高本质、最高真理的哲学？

3. 马克思哲学是对不合理世界进行合法性批判的哲学

对以上问题，马克思在《〈黑格尔法哲学批判〉导言》中自己做出了回答：把"人"作为人的最高本质的哲学学说，"也归结为这样一条绝对

---

① 《马克思恩格斯选集》第 1 卷，人民出版社 1995 年版，第 1 页。
② 同上书，第 16 页。
③ 同上书，第 2 页。

命令：必须推翻那些使人成为被侮辱、被奴役、被遗弃和被蔑视的东西的一切关系"①。即对一切非人性、反人道、不合理、非法性的东西，进行彻底的批判，即"揭露非神圣形象中的（即人世的）自我异化"，认为这是"哲学的迫切任务"，它首先就体现为"对尘世的批判……对法的批判……对政治的批判"②。

这也就是说，这一哲学应当根据"人是人的最高本质"这一原理，对统治现存社会的一切进行合法性批判。这就是要揭露和批判那些统治着社会的、"蔑视人的"、"非人的"、扼杀人的自由和创造精神的"政治"和"法"。这是马克思哲学的核心精神。

那么，这种以批判和揭露不合理世界为任务的哲学，应当是什么哲学？换言之，在不合理不合法的社会状态下，能不能把追求人类社会的最高本质的哲学，进一步概括为是对人类社会的不合理不合法的社会存在进行合法性批判的哲学？

4. 马克思哲学是为人类的合理生存与自由发展而奋斗的哲学

马克思要求"揭露非神圣形象中的自我异化"，也就是从反面批判使人不能合理生存的现实世界。在这里，马克思从对违反人性的现实的批判指责中，提出了人的合理生存问题。并认为这是"为历史服务的哲学"的迫切任务。另一方面，在批判"现存社会的不合理与不公平"时，马克思强调人的自由和发展，把他为之奋斗的共产主义社会叫做"自由人的联合体"："在那里，每个人的自由发展是一切人的自由发展的条件"③，并把它写在《共产党宣言》中。以上两方面结合起来，能不能把马克思的哲学概括成是为人类的合理生存与自由解放而奋斗的哲学？

马克思无疑是人类史上最光辉的、最关心人类命运的人类思想家之一。由于马克思主要是一位经济学家，他从人类在经济生活中的不合理性到人类的阶级不平等性这一否定性政治现实中，从广大无产者的非人境遇中，产生了力图改变这种不合理现实的崇高的人类正义精神，马克思本于人类自由、人类正义的革命批判精神，成了他的革命批判哲学的根本精神

---

① 《马克思恩格斯全集》第3卷，人民出版社2002年版，第207—208页。
② 《马克思恩格斯选集》第1卷，人民出版社1995年版，第2页。
③ 《马克思恩格斯选集》第4卷，人民出版社1995年版，第731页。

或者说灵魂。这一根本精神，也就形成了他关于人类世界的哲学的根本哲学精神。

这一哲学精神，决定了马克思对人类不合理世界的总体性的哲学态度。他批判一切轻视人、蔑视人、压迫人、剥削人而把人造成非人，剥夺了人的自由、人的生活，形成人的异化和人类分裂的经济政治制度；批判早期资本主义剥削的非正义性和非人性；追求人类政治生活、经济生活和精神生活的合理性、正当性和历史合法性；通过发展社会生产力而实现人类在经济上的自由解放；促进人与人的关系、人与自然的关系的合理化，实现人的社会解放；以自由平等精神追求全人类的自由解放，推动社会向"自由人的联合体"过渡，等等。这样一种以革命批判精神为特征的人类自由、人类正义精神，支配着马克思一生的奋斗，也决定了他的独特的哲学理念。

马克思的这种批判哲学，以人类的普遍解放为鹄的。在1843年《论犹太人问题》中，马克思第一次论到"人类解放"问题。在稍后的《〈黑格尔法哲学批判〉导言》中，他特别强调一种"人的解放"的哲学，强调"全人类的解放的哲学"，马克思连提四次这种哲学是追求人的"普遍解放"的哲学。并且表明：这种追求人的"普遍解放"的哲学，就是要"创造人类存在的一切条件"，"实现社会自由"，把人"解放成为人"。在这里，一种以人类解放为迫切任务的哲学形象也就凸显出来。另一方面，马克思更深入地表明：这一人类解放的哲学，把无产阶级当成自己的物质力量和物质手段，无产阶级要完成这一历史任务，就是要用人类解放的哲学武装自己，这就是"哲学不消灭无产阶级，就不能成为现实，无产阶级不把哲学变成现实，就不能消灭自己"[①]的底蕴。那么，这种高举人类解放旗帜的哲学，能不能直接概括为是以人类解放为归结点的哲学？

显然，以上几个连递的方面，都可以做步步深入的肯定的回答。即：马克思所创生的哲学是关于人类世界的哲学，是一种以社会化了的人类为立脚点，以人是人的最高本质为真理，以批判"不合理不公平"的"非人世界"、"非人关系"为己任，以把人的世界和人的关系还给人自己为宗旨的，即追求人的合理生存与自由解放的哲学。

---

① 《马克思恩格斯选集》第1卷，人民出版社1995年版，第14页。

三 超越传统精神理念，走向马克思开辟的现代哲学新方向

如果以上的讨论可以成立，那就可以说，马克思的"新唯物主义"，可以概括为人本理性主义，马克思的辩证法，可概括为人类学辩证法。在人本理性主义与人类学辩证法的基础上，马克思创建了他的新哲学。这，就是本书最要彰明的东西。

上述观点可能会立刻遭到种种传统观念的反对。人们会认为，以上意见所依据的主要是青年马克思的思想，因而不足为凭。这里没有注意到：其一，马克思从来没有否定过他青年时代的哲学思想；其二，马克思的哲学思想主要是在青年时代表达的，如果否定他青年时代的哲学思想，那也就否定了马克思主要的哲学思想；其三，马克思的上述哲学精神，也绝不限于青年时代，1846年之后，马克思未再专门研究思考哲学问题，而只是运用着他前期的哲学思想。这些精神在《共产党宣言》、《资本论》中都有所体现。《共产党宣言》中所说的"自由人的联合体"，与这一哲学理念是一致的。马克思的《资本论》，也是为人类解放服务的，他揭露"剩余价值"所体现出来的哲学精神，正是以人类正义为核心的追求人类合理生存与自由解放的哲学精神。而且在1873年之后，即在他生命的最后10年间，集中精力于人类学问题的研究（人类学笔记），更表明了马克思一以贯之的哲学精神，是他对整个人类世界的哲学关怀。如果认为马克思青年时代的思想不成熟，那就只能抹杀他以上的主要哲学思想。其结果，只有把18世纪法国唯物主义和19世纪黑格尔辩证法这种近代哲学内容，混合起来作为他的哲学。好像马克思只会吸收别人的"合理内核"来组建自己的东西，一点也没有哲学的原创性。

还有人可能认为：青年马克思用了太多的费尔巴哈哲学词语，他的哲学思想，主要是费尔巴哈的人本主义。这里没有看到：马克思从一开始所说的"人"，人的"类本质"、"类存在"，就不是在人的自然存在的意义上立言的，不是站在历史之外立言的，而是在人的社会存在的意义上立言的，是在历史之内的，因而属于马克思自己的哲学思想。如果可以把费尔巴哈的人本主义称为"自然人本主义"的话，马克思的思想则可以概括为他自己所说的"实践人本主义"或社会人本主义。马克思在1843年所

说的人的"类存在",也就是他在 1845 年所说的"社会化了的人类",而不是抽象的人,抽象的"类本质",因而不是费尔巴哈的人本学或自然人本主义。如前表明,马克思在 1845 年特别用"新唯物主义"把他与费尔巴哈的"旧唯物主义"、"直观唯物主义"区别开来。

事实上,马克思直接批判旧唯物主义忘记了人,指出费尔巴哈早就结束了关于一切存在的思辨哲学体系。那种企图建立一种概括整个世界的形而上学的哲学,只能是马克思所批判的旧世界的哲学旨趣。马克思是现代哲学的开创者,现代哲学已经告别了形而上学,转向了对具体问题的研究。对马克思来说,就是转向了人类世界这一具体境遇。正是由于这一点,人们把马克思归结为现代哲学家。

我们需要完整的马克思,需要能概括马克思一生理论宗旨的马克思哲学,需要能把马克思全部理论统一起来的马克思哲学。而这,只有关于人类世界的哲学方可胜任。

总之,在关于人类世界的哲学的视界里,马克思是人类学的即全人类的马克思,阶级性不过是他面对现实的不合理问题的必然倾向,它包含在为人类的合理生存与自由解放的奋斗里。马克思的这样一种本于人类正义、社会正义而直接要求对尘世、对法、对政治进行合法性批判的哲学,这样一种通过批判为人类的合理生存与自由解放开辟道路的哲学,只能是以社会化了的人类为对象的人本理性主义哲学。只有这样的哲学,才能像马克思所要求的那样"以世界公民的姿态"出现在世界上。

四 当代世界历史的发展,需要弘扬马克思的哲学精神

人们把当代的"世界历史"理解为和平、发展、合作与生态的时代,如果说,地质纪年已进入"人类纪"的话,那么,世界历史则已进入人类学时代。在这个时代,全人类团结合作解决人类内部的和人与自然界的生态关系问题,已提上了议事历程。这个问题的本质,是人类是否可能走向自由解放的问题。马克思是为人类自由解放而奋斗的伟大战士。他所创立的关于人和人类世界的哲学,也就是关于人类的自由和解放的哲学。但是,在他那个"工人每天工作 14 小时"而仍然"不拥有"生活必需品而不得不过"非人生活"的时代,人类解放就不能不首先以"无产阶级解

放"体现出来，马克思也不能不首先通过为无产阶级解放而奋斗走着人类解放的道路。但是，历史的发展总是会出现许多意料不到的新东西，这些东西不断发展丰富，就会使历史呈现为新的面貌，开辟出新的发展条件，原来由历史显示的必由之路，也就会因为有新的可能而退居其后。今天，任何明智之士都应当看到，当代世界的发展道路，不在于无产阶级革命和无产阶级专政，而是包含无产阶级解放于其自身的全人类的合理生存与自由解放。

那么，人类的合理生存与自由解放是否完成了呢？是否不再成为问题了呢？任何具有人类正义、社会正义精神的人，任何主张自由创造精神的人，都不会这样认为。

在一定意义上说，人类的合理生存与自由解放，人类社会成为种种不同的"自由人的联合体"，还是一种严重的、必须由世界各国人民自觉奋斗的任务。在一定条件下，这种奋斗的火药味、血腥味都在所难免。从世界历史发展上讲，还需要以历史发展所形成的新的条件、新的手段去奋斗。这里，我们既要看到当代人类在人类学方面的发展——文化现代化、经济全球化、技术智能化、政治民主化、环境绿色化等等，又要看到在人类学发展方面存在的问题——贫富更加分化、南北差距更加扩大、宗教文化严重对立、专制顽固存在、特权和腐败横行、冲突不断出现、大国霸权主义、核战危机严峻、资源日趋枯竭、生态严重危机等等人类前所未有的困难和问题，并且也正是这些困难和问题，迫使人类正视自己的生存和整个生态自然界的生存。历史毕竟出现了种种新因素、新希望、新发展，从而有可能走向全人类共生共和的人类学时代。

在全人类走向人类学时代的新世纪新千年，既面对着民主和专制，也面对着巨量财富和贫困。人类如何解决这些问题，考验着人类的智慧和良知。所以，人类正处在一个真正需要并可能以"人类性"改造人和人类世界的时代，一个可以把一直被生产力所限制的、被种种社会异化所异化了的"人的世界和人的关系"还给人自己的时代。而这，也正是需要重新理解马克思的时代。"马克思"既是对一切不合理现象进行无情批判的代名词，又是引导人类进入人类学时代的代名词！马克思是人类学的马克思，全人类的马克思！

第一篇

马克思关于人和人类世界的哲学构建历程

第一章

马克思哲学开创的根本精神：人类学意义的自由、真理、正义、公平精神

小引：马克思在构建自己的哲学时，不是从某家某派出发，而是从他自己的精神历史出发。他从青年时代就确立了为全人类的幸福而工作的人类学精神，正是这一精神，使他结合时代需要，力图创立为自由、真理、正义、公平而奋斗的作为世界公民的新哲学。人们不明白，广义的人类学—哲学精神是马克思全部哲学构建的精神历史基础。然而，最不为人们重视的，也就是马克思的这种人类学意义的自由精神，以及它在社会历史中的实现——真理、正义、公平精神。

新词：马克思的根本精神，自由、真理、正义、公平，反剥削、反奴役、争自由、要平等，人类学价值精神

改革开放以来，对马克思主义哲学的讨论，其核心和困难归结到一点就是：如何理解马克思本人的哲学精神和哲学理念？而这也就是首先要弄清楚，马克思在他的一生中，是以什么样的精神在进行哲学构建的？这是我们讨论马克思哲学开创的基础和出发点，因而不得不首先做一些概略的探讨。

马克思不是继承某位哲学大师而属于某家某派的哲学家。他所赞美过的哲学家，一是伊壁鸠鲁，但不过是为了借重他的"原子的偏斜运动"而弘扬人的自由的能动的创造精神，而这就是马克思的精神。他深受黑格尔哲学的影响，但主要是他深刻的历史观、辩证法和理性精神，并且批判多于赞扬。他一度深受费尔巴哈的影响，但也经历了由赞扬到批判的道路。他赞赏费尔巴哈把人从黑格尔哲学的绝对理念中解放出来，从宗教统

治中解放出来，开始了把感性的人和其感性的自然界作为哲学的主体，即进入研究人和他的自然界的人类学时代。但是，他批判费尔巴哈站在人的社会历史性之外看待人。在历史上放射出耀眼光芒的哲学，在作为世界哲学之都的德国，都没有马克思所满意的哲学。他以一种新的哲学精神，独立于当时的精神世界。他对于西方哲学精神的些许赞赏，不过是为了借助他们的进步哲学论点发挥自己的哲学精神。

一　马克思的自由精神：人类追求自由的精神化身

马克思的世界公民精神，首先是一种人类学意义的自由精神。

马克思生在人类大力追求自由的时代，"自由、平等、博爱"已成为当时人类最为神圣的大旗。作为一个有幸生在这种时代而又立志"为人类而工作"的人，他在哲学的精神禀赋上天生就有一种最为进步的为人类的自由幸福而奋斗的人类学的自由精神。如果说，马克思深受黑格尔哲学影响的话，那就在于他把黑格尔的无人身的绝对理念的自推动、自发展的能动的自由精神，以及青年黑格尔派的同样能动的自我意识，改造、贯注到人的主观精神即自由精神中来。自由是精神作为精神的存在前提，自由是精神的本质特征。换句话说，自由就是人们追求自我创造与自我实现的能力。因此，所谓自由，当然是人的自由，直接的通俗的理解，它与必然性、与决定论、与命定论相反，从哲学上看，就是一种源于主体的和自我意识的自己支配自己的自意识、自主动、自选择、自决定、自开拓、自创造、自调整、自发展的能动精神。人只有在这种自由精神实现的情况下，才有人性，才有个性，才有人的尊严，才能发挥人的潜能，才能有进一步的创造与奉献，才能实现人的价值。正是人有自由，人才能全面生产，才能创造，才能自由地把人的尺度与物的尺度在感性上统一起来，形成艺术，形成美的世界。没有自由，就没有真正的人。自由是人性的天堂，不自由是人性的地狱。所以，"不自由，毋宁死！"一切进步的哲学和政治思想，都不能不把自由奉为高于一切的神圣目的。西方哲学，不论是"独断论"还是"怀疑论"，其内在精神都是对于自由的追求："独断论"通过确知对象而获得自由，"怀疑论"通过与对象保持距离而获得自由。中国哲学的"道法自然"，在本质上也是对于自由的追求，因为自然就是天然，就是自由的状态。自由是哲学的最高情怀。越是伟大的哲学家、思想家和诗人，越要讴歌自由！追求自由！这不仅仅是对人的价值的积极肯定，更是一种崇高的人本精神，人类学精神，现代性精神，因而也是一种最高的现代哲学精神。在当代，对自由的理解和追求是多种多样的。马克思的自由不是只要一己小我的自由主义、个人主义的自由，而是立足于人类的能动本性和人类的价值实现的人类学意义的自由，他把自由作为为人的自由自觉的类的本性来理解。马尔库塞就把马克思的自由理解为"植根于人同他本身的类发生关系的能力"之中①，就是把自由理解为人的一种人类学本性，这是符合马克思的思想的。根据马克思的思想，作为人类学意义的自由至少有以下特征：

其一，自由作为人类的"类本性"，是人类精神的本质特征，是人的积极主动性、人的能动性的激发与最佳实现道路，被动性、消极性就是自由的沉睡和丧失，在压力之下失去自由就会转化成为奴隶性。所以，没有自由也就没有人的积极主动性和能动性的发挥，没有人的崇高精神的激发。因而，越是伟大的心灵，越渴求自由的实现。

其二，自由作为人的一种能动性和积极主动精神，是激发人的潜能的伟大力量，而潜能不是别的，潜能就是人类深睡的类本能，创造本能。

其三，自由作为人的潜能的发挥，特别是大脑潜能的激发，是人的创造性和推动力之源，从而是使人成为历史发展的主体性、主动性、创造性力量的关键。

其四，自由作为人的积极主动性、人的创造性的源泉，它也是人的自我实现、自我发展的前提和导引，因而是人的实现、人的发展的动力，没有自由，就没有人的发展和人的实现。

其五，自由作为人的发展，作为类的力量，既是"每个人"的自由发展，也是"一切人"的自由发展，因而它也是整体的自由发展。它最反对一些人的自由发展压抑另一些人的自由发展。所以，马克思的自由是以个体为根基的整体性、人类性的自由；它的最高实现，就是著名的"每个人的自由发展成为一切人的自由发展的条件"的联合体。②

根据以上几点，自由就成了人的人类学意义的最高价值精神。人要发

---

① 《1884年经济学哲学手稿》，复旦大学出版社1983年版，第107页。
② 《马克思恩格斯选集》第1卷，人民出版社1995年版，第491页。

挥自己作为人类的能力，就是以这种类的自由性为前提的。马克思本人就是人类的这种自由精神的体现，他一生以这种人类学意义的自白精神，作为内在的价值自觉，在不断变换的时代问题中保持为他的一以贯之的哲学精神。马克思本人就是人类追求自由的精神化身。所以，自由是马克思哲学构建的精神起点。

二　自由精神的人类学价值追求：真理—正义—公平精神

马克思的作为世界公民的人类学的自由精神，一旦与社会现实相结合，就进一步体现为对真理—正义—公平这种人类世界的最高的价值追求。

马克思的这种崇高的人类学意义的自由精神，必然要与阻碍其实现的（德国）消极否定的现实世界相对立，正是这种恶性阻力，激发了马克思力图"改变世界"的内在的革命战斗精神。这种内在的革命战斗精神，在不合理的消极否定的现实世界中，就转化成为对真理、对正义和对公平的无尽追求。因为任何消极否定的现实世界，都是扼杀真理、曲解正义和践踏公平的世界。真理、正义与公平精神，是马克思反对不合理世界的伟大战斗精神，也因此成了他的人格理性精神。

马克思的自由不是个人行为上的自由，而是人类的主动精神、创造精神的自由。马克思追求的真理，不仅仅是学术真理、科学真理，它同时是揭示不合理世界、开辟人类走向自由解放、走向幸福的实践真理。而马克思的正义公平，不是抽象的正义公平，也不仅仅是伦理学意义的正义公平，而是一定历史时代人们对物权关系、公权关系的正义与公平，即是经济学和政治学的公平正义。

马克思在青年时代，就接受了西方最进步的自然法精神的哲学思想，其积极意义，就是使他站在自然法则的立场上对人类世界的真理和正义的关心，对人类命运的深切关怀，从而形成了对他来说具有根本重要性的精神情结和伟大志向："为人类的幸福"、"为世界而工作"的伟大情怀。这是一种崇高的为了全人类的价值追求方向。这一情怀，可以用他在《1844年经济学哲学手稿》中多次提到的"因为人而为了人"这一包含了他的使命感和人生观的人类学情怀来概括。这是一种既赞美人类精神的

第一章　马克思哲学开创的根本精神：人类学意义的自由、真理、正义、公平精神 / 19

伟大，又为人类消除不幸而走向幸福即合理生存与健康发展而奋斗的哲学精神。一种普罗米修斯精神。这一精神与马克思的本于其生命与不屈个性的自由精神相结合，在不合理的现实世界中就转化成了马克思特有的为全人类的自由解放而奋斗的真理—正义—公平精神。这可以从他在1847年为"正义者同盟"所起草的纲领中看得出来：

> 真理、正义和道德（道德的核心是公平——引者注）是……一切人的关系的基础，而不分肤色、信仰或民族。[1]

马克思一生都在为这种全人类性的自由、真理、正义、公平而顽强地奋斗着。这在马克思那里是一个整体：自由的实现是真理，真理的实现是正义，而正义的实现是公平。这是由于：自由的前提是真理，违背真理的自由只能走向荒漠；真理的前提是正义，违背正义的真理就不成其为人类世界的真理；正义的前提是公平，不公平就没有正义。同样地，自由的内在基础是正义，违背正义的自由就只会走向邪恶。自由、真理和正义都要追求实现，它们的综合实现都不能不走向社会公平。公平是正义的社会实现形式，不指向公平的正义就不可能是人类世界的正义，否则动物世界也会有正义。在这里，应当认识到，自然界的真理，是事物本性之间的恒定关系，比如万有引力与两物体的质量乘积成正比，与其距离的平方成反比，正是这种关系维系了天体的恒定而平稳的存在和运动，它自在地存在着，而与价值无关。而人和人类世界的真理，同样也是基于人的和物的类本性和生存发展要求而形成的稳定的关系和联系，只有遵循这种关系和联系才能使人和人类世界即社会，保持平稳而健全的存在即生存与发展。它既有自在性，例如男女的差别，又是自为的，即人为了生存而主动结合成的关系，如婚姻关系。而正是它的自为性，属人性，就产生了价值性。因而，人和人类世界的真理是一种具有价值属性的真理。这种价值不是别的，就是人和人类世界的正义。所以，人和人类世界的真理总是与正义相关联而存在，不正义、非正义也就不可能成为真理。同时，正义也不是抽象的，不是古代的正义女神，不是某种永恒的法，而是在人的具体的社会关系、社会权利中体现和实现出来的公平，是人人作为自由的主体而追求

---

[1] 《马克思恩格斯选集》第2卷，人民出版社1995年版，第610页。

实现的平等机会，因而正义是一切个体的和社会的内在动力，是一种自求实现的力量，它永远激荡着正直的追求自由和真理的心，并为它的实现而奋斗，等等。所以，对于马克思来说，自由、真理、正义以及它们的实现形态即普遍性的公平，是不可分割的整体。

马克思虽然很少抽象地谈论真理、正义与公平，但这却是他一切奋斗的内在精神。对真理的追求特别体现在他的政治经济学批判之中，对正义的追求特别体现在他对专制制度的批判之中，而对公平的追求又特别体现在他对无产阶级非人生活的激烈抨击之中。他所从事的"阶级斗争"，从哲学上看，不过是为了实现这一目标的针对现实状况而必须采用的阶级手段。真理、正义与公平，应当是衡量一切社会共同体的天平，是自由赖以实现的社会环境，是人类理性的良心，是公共道义赖以生长的土壤，是共同体赖以良性生存与健全发展的前提，也是实现人的自由解放和一切进步的阶梯。失却自由、真理与正义的世界，就只能是一个黑暗的世界。回顾历史，一切社会动乱的产生，就在于没有自由，就在于真理、正义与公平的匮乏，而一切革命的旗帜，实际都不能不是"真理、正义与公平"的旗帜！这是一种最宝贵的人类学价值精神。它在神话时代就以幻想的形式萌芽，在一切具体的社会中被高高举起，就是希望这个非人社会成为具有人类学意义的人的社会。而在今天的世界上，它还需要人们去为之不懈奋斗，马克思就是这一奋斗的旗手。

马克思生在一个经济政治都极其不合理的时代。他的"因为人而为了人"的普罗米修斯式的伟大精神，他的自由精神和人类正义精神——即他的关于人和人类世界的哲学精神，不可能正面实现，而只能转化为对社会的、时代的"迫切问题"的强烈关怀和由此产生的具体的、针对不同时代不同问题的激烈批判，对有损人的尊严的不合理现象的深恶痛绝和"无情的批判"。他正是在这种批判中表明他追求真理、坚持正义、强调公平的人类正义精神的。这是马克思的关于人和人类世界的哲学精神的集中体现。唯真理是求，格正义而张，正是对马克思精神的写照。

三 自由—真理—正义—公平精神在批判斗争中的体现：反剥削、反奴役、争自由、要公正的人类学价值精神

马克思的世界公民精神，即自由—真理—正义—公平精神，在对不合

理世界的斗争中就体现为反剥削、反奴役、争自由、要公正的人类学价值追求。

伟大的精神不是自己树立起来的，而是在与不合理世界的斗争中树立起来的。马克思的根植于他的人格理性精神中的这种自由、真理、正义、公平精神，使马克思成为特别关重他的时代的"迫切问题"的思想家。他突出表明："问题是时代的格言，是表现自己内心状态的最实际的呼声。"而"一个时代的迫切问题"，就是"公开的，无所顾忌的，支配一切个人的时代之声"。①

正是这种时代之声，与他的自由—真理—正义这种人类学精神相结合，决定了马克思的具体的哲学理念和哲学志向。具体地说，这个"时代的迫切问题"就是：德国政治奴役制度的非法存在和英法等国经济奴役制度的非法性统治。马克思一生的哲学思想以及对经济科学理论的构建，都是针对这一压抑人类自由天性、失却真理正义、束缚时代发展、使人们不能合理生存的"迫切问题"的，正是这种对人的、对真理正义的压抑状态，激发了马克思对"全人类解放"的追求，并以历史规律来论证和实现这种追求。正如孙正聿先生所说：马克思要"从时代性的状况去反思人类的存在，从时代性的问题出发去求索人类的解放"②，以追求人类性的自由、真理与正义的实现。

马克思所发现的他的"时代的迫切问题"，首先是德国的封建专制主义对整个社会的思想压制和政治专制，进而是在先进国家普遍存在的资本对劳动的奴役。在他出生的德国，整个思想理论界不过是为专制制度服务的工具，没有真理、正义的声音，没有公平、自由可言。社会中到处充满了经济的、政治的、思想的非法性统治，这迫使青年马克思的自由精神和"因为人而为了人"的拯救人和人类世界的哲学精神，不能不转化为一种激越的批判精神来批判一切。

从早期的论文看，马克思的批判矛头，主要是针对近代性问题在现代社会中的非法统治：一是以自由精神对"压制思想自由"的"书报检查制度"的无情批判；二是以这一人类进步精神对于"落后于世界水平"的专制、等级、特权制度的无情批判；三是对人类社会中最不公正的现

---

① 《马克思恩格斯全集》第 1 卷，人民出版社 1995 年版，第 203 页。
② 《社会科学战线》2003 年第 1 期，第 10—14 页。

象——资本奴役劳动的劳动奴役制度的批判。这三大批判的目标都指向人的解放。马克思由特别关注"政治上社会上备受压迫的贫苦群众",到发现"劳动与资本的对立",再到发现资产阶级对无产阶级的制度性奴役,这一系列的发现,促使他的自由精神和为真理、为正义的奋斗精神,在斗争中进一步体现为反剥削、反奴役、争自由、要公正的人类学价值精神。这是他的人类正义精神的具体体现。所以,马克思的"因为人而为了人"的理想,在不合理社会中就具体转化为反剥削、反奴役、争自由、要公正的理性战斗精神。这充分体现在他的这样一句话中:

> 绝对命令:必须推翻那些使人成为被侮辱、被奴役、被遗弃和被蔑视的东西的一切关系。把人解放成为人。[①]

他把康德的伦理学的"绝对命令",改造成他的政治学的绝对命令,从而代表了社会历史发展的"绝对"要求,并且,这一层成了他一生的政治抱负。他对人类社会的这种真理和正义的赤诚追求,形成了他的有鲜明个性特色的不妥协的激越战斗精神。他的一系列的、表面看没有一贯性的哲学构建,都是以这一斗争精神建立而连贯起来的,都是以这一精神的金线贯穿起来的一串珠玑。然而,不论马克思在具体的批判中抱着什么思想,他的一切批判从根子上看,都不能不本于对人类命运、对劳动大众命运的关怀和对于自由、真理、正义、公平的追求。正是这一根本精神,支配着马克思在不同社会时空中针对不同的时代问题而形成了不同的哲学构建,表现为不同的理论追求。

总之,自由、真理、正义、公平精神是马克思的世界公民精神,也是马克思的人格理性精神,更是他所构建的关于人和人类世界的人类学——哲学的根本精神。

---

① 《马克思恩格斯全集》第4卷,人民出版社2002年版,第207—208页。

第 二 章

1841—1843：马克思从哲学上对人类自由解放的探求

小引：马克思是通过哲学走上人类精神舞台的。人类学意义的自由，而不是个人自由，是马克思从事其博士论文写作的内在精神基础。他的博士论文，力图通过对古代自然哲学的辨析，探求人类的积极主动的自由精神的自然哲学根据。1842年，他把这一原本出于政治目的自由精神运用于反对封建专制的现实斗争，1843年进一步升华成为"全人类解放"的伟大哲学精神。而这正是他追求自由、真理、正义、公平的人类学价值精神的体现。正是这一精神，促使马克思进一步树立了人类学视野的人类学价值立场，把目光投注到人和人类世界的不合理问题上，走上了以经济科学反对不合理世界的斗争。也正是这一哲学精神，使马克思超越了形而上学本体论、思辨哲学等一切陈旧的近代哲学，走向现代哲学的开创道路。

新词：公共自由，人类学视野，人类学价值立场，自由的本体论基础

马克思的自由—真理—正义—公平精神，马克思"因为人而为了人"的伟大的人类学理想，使马克思一生的哲学构建，都是围绕"人和人类世界"这个核心对象展开的。他在一生的不同的理论时空中，围绕这一中心创造性地构建了不同的而又步步深入的哲学主题。而1843年之前，奠定了他一生对于自由解放的追求。

一 1841：对人的自由精神的本体论探求
（超越近代西方哲学的必然性和绝对理性时空而对自由的追求）

马克思的青年时代，特别是在他写博士论文的前后，作为一个青年黑格尔派，深受西方近代人本哲学精神、自由哲学精神的影响。鲁路在《马克思博士论文研究》中有很好的概括："马克思 1835 年至 1837 年间主要受康德、费希特哲学的影响，1837 年至 1839 年间主要受黑格尔哲学的影响，1840 年至 1842 年间主要受布鲁诺·鲍威尔自我意识哲学的影响。"① 而还可补充的是：1843 年至 1844 年间主要受费尔巴哈人本主义哲学的影响，在政治哲学上，还深受卢梭等等的影响。这些影响属于西方最进步的哲学精神。但是，注意影响是一个方面，更重要的是马克思早就形成了他自己的人格理性精神，他在 17 岁时（1835 年）就立下了"为人类幸福"而奋斗的伟大的人类学精神，所有的"影响"都不过是加强、丰富、升华并进一步形成了他自己的人格理性精神——人类学意义的自由、真理、正义精神。1841 年，正是为了弘扬他自己的这种主导精神，才借对德谟克利特和伊壁鸠鲁的自然哲学的比较而形成了他的博士论文，以一个从自然本体论层次弘扬自由创造精神的哲学家走上哲坛。马克思把他所受到的自我、自由、理性、自我意识等哲学影响，都用来加强到自己的人类学意义人的主观精神、理性精神、自由精神、人本精神中来，其核心可以归结为人的能动精神、人的自由创造精神这种关于人类学意义哲学精神。博士论文表面上是研究古希腊自然哲学的，但他通过对两位自然哲学大师德谟克利特与伊壁鸠鲁的原子论的比较研究，意在从自然哲学基础上，为人的能动性和自由创造精神找到本体论的根据。

马克思明确指出："德谟克利特注重必然性，伊壁鸠鲁注重偶然性，每个人都激烈地争辩以驳斥相反的意见。"② 而这两种对立的哲学观念，前者是建立在他所提出的原子的直线运动之上的，后者是建立在他所提出的原子的偏斜运动的基础上的。德谟克利特讲直线，讲必然性，讲命运，讲决定论，他代表了非人的客观自在的哲学方向；而伊壁鸠鲁则相反地讲

---

① 鲁路：《马克思博士论文研究》，中央编译出版社 2007 年版，第 15 页。
② ［德］马克思：《博士论文》，人民出版社 1973 年版，第 13 页。

偏斜，讲偶然性，讲自由，讲独立性、能动性，他代表了人类摆脱命运、争取自由解放的主观自为的哲学方向。马克思借卢克莱修的话强调了这一哲学的重要性："卢克莱修说得很对，如果原子不偏斜，就不会有原子的反击，也就不会有原子的遇合，并且将永远不会有世界创造出来。"①

马克思注重伊壁鸠鲁的原子论，主要在于注重他在原子论中所表现出来的这种能动的人类学、伦理学和社会哲学思想。马克思特别强调伊壁鸠鲁原子论具有如下突出特性：

其一，原子具有独立性和个别性，伊壁鸠鲁给原子的定义是："原子是具有独立性、个别性形式的物质。"② 这种个别性、独立性与作为个体的人的独立存在相对应。独立的原子都以自身为重心，并通过排斥运动，聚合形成万事万物。这与人在相互作用中形成社会相类似。所以，强调原子的个别性与独立性，不仅为强调人的个体性与独立性、人的主观自由精神奠定了自然哲学基础，也为人的自我意志和自我决定的自由本性奠定了本体论的自然哲学基础。

其二，马克思根据伊壁鸠鲁原子论，设定原子有三种运动：直线下落运动、偏斜运动、相互排斥运动。前两者是单个原子自身自生的运动，后者是建立在前者之上的原子与原子发生关系的运动。这种"偏斜"不是源于外力，而是源于原子自身内部：原子的偏斜运动的根据在于原子本身，它是"自因"的，必然的，"但这种必然性并不意味着原子被外在必然性所规定，而是出于自身的选择"。③ 这种自身选择是对决定论的突破，体现了自由和意志的作用。这样一来，原子的偏斜运动就为自由意志、自我决定奠定了本体论基础。同时，原子在偏斜运动中相互碰撞，相互排斥，这种相互排斥就"经历了在外物中识别自身的过程，自我意识就是在这个由外而内的过程中发展起来的"④。在马克思看来，"排斥是自我意识的最初形式"⑤。在博士论文中，就成了为人的主体性、独立性、自我意识、自由意志而张扬的主观人本主义精神，这种人本精神是早于费尔巴哈而建立起来的。而马克思的彻底性在于他力图把这种以人的自由为核心

---

① ［德］马克思：《博士论文》，人民出版社1973年版，第23页。
② 《马克思恩格斯全集》第1卷，人民出版社1995年版，第60页。
③ 鲁路：《马克思博士论文研究》，中央编译出版社2007年版，第124页。
④ 同上书，第127页。
⑤ 《马克思恩格斯全集》第1卷，人民出版社1995年版，第37页。

的人本哲学精神奠定在自然哲学之中。诚如鲁路所说:"博士论文从原子的自发性运动中阐发出自我意识的因素,从原子的机械性运动中阐发出自由意志的因素……原子不仅是物质的载体,而且代表着精神性的个人,因为它既体现了人的自我意识,又体现了持有自我意识的个人"①,体现着人的自由精神。所以,马克思表面上研究原子偏斜,实际上是研究人的自由。他的自然哲学同时也就是社会哲学,自由哲学。他突出地在原子论中贯彻了他的人的自由思想。"马克思写作博士论文,意在宣扬主观原则这一新世界精神。马克思从伊壁鸠鲁哲学中发挥出自我意识含义,就是对这一精神的宣示。"② 而主观原则、主体性、自我意识等等,都不过是马克思人类学的自由精神的体现。总体上看,这是马克思在西方哲学思路中运用西方哲学的成果,宣扬和强调自己的自由精神这一伟大的人类精神的开拓之作。这一精神是马克思终生理论与实践活动的哲学起点,哲学根据,是他的新世界观的哲学萌芽。这样一种哲学开拓,正是马克思从一开始就立下的伟大志向"为人类的幸福"而奋斗的哲学展现。他为人类幸福而奋斗的第一个目标,就是捍卫和弘扬人类作为人类的自由、能动、创造精神,这是人之作为人的根本精神。

总之,从马克思的博士论文中可以看到,他力图超越近代西方哲学特别是黑格尔的必然性和绝对理性时空,构建一种属于现代精神的人类学意义的能动的、自由创造的哲学精神。他之所以要研究古典原子论,在于他主要是想借助于经典的自然哲学而为人类学、政治学张目。在1857年12月21日给拉萨尔的信中,马克思表明了他研究原子论的这种初衷:"与其说是出于哲学的兴趣,不如说出于[政治的]兴趣。"③ 可以说,马克思在"未出茅庐"时代,就力图以他所说的"从人类关系的理性出发"④即人类学高度,思考解决人和人类世界的问题。"出于[政治的]兴趣"表明,马克思从一开始就把他的哲学目光对准了人和人类世界,力图为创建一种关于人和人类世界的哲学寻找精神理性根据,而不是对自然哲学、精神哲学或物质哲学以及整个世界的形而上学本质感兴趣。而

---

① 鲁路:《马克思博士论文研究》,中央编译出版社2007年版,第158页。
② 同上书,第181页。
③ 《马克思恩格斯全集》第29卷,人民出版社1982年版,第527页。
④ 《马克思恩格斯全集》第1卷,人民出版社1995年版,第226页。

这正是一种新的世界精神，新的哲学精神，是现代人类学—哲学精神的起点。

二 1842：从对自由的追求到要求创立实现自由的"当代世界的哲学"

（超越形而上学、本体论、思辨哲学时空的哲学追求）

如果说，在1841年，马克思的自由精神还只是以"自我意识"、"自我决定"的精神体现出来，还只是以原子自由体现出来的原子精神，那么，到1842年，它已与现实问题相结合，找到了对立面，成了一种针对专制政治制度的对公共自由精神的追求，具体表现为对以出版自由、新闻自由为体现的思想自由的追求。而这种对公共自由精神的追求，正是在具体的不自由社会中坚持真理、追求正义的体现。这是马克思哲学精神的第一个现实体现形态。

1. 对公共自由的追求与对封建专制制度的批判

1842年，是马克思怀抱着自由精神进入社会的思想政治斗争前沿的第一年。初出茅庐，他的斗争方向，就针对着专制社会的不合理与非法性，针对着非人的旧制度与旧关系，针对着它们对于自由——特别是作为一切自由的前提条件的精神自由、思想自由的压抑。在马克思看来，国家作为人们的政治共同体，应当是"人类关系的理性"产物，是实现人的自由的共同体。但是，现实的普鲁士专制国家，却压制人民的思想自由，这特别体现在书报检查制度方面，马克思以他的伟大的自由精神直接对这种非法性现象展开了无情的批判。这就是追求新闻出版自由即人民自由表达思想的权利，他把这当作人的人类学意义的自由精神的直接体现。

马克思作为一个追求自由的思想家，特别重视作为一切解放的基础的思想解放。因为人类是精神的存在物，他的行为都是在他的精神的直接支配下而产生的。个人的精神在于它的自由的头脑，社会的精神在于它的自由的出版物。所以，马克思一直把出版自由作为人的精神权利、作为自由解放的最基本的要求和社会的精神历史发展的起码条件而高高举起！他为出版自由写下了千古绝唱：

你们赞美大自然悦人心目的千变万化和无穷无尽的丰富宝藏，你们并不要求玫瑰花和紫罗兰发出同样的芳香，但你们为什么却要求世界上最丰富的东西——精神只能有一种存在形式呢？……每一滴露水在太阳的照耀下都闪耀着无穷无尽的色彩，但是精神的太阳，无论它照耀着多少个体，无论它照耀什么事物，却只准产生一种色彩，就是官方的色彩！①

马克思向我们表明：任何奴役都不能不以思想奴役为前提；思想奴役，是一切奴役的基础，思想解放，是一切解放的起点！所以，他强烈反对"倾向的书报检查和书报检查的倾向"②。这种以自由为本的反专制反压抑的批判精神，成了马克思哲学的内部支持精神之一。他借用"类哲学"的术语，来表达这种人类学的自由精神："自由是全部精神存在的类本质"③，没有自由，就没有人类的精神，就只有奴隶和奴役奴隶的国度。

2. 要求创立体现他的根本精神的实现自由的"真正的哲学"

马克思是非常重视哲学的。他把哲学领域视为"当时著作界中唯一还有生命跳动的领域"④。但是，在当时的黑格尔和青年黑格尔哲学思想统治的时空中，马克思找不到合理的哲学。他作为一个哲学家，从一开始就是在与传统哲学尤其是德国古典哲学对立的意义上，开始他的现代性的哲学追求、哲学思考和哲学构想的。他在一篇短文中说："假如你们愿意明白事物存在的真相，即明白真理，你们就应该从先前的思辨哲学的概念和偏见中解放出来。"⑤ 他从一开始就否定那种停留在自己的形而上的体系内，"爱好宁静孤寂，追求体系的完美，喜欢冷静的自我审视"的传统哲学，认为它"像一个巫师，煞有介事地念着咒语，谁也不懂得他在念

---

① 《马克思恩格斯全集》第1卷，人民出版社1995年版，第111页。
② 同上书，第124页。
③ 同上书，第171页。
④ 同上书，第149页。
⑤ 同上书，第33页。

着什么。"① 与这种哲学相反，马克思则要求创建这样的"真正的哲学"：这种哲学"不仅在其内部通过自己的内容，而且在外部通过自己的表现，同自己时代的现实世界接触并相互作用，那时哲学不再是同其他各特定体系相对的特定体系，而变成面对世界的一般哲学。"②

这显然是要求以一种自由能动精神创立一种关心人类命运、关心人的自由发展、关心人的现实生活的"真正的哲学"，这种哲学要"从天国转向人间"，即从形而上学的抽象领域转向现实的人和人类世界，从而能够把握自己时代的基本问题，关怀人和人类世界的进步。他对这种新哲学的期望主要有如下几点：

（1）反对高高在上的形而上学哲学的"幽静孤寂"、"闭关自守"和"淡漠的自我直观"，要求建立与现实世界发生关系的"用双脚站在地上的""真正的哲学"。

（2）肯定"任何真正的哲学都是自己时代精神的精华"，它是时代的产物，人民的产物，"人民最精致、最珍贵和看不见的精髓都集中在哲学思想里"。给了新哲学以代表人民心声的崇高期望和评价。

（3）反对不切实际的哲学，要求新的哲学"要和自己时代的现实世界接触并相互作用"，成为能够影响"现实世界"的历史进程的当代世界的哲学。

（4）新的哲学要积极参与现实世界的斗争，参与到现实生活中来，要"以世界公民的姿态出现在世界上"，即"哲学已成为世界的哲学，而世界也成为哲学的世界"③。这就是说，马克思所要求的这种"真正的哲学"，只能是关于人和人类世界、关于现实社会、现实问题的能够参与现实斗争的哲学。

（5）而这种哲学的根本精神，显然是他关心现实、关心人类命运、积极为新世界奋斗的自由、真理、正义精神。

概括马克思对新哲学的五点要求可以看出，马克思希望创立直接关怀人类的物质生活、政治生活、精神生活的哲学，成为生活的、实践的哲学，成为对人类世界的历史发展有所促进的哲学。这是一种革命性的哲学

---

① 《马克思恩格斯全集》第 1 卷，人民出版社 1995 年版，第 219 页。
② 同上书，第 6 页。
③ 同上书，第 220 页。

构想，它既抛开了黑格尔的绝对理性世界，也抛开了抽象的物质世界，而开辟了关怀时代的、关怀现实问题的关于人和人类世界的哲学的大方向。虽然它的具体内容还不明朗，但马克思此后对这一哲学做了不断的丰富和发展，不断结合具体的现实问题和理论活动，逐步表述和创立了他的这一新哲学。

简言之，当马克思要求的"真正的哲学"，是要以"世界公民"姿态出现在世界上，这个"世界公民"就是马克思追求自由、真理、正义的精神的化身！"真正的哲学"的内在精神，就是追求人类学意义的自由、真理与正义的哲学精神。

马克思处在一个代表西方近代哲学发展顶峰的国度和时代。对代表这一哲学水平的黑格尔哲学也深有理解，他本人早先也曾经参与青年黑格尔主义者的活动。但是，马克思把这一切哲学都视为旧哲学：对传统的形而上学本体论问题、认识论问题、真理问题、自我意识问题、人的生命意志问题、道德实践问题、物质和意识的关系问题等等，他都视之为陈旧的、与现实世界不相关的哲学而不予理会。对那种执著于所谓物质世界、精神世界以及它们的相互关系的形而上学哲学，他也不予理会，而径直以他的自由精神走上了对新的"真正的哲学"的探求道路。在这里，我们看到，马克思超越了任何形而上学、本体论、思辨哲学时空的哲学追求，超越了由黑格尔奠定的必然性和绝对理性的哲学时空，开创了一种新的哲学精神，哲学革命，而这种革命就是从他所创立的人类学意义的自由—真理—正义—公平精神开始的。

3. "真正的哲学"的内在精神：追求自由、真理、正义、公平的人类学价值精神

马克思把"哲学研究"理解为"自由理性的行为"。他的博士论文就是这样。如果说，在1841年，自由精神还只是以"自我意识"、"自我决定"的精神体现出来，到1842年，这种"自由理性"已与现实相结合，找到了对立面，成了一种针对封建专制政治制度的非法统治的对公共自由精神的追求。而这种对公共自由精神的追求，正是在具体的不自由社会中坚持真理、追求正义的体现，这显然是马克思的作为"世界公民"的"真正的哲学"的内在哲学精神。这种精神的实质是人类学的价值精神。当马克思要求"真正的哲学"以"世界公民"的姿态出现在世界上时，

这个"世界公民"既是马克思自由精神的化身，又是人类追求真理与正义的最高价值的化身！这不是那个阶级的精神所能包含的，这是一种具有全人类意义的人类学价值精神！是关于人和人类世界的哲学的内在精神。而关于人和人类世界的哲学就是这种关怀人类命运的"当代世界的哲学"。重要的是，这一内在哲学精神，在马克思的不同时期又以不同的思想观念体现出来。马克思的"真正的哲学"的具体面目，也不断显露出来。

4. 马克思提出了以人类学价值为核心的"世界哲学"大方向

一个值得深入思考的问题是：马克思对未来哲学所说的作为"世界公民"的"世界的哲学"，是否就是后来雅斯贝尔斯所力图构建的作为未来哲学的"世界哲学"？从马克思哲学的内在精神看，它的确是一种世界精神，它的精神是适应于全人类的，就这方面说，马克思已在精神内容方面提出了"世界哲学"的核心理念，因而可以把马克思视为"世界哲学"的最早开拓者。从本质上说，关于人和人类世界的哲学就是一种世界哲学。因为，它不仅是对全人类问题的关怀，更是研究全人类都不能不关心的人的合理生存、健全发展与自由解放这一核心问题的哲学。根据梦海先生的归纳，雅斯贝尔斯要创构的世界哲学有三大特点："（1）全球性。凭借全球尺度，世界哲学诉诸全人类；（2）理性。凭借理性的无限开放性，世界哲学能够深入当下的世界之中；（3）普遍交往。凭借普遍交往的意志，世界哲学能够通向所有存在形态的真理，达到世界的可能统一。"[①] 显然，具有这三大特征的哲学，只能是关于人和人类世界的哲学，而不必是关于物质世界理念世界的哲学。可以看出，这三大特点也是马克思哲学构建的特征所在。马克思从一开始就强调理性的哲学与哲学的"理性"，他的开放的理性主义一直保持到最后。马克思最早提出人类世界的"普遍交往"，提出了各民族走向世界历史即"全球性"发展的重要性，他的关于人和人类世界的哲学思考，都是适应于全人类的这种发展的思考，是为了解决全人类在向"世界历史"发展中的问题的，"理性"、"全球性"和"普遍交往"正是

[①] 梦海：《走向世界哲学的可能曙光——论卡尔·雅斯贝尔斯的未来世界哲学规划》，《哲学动态》2007年第8期。

马克思哲学的当然特征。马克思的人类学意义的自由、真理与正义精神,马克思为全人类的合理生存、健全发展与自由解放而奋斗的哲学精神,这些以全人类价值出现的追求,应当就是他所说的作为"世界公民"的哲学的主体性精神。从本书后面的展示可以看出:由马克思开创的关于人和人类世界的哲学本身就具有这些特征。因此,马克思是"世界哲学"的最早构建者,他的关于人和人类世界的哲学方向,应当就是对这种世界哲学的开拓。事实上,只有关于人和人类世界的哲学,才适合成为世界哲学。因为,如果有一种主题是全人类都关心的,那么,关于这个主题的哲学就可能成为世界哲学。而关于人和人类世界的哲学正是要通过自由、真理与正义这种人类学的价值武器,为全人类都关心的人的合理生存、健全发展与自由解放而奋斗的哲学。

三 1843:从自由到解放:以"人的解放"为核心的哲学构建

(针对专制特权制度、劳动奴役制度统治时空的哲学创建)

马克思的追求自由、真理与正义的世界公民哲学精神,到了1843年,进一步升华为以人的解放为目标的人类学共产主义追求,"人的自由"进一步以"人的解放"、"全人类解放"的哲学形式丰富发展起来。

1. 马克思在哲学上站到了人类精神发展的最前沿

对马克思的哲学思想的发展契机来说,这一年是重要的。一是布·鲍威尔的《犹太人问题》的出版;二是费尔巴哈的《未来哲学原理》以及较早的《基督教的本质》(1841年)的出版;三是赫斯哲学共产主义的创立,这给马克思在批判中发展自己的哲学思想提供了机会;四是马克思全面批判了黑格尔的法哲学,开始走自己的"真正的哲学"的创立道路。

在《论犹太人问题》及《〈黑格尔法哲学批判〉导言》中,马克思对他提出的"作为世界公民"的哲学有了进一步的阐述,提出了"哲学的迫切任务",就是"为历史服务"即为人的解放服务。他把这种解放哲学理解为是以"思想解放"、"政治解放"为基础的①，以"无产阶级解放"为前提的"全人类解放"的哲学。而"一切解放"的实质都在于"使人的世界和人的关系回归于人自身"②，这是对新哲学的最重要的人本性的人类学的规定。这一哲学的"迫切任务"，就是在德国哲学特别是费尔巴哈哲学所完成的对"彼岸世界"即对宗教世界的批判的基础上，进一步对造成"人的异化"、"人的奴役"的"此岸的"、"尘世的"、"非神圣形象的"现实世界展开"政治的"与"法的"批判：

> 彼岸世界的真理消逝之后，历史的任务就是确立此岸世界的真理。人的自我异化的神圣形象被揭露之后，揭露非神圣形象中的自我异化，就成了为历史服务的哲学的迫切任务。于是，对天国的批判就变成了对尘世的批判，对宗教的批判就变成了对法的批判，对神学的批判就变成了对政治的批判。③

这就是说，马克思力图在宗教解放的基础上进一步推进"人的解放"。而人的解放的首要任务就是政治解放。这是通过对专制制度的政治批判和法的批判才能实现的。这就为他的"作为世界公民"的"真正的哲学"定了性，即追求以政治解放为前导的"无产阶级解放"和"全人类的解放"。而这就是当时最进步的哲学共产主义方向。

2. 对人类学视野和人类学价值立场的初步构建

马克思在1842年和1843年的另一个重要哲学构建，是他的人类学视野与人类学价值立场的形成。他在1842年就强调，要"用人的眼光"、用"人类精神的真正的视野"④来观察把握人和人类世界。这种"人类精神"的视野，只能是一种人类学视野。同时，马克思的这种人类学视野，

---

① 马克思表明：思想解放的表征是新闻出版自由，政治解放的表征是消除专制权力，无产阶级解放的表征是消灭经济奴役制度，而人类解放的表征是在此基础上的一切人的自由而全面的发展。它以所有这些解放为前提，为内容。所以，马克思反专制、争民主的斗争是他的两大解放事业的组成部分。

② 《马克思恩格斯全集》第3卷，人民出版社2002年版，第189页。

③ 同上书，第200页。

④ 《马克思恩格斯全集》第1卷，人民出版社1995年版，第215、227页。

与他在 1843 年多次表述出来的人类学价值原则是一致的，共同形成了他的人类学价值立场。它主要表现在：①以人为根本，确立人本价值观：马克思强调："人是人的最高本质"，"人的根本就是人本身"①。这就强调了要以"人的根本"作为人类学—哲学的人本立足点，这是马克思"因为人而为了人"的人本价值观的人本根据。②从社会自由这一必要前提出发，创造人类合理生存的一切条件：马克思强调：要"从社会自由这一前提出发，创造人类存在的一切条件"②。这"一切条件"，当然包括从物质条件、制度条件到精神条件、生活条件，即从社会自由出发实现人的合理生存与自由解放。这表明，马克思把人的"社会自由"视为人作为人的合理生存的前提条件。③把人的世界和人的关系还给人自己：马克思强调："任何解放都是使人的世界和人的关系回归于人自身。"③ ④上面所说的平等、自由、公平、正义等等，在马克思那里也是一种人类学价值原则，甚至"真理"，也是具有人类学价值的真理。除此之外，马克思还通过一系列的人本价值论断，多方面表明了他的人类学价值立场。它表明，马克思当时说的"思想解放"、"政治解放"、"阶级解放"以及"人的解放"、"全人类解放"，都是从这种"把人的世界和人的关系还给人自己"的人类学价值立场出发的。而这也可以说是马克思解放哲学的人类学价值立场。正是这种人类学视野和人类学价值立场的形成，为马克思人类学—哲学奠定了价值观方法论的基础。

3. 政治解放：人的自我解放的政治实现形式

本着这样的解放哲学理念，马克思首先对压制解放要求的国内封建专制特权制度展开了批判。《德法年鉴》中的马克思的论文与书信表明，马克思把他的批判矛头首先对准了属于旧世界的专制奴役制度，认为"可恶至极的专制制度已赤裸裸地呈现在全世界面前"。"君主制度的原则总的说来就是轻视人，蔑视人，使人非人化"，深刻指出"君主政体、专制制度和暴政三者之间"不过"都是同一概念的不同说法"④。从而确立了

---

① 《马克思恩格斯全集》第 3 卷，人民出版社 2002 年版，第 207 页。
② 同上书，第 212 页。
③ 同上书，第 189 页。
④ 《马克思恩格斯全集》第 47 卷，人民出版社 2004 年版，第 55、59 页。

"要对现存的一切进行无情的批判"的哲学态度，要求"在批判旧世界中发现新世界"，即确立了反专制、反奴役、争自由的政治解放、人类解放的哲学大方向①。这是他要创立的作为世界公民的哲学的第一个姿态。

针对压抑人、奴役人的德国专制政治制度，马克思首先强调政治解放："政治解放同时也是同人民相异化的国家制度即统治者的权力所依据的旧社会的解体。"② 表明了他对专制特权制度的深恶痛绝。马克思一方面认识到政治解放的不足，指出"政治解放本身还不是人类解放"，即还有些方面、还有些人不能解放出来；另一方面肯定政治解放的必要性和现实性，指出"政治解放当然是一大进步；尽管它还不是一般人的解放的最后形式，但在迄今为止的世界制度内，它是人类解放的最后形式"③。同时，在马克思看来，这种政治解放就是把以等级形式约束的臣民，解放成为平等的公民，把对精神的千年压制转变成为精神的自由发扬，把贵族对权力的垄断转变成为"人民主权"，即实现民主，以保证平等、自由的实现。从后来的《共产党宣言》中可以看出，马克思把政治解放视为无产阶级解放和社会主义革命的前提。

4. "无产阶级解放"和"全人类解放"的哲学结合

马克思通过 1842 年在《莱茵报》编辑部的工作，认识到当时劳动者贫困的社会现实，特别是这时已观察到无产阶级的非人生活及其根源，因而，在与不合理现实的斗争中，马克思的上述哲学理念，有了进一步的发展。表现在他既强调在政治解放的基础上的"无产阶级解放"（狭义解放理论），又强调"全人类解放"（广义解放理论），并把这种双重解放结合起来，强调两种解放的统一性：两者都是"从奴役制的解放"：无产阶级解放主要是从资本对劳动的经济"奴役制"中的解放；人类解放表现为更广泛的"从一切奴役制度"中解放出来。由于当时"整个人类奴役制就包含在工人同生产的关系中"，基于这一认识，马克思追求的是通过"无产阶级解放"而达到"全人类解放"。可以说，在马克思的"人的解放"的范畴中，包含他为之奋斗的思想解放、政治解放、无产阶级解放

---

① 《马克思恩格斯全集》第 3 卷，人民出版社 2002 年版，第 3 页。
② 同上书，第 186 页。
③ 同上书，第 174 页。

和全人类解放于一身。从广义的最高的层次看，马克思的解放哲学就是包含这一切的人类解放哲学。但是，马克思根据当时的形势，认为它只有通过无产阶级的革命斗争才能实现。他强调：

"这个解放（即全人类解放——引者注）的头脑是哲学，它的心脏是无产阶级。"马克思的深刻性和革命性就在于：他要求"哲学把无产阶级当作自己的物质武器，同样地，无产阶级也把哲学当作自己的精神武器。"[①]

到了这里，马克思的人类自由大旗，就升华为人类解放大旗，他高高举起了人类解放这一哲学大旗，并且明确地把它与无产者的解放联系起来，并寄希望于无产阶级。这就是要求无产阶级升华为全人类的普遍性的代表，完成人类学的解放任务，即举起人类学的自由、真理、正义、解放大旗，从而实现全人类的正义事业和解放道路。他认为，这是一种"解放全体人民"、"解放整个社会"的"普遍解放"工作[②]。这是以消除一切不合理、非法性的东西为目标的人类正义精神为基础的事业。它奠定了马克思解放哲学的阶级性、正义性、人类性与历史进步性，为以后的各种哲学构建确定了方向。它表明，马克思从一开始就高举着追求全人类的真理和正义、自由和解放的大旗。而只要人类的真理和正义、自由和解放还没有在任何角落都已实现，这一哲学大旗都有它持续飘扬的鲜活意义。

5. 马克思解放哲学的核心精神：以"人的解放"为本位的人类学价值精神

接下来的问题是：这种解放的依据是什么？任务是什么？马克思进一步指出：人的解放的依据是"人本身"，即以人类为本，因为"人是人的最高本质"，他明确指出："唯一实际可能的解放就是以宣布人是人的最高本质这个理论为立足的解放。"[③]而"人本身"只能是人的自由本性、创造本性，即把人的自由本性和创造本性从种种压抑中解放出来。这是人类学意义上的解放。他指出：历史赋予解放哲学的"绝对命令"就是：

[①] 《马克思恩格斯全集》第3卷，人民出版社2002年版，第5页。
[②] 同上书，第210页。
[③] 同上书，第214页。

"必须推翻那些使人成为被侮辱、被奴役、被遗弃和被蔑视的东西的一切关系"[1],"使人的世界和人的关系回归于人自身"[2]。"把人解放成为人。"

这就是马克思提出的关于人和人类世界的哲学的最高价值追求和最高战斗精神,即人类正义精神!它既是针对一切专制制度、等级制度、特权制度对人的奴役的制度批判,也是针对资本主义对无产者的蔑视和经济奴役的制度批判。这是马克思在哲学上明确举起的关怀全人类命运的自由—真理—正义—公平精神的具体体现,是马克思的人本精神、人类正义精神的直接呼号和历史使命!

马克思之所以提出他的人的解放哲学,一方面在于马克思站在文艺复兴、启蒙运动以来人类进步思想发展的顶峰——即在费尔巴哈哲学人本论基础上提出的以人的解放为主旨的"哲学共产主义"(赫斯等)之上;另一方面马克思把这种以费尔巴哈人本学为根据的哲学共产主义进一步发展为他的以实现全人类解放为特征的人类学共产主义,马克思就是为这种人类学共产主义奋斗终生的革命哲学家。但是,这一任务不是空的,所以,另一方面是他又生活在由资本主义革命已经通过政治解放开辟出来的人的解放道路的新时代。所以,他一进入社会,就以人的解放的进步理念,干预阻碍这一解放的一切不合理、非法性的东西:首先是德国的封建专制制度——政治奴役制度的统治,进而是无产阶级的贫困,劳动与资本的对立,即经济奴役制度的统治。更进一步,他发现了资本主义的民主、自由、平等的基于阶级性的不彻底性和虚假性,从而要求更进步的、惠及全民特别是劳动阶级的民主、自由、平等!这是他所发现的他的时代的根本问题,这些都统一在他的人的解放、人类解放的大旗下。

具体说来,马克思这时在人类学共产主义理想之下所诉求的人类解放,主要有以下五大人类学本质:

(1)精神解放:从人对人的精神奴役关系中解放出来,实现新闻出版自由,建立人人都可自由思想、自由创新的精神环境,这是一种人类学意义的精神解放。

(2)政治解放:从人对人的政治奴役关系即从权力的帝王私有专制制度中解放出来,从特权制度中解放出来,建立社会公权的全民所有、人

---

[1] 《马克思恩格斯全集》第4卷,人民出版社2002年版,第207—208页。
[2] 《马克思恩格斯全集》第3卷,人民出版社2002年版,第189页。

人有其政治自由的民主制度;这同样是从世界历史发展的人类学意义上来理解的。

(3) 经济解放:从人对人的经济奴役和赤贫中解放出来,建立人人都能合理生存的经济平等的社会主义共有制度,并通向共产主义;这也是人类历史发展的必然性环节。

(4) 人的解放:一切解放的核心是"人的解放",即把人从物的奴役和人的异化中解放出来,把人的自由、人的关系"还给人自己"。马克思还具体地结合当时的进步法典,分析了"平等、自由、安全、财产"四大"人权"对人的解放的重要性①和其不彻底性,这同样是从人类学高度加以分析的。

(5) 全人类解放:即经由无产阶级解放而解放一切阶级的解放,追求每个人与一切人的自由发展的共产主义社会的实现。是马克思人类学价值追求的归宿。

就是论事,看不到上述思想的深刻的人类学意义,就没有从深层次上理解马克思。

总之,作为"绝对命令"的"必须推翻那些使人成为被侮辱、被奴役、被遗弃和被蔑视的东西的一切关系"②,"使人的世界和人的关系回归于人自身"③,是马克思这时人类解放思想的最高体现。而其人类学共产主义的本质特征,就是要"消灭一切奴役制","宣布人是人的最高本质这个理论为立足点的解放"④。这种人类学价值精神是马克思哲学精神中对于当代人类来说最为宝贵的精神。

不过,马克思这时的无产阶级解放,还只是对现实情况的哲学提升,还不是建立在经济学原理之上的概念。所以,他的人类解放哲学虽然是从人类学高度提出来的,但在具体内容上还处在发展之中。

这些思想表明,马克思从一开始就抛弃传统的、形而上学的、在世界本原中运动的、抽象的哲学思维方式,建立了从人类学视野出发的、针对人类具体问题的、实证批判的哲学精神和哲学思维方式。它以强烈的人道

---

① 《马克思恩格斯全集》第3卷,人民出版社2002年版,第183页。
② 《马克思恩格斯全集》第4卷,人民出版社2002年版,第207—208页。
③ 《马克思恩格斯全集》第3卷,人民出版社2002年版,第189页。
④ 同上书,第214页。

关怀和革命态度，追求人类世界的合理生存关系，要求对不合理非法性制度的改造，表现出强烈的人类正义精神和以人类正义精神批判一切的革命战斗精神。这是马克思创立的一种全新的哲学精神和哲学思维，是马克思解放哲学的内在精神。正是在这个意义上，它成了他的"时代精神的精华"，成了人类"文明的活的灵魂"，成了一种代表全人类的自由、真理、正义的人类学—哲学精神。

此外，纵观马克思这三年哲学思想的发展，可以说，还有两点特别值得注意：

（1）人类学的自由精神是马克思哲学精神的核心。马克思学的是法律，却深爱着哲学。而在众多哲学主题中，他选择古希腊的原子论，并且选择原子的偏斜运动挖掘自由之自然哲学本体论的根基，希望从这里开始他的哲学事业。但是，他太关心政治，一个关心自由政治的人不可能安于书斋和教席，现实迫使他参与了实际的社会理论斗争。所以，1842年，他一下子就投入了当时德国最迫切需要的思想自由、政治自由、社会自由即政治解放的斗争中。而到1843年，这一精神得到升华："人的自由"已经上升成为"人的解放"——"无产阶级解放"和"全人类解放"。此后，他终生都在为这两大解放而斗争，而"解放"不过是"自由"的社会历史实现形式。直到1848年的《共产党宣言》，在号召以无产阶级实现人类解放这一历史性的斗争中，他把这一斗争的目标确定为以"每个人的自由发展是一切人的自由发展的条件"的自由人的联合体[①]。而他的全部奋斗的未来目标——共产主义，也就是为了实现"人的自由而全面的发展"的人类学共产主义。所以，自由是马克思哲学精神的核心。

如果说，原子的自由还只是抽象的、借自然哲学语言表达的人的自由本性的话，那么，人的解放，全人类的解放，则是一种人类学话题，表明马克思已上升到人类学高度开始了对人类命运的思考。在这个意义上，马克思的自由也就成了人类学意义的自由，他通过自由、解放对时代问题、人类问题的思考把握，也就成了在人类学意义之上的哲学思考，而自由和解放，也就成了马克思一切关于人和人类世界的哲学思考的核心问题。

（2）自由精神奠定了马克思一生的哲学追求。马克思从1841年的本体论的自由开始，1842年返回到现实的社会学、政治学的自由并力图建

[①]《马克思恩格斯选集》第4卷，人民出版社1995年版，第731页。

立以其为核心的作为世界公民的新哲学。1843年把人的自由升华为人的解放，力图通过打破政治奴役而打开人类自由解放的道路。1844年进一步从人的本性、人与世界的关系和人的生存发展视角，要求克服劳动异化，实现人性的复归，指出了解放的人类学意义。1845年提出以实践改变不合理的人类世界，其目标也是指向人的自由解放。1846年以生产力的历史发展和交往关系的改变，来理解人类走向自由解放的历史道路。1947—1848年力图通过无产阶级的现实斗争，把劳动从资本的奴役中解放出来，打开人类自由解放的大门。此后是对这种自由解放赖以实现的规律与条件的分析（1857—1858年），全人类自由解放的复杂性与多条道路分析（1873—1883年），等等。所以，马克思的基本的理论与实践的斗争，他针对不同时代、不同问题的理论斗争，都是以自由精神为内在核心的斗争。自由是马克思哲学的精神内核。像一切伟大的人类思想家、革命家一样，马克思是为全人类的自由解放而奋斗一生的伟大哲学家。

第三章

1844年《手稿》：马克思从人类学视野对人和人类世界的哲学开创
——超越自然人本主义时空的哲学开拓

小引：人们把马克思的巴黎手稿概括为"经济学—哲学"手稿，但是，它同时也是一部"人类学—哲学"手稿：马克思1844年来到了当时资本主义最发达的世界，他所面对的不合理世界不再是德国封建专制世界，而是资本的非人统治世界。他也因此由哲学转向了经济学。希望通过对不合理的经济学和经济现实的批判，为人的自由解放探寻出路。人们把他的手稿概括为"经济学—哲学"手稿是对的。但是，支撑马克思的经济批判的，却是手稿中大力发展了关于人和人类世界的哲学思想，即以他的人类学视野构建了一种全新的人类学—哲学，因而它同时是一部人类学—哲学手稿。马克思关于人和人类世界的全部哲学思想，都可以在这里找到根据。这是马克思最不为人们所知的方面，也是对当代这个人类学时代最有意义的方面。

新词：人和人类世界，经济学—哲学，人类学—哲学，人类学方法，人类学价值原则，人类学共产主义

如果说，马克思在1843年之前，还处在德国封建专制统治之下，因而产生了追求自由、真理、正义的哲学革命精神，其体现除在《莱茵报》的斗争外，就是《德法年鉴》的组织和出版。那么，他在1844年到了当时资本主义最发达的法国之后，他的这种哲学革命精神有了怎样的进一步发展呢？被后人命名的《1844年经济学哲学手稿》（以下简称《手稿》），集中体现了马克思对他的"真正的哲学"的最重要、最丰富的开拓。可

以肯定的是，人们称之为马克思"一切哲学思想的摇篮"的这一文献，不是康德、黑格尔哲学思想的延续，不是当时兴起的实证主义、人本主义哲学思想，不是费尔巴哈的哲学思想，也不是后人所说的人道主义、人文主义、哲学人类学、人学、生存哲学、发展哲学、解放哲学、类哲学等等所能概括（但又有这些思想的影子），"经济学—哲学"也只概括了它的直接的、表面的、部分的内容。总之，不是任何现成的哲学所能概括的。那么，如何概括它呢？在尚未对其进行深入讨论之前，我们也只能说，马克思《手稿》中所关注、所研究的对象，没有超出"人和人类世界"的范围，因而可用"关于人和人类世界的哲学"暂时加以概括。

从整体上看，1844年马克思进入了当时最发达、最典型的西欧资本主义政治经济的现实之中（法国等地）。他的《手稿》，表明他力图通过对资本主义的现实、矛盾和问题的批判，构建一种新的把人类从不合理世界中解放出来的哲学愿望，哲学开拓。这种开拓体现在如下三个方面：一是关于人和人类世界的经济学—哲学开创，这方面人们已有认识，把《手稿》概括为"经济学—哲学手稿"就是明证，这方面我们不再讨论。二是关于人和人类世界的人类生态学的哲学开创，这方面已为生态马克思主义者所重视，我们也有专书研究，这里只能简单提及。三是关于人和人类世界的人类学—哲学开创，这是人们根本没有意识到的，是我们讨论的重点。

一 以人类学视野观察把握人和人类世界

1. 马克思人类学视野的四个体现

马克思还在1842年就强调，哲学应当从"人类精神的真正的视野"观察把握世界。1843年，马克思强调的"人是人的最高本质"，"人的最高本质就是人本身"，而不是神灵等等，这是在费尔巴哈从"神本学"回到人本学、从宗教学回到人类学之后，对人的人类学关注。但是，马克思并没有停留在这里，而是以他自己的"人类精神的真正的视野"[①] 即人类学视野观察人和人类世界，具体分析人和人类世界的问题，这就形成了他的《手稿》主要关注的问题。《手稿》表明，马克思已把他所提出的人类

[①] 《马克思恩格斯全集》第3卷，人民出版社2002年版，第207页。

学视野，转化成了成熟的人类学方法。它至少体现为以下四个人类学视界方面：

第一视界：从自然界出发看待人和人类世界：这在今天尤其重要，即要把人与其自然界视为同一个生态整体（"自然界是人的无机的自体"，"人靠自然界来生活"）；由此构建了他的生态人类学或生态哲学（已另书讨论），这就开启了从自然生态视角审视当代人类文明及其发展问题的哲学方向。

第二视界：把人类当成一种与自然界进行物质变换的自创生活、自谋生存的特殊存在物来看待，即人凭借自己的劳动与自然界进行物质交换而生存，而这就是进行物质生产。有了生产就要交换、分配、消费，由此组织起自己的社会物质生活和精神生活的社会生态现象，这就要求我们要从社会生态视角，审视当代文明的发展；这为提出合理分配、公平正义问题确立了马克思主义根据。

第三视界：从人类合理生存与自由解放的人类学价值高度，观察人和人类世界及其历史发展与文明演进。马克思的"需要论"是指人类生存的基本需要，由此可以引申出马克思的合理生存理论和他直接强调的自由解放理论。这是马克思对全人类命运的关怀，因而是一种人类学价值要求，这是分析人和人类世界、人类文明发展的基本价值视角和基本方法。

第四视界：从世界历史发展高度观察把握人和人类世界的生存发展问题，这就形成了审视人类社会历史发展的唯物史观的方法论。

这四个视界都从《手稿》发端，是马克思创造的"人类精神的真正的视野"这种观察把握人和人类世界的基本视野和基本方法。

马克思根据这种人类学的视野和方法，直接注意到的是人类的工业经济活动和西方政治经济学对这一问题的不正义、有偏向、忽视人的研究。他以其真理、正义、公平精神，分析资本主义经济和其理论，分析劳动与资本的对立，《第一手稿·工资》的第一句话就是："工资决定于资本家和劳动者之间的敌对的斗争。"[1] 手稿的大部分内容——工资、资本与地租、私有财产和劳动、需要、生产和分工、异化劳动等等——都是在研究人类的这一新兴经济制度的内在矛盾和其应当有的发展。可以说，从直接的内容来看，这是从经济学和哲学上对人和人类世界最重要的经济活动的

---

[1] ［德］马克思：《1844年经济学哲学手稿》，人民出版社1979年版，第5页。

研究。但是，由于马克思在论述这些问题时，是从他的人类学视野看问题的。因此，他总是把自己的经济学论述，进一步建立在人类学的论述之上，建立在人与自然界和人与人的关系之上，从而在"经济学—哲学"的背后，显示出一种人类学的哲学精神，并且处处都用人类学的哲学精神作为最终的理论根据。从而真正开辟了从"人类精神的真正的视野"观察理解世界、观察理解人的新方向。这种"视野"是马克思开创的最新的哲学视野，它上升到"自然史和人类史"以及"世界历史"的高度，根据人类与自然界的区别与联系，从人类生存的一切活动观察理解人和人类世界。包括人本性的、人类学的、经济学的、政治学的、社会学的、生态学的等等综合一体的哲学理念和思考方法。可以认为，马克思的这部"经济学—哲学"手稿，是建立在人类学视野之上的。也正是在这些方面，表明了马克思与费尔巴哈有根本的区别。这就决定了我们要从被人们普遍忽视的这种人类学视野研究马克思的这部手稿。这里仅仅突出马克思在这一视野之下产生的如下思想。

2. 马克思开创的把握人和人类世界的人类学方法论

《手稿》从人类学视野对人和人的世界的哲学开创，建立在几个前提性把握的基础上，而这些把握就形成了马克思把握人和人类世界的基本哲学方法：

第一，从人与自然界的人类学关系把握人类世界。

马克思的"人类学视野"，还体现在许多方面。首先，马克思以这一视野理解人与自然界的关系。他把人与他的对象世界即自然界之间，理解为一种通过"人的本质力量的对象化"而达到自然界的"人化"的人类学关系，从而把人和他的对象世界即自然界在人类性、人类学上统一起来。这特别体现在人的感觉的"属人性"和自然对象的"属人性"这些概念中。马克思所强调的人和自然界的"属人性"，是指人"为自己本身而存在"的、"因为人而为了人"的人类学特性。正是这种特性建立了人与对象世界的这种"属人性"的人类学关系，使对象成为人类学的对象，人成为人类学的人，而不再是"直接存在着的那个（自然的）样子"。这也就是说，人的对象世界是属人的对象世界而不是本来意义的自然界；人的"感觉"也不是纯生理的自然的动物的感觉而是"属人的"人类学感觉：

第三章 1844年《手稿》：马克思从人类学视野对人和人类世界的哲学开创 / 45

人的感觉，感觉的人类性——都只是由于相应的对象的存在，由于存在着人化了的自然界，才产生出来的。①

这就是说，在人跟他的对象世界之间，被"人性"、"人类性"、人的"类本性"这些人类学特质所中介：人是在这种被"人类性"中介了的人跟自然的人类学关系中的存在。这样一来，由于人的属人性，人与自然界的关系也就不能不是一种由人的属人性所建立起来的属人的即人类性的、人类学②的关系：

> 只有当对象对人说来成为属人的对象，或者说成为对象化了的人，人才不至在自己的对象里面丧失自身。……随着对象的现实在社会中对人来说到处成为人的本质力量的现实，成为属人的现实，因而成为人固有的本质力量的现实，一切对象对他来说成为他自己的对象化，成为确证和实现他的个性的对象，成为他的对象，而这就等于说，对象成了他本身。③

这样，人与自然界之间，就不是赤裸裸的二元对立的自然关系，而是一种由人建立的人性的人类学的一体关系。自然界也表现出一种人类学特性：对象成了他本身。这是理解人和自然界关系的前提。马克思对这种人类学关系还有更直接、更清晰的界说：

> 人就是人，而人跟世界的关系是一种合乎人的本性的关系。④ 只有当物以合乎人的本性的方式跟人发生关系时，我才能在实践上以合乎人的本性的态度对待物。⑤

---

① [德]马克思：《1844年经济学哲学手稿》，人民出版社1979年版，第79页。
② 这里所谓的人类学，是指人性、人类性、"人的类特性"这些人的存在性的哲学概念，是从人类学的价值高度上对于人类生存发展问题的哲学把握，因而是一个哲学范畴，而非指"人类学"这门具体的学科。
③ [德]马克思：《1844年经济学哲学手稿》，人民出版社1979年版，第78—79页。
④ 同上书，第108页。
⑤ 马克思在《手稿》78页的注解中的这句话，这样说也许更容易理解："只有当人在实践上以合乎人的本性的态度对待物，物才能以合乎人的本性的方式跟人发生关系。"因为人毕竟是主动的存在物。

这里所讲的是人与世界的合乎人的本性的关系，就是人性的、人类学的关系。同时，马克思所强调的人与世界的这种人类学关系，在本质上也是一种生态关系。因为人的本性在于生存，合乎人的本性的关系也就是一种利于生存的生态关系。人以他的人类学的生存要求作用于对象，而对象也在适应于人类生存的人类学意义上向人展示他本身。这就是马克思所说的"对象成了他本身"，"人化了的自然界"，"人类学的自然界"的生态含义。这表明，马克思是站在人类与自然界的生存本性这一人类学生态学高度，看待人与他的自然界的相互依存的关系的。前面所说的"人的本质力量的对象化"，是以人的生存要求使自然界出现适人性的改变；"自然界的人化"，则是在这种改变造成的自然界的适人性与属人性的生态改变。人和他的对象世界在适应人的生存要求方面即生态方面在人的活动中取得了一致性。因而，人类学关系也就是利于生存的生态关系。对这种生态关系我们要专书研究，这里免论。

第二，从人与自然界是同一个生存整体把握人类的生成、生存、发展。

马克思的人类学视野的另一体现，还特别体现在他进一步把人与自然界之间理解为同一个生存整体。人的意识、人的意志、人的自由虽然在人与自然界之间划下一条界限，但是，在马克思看来，人与自然界之间首先是一个整体，一个在存在上互为对象的整体。这是由于人这种"自然存在物"是"对象性的存在物"这一点所决定的：对于人来说，"一切对象对他来说成为他自身的对象化，成为确证和实现他的个性的对象，成为他的对象，而这就等于说，对象成了他本身"①。即对象与人的本质力量在性质上是相同的。马克思强调"人的感觉，感觉的人类性——都只有由于相应的对象的存在，由于存在着人化了的自然界，才产生出来。五官感觉的形成是以往全部世界历史的产物"②。

马克思举例说，眼睛的对象不同于耳朵的对象等等，表明人是在自然对象的整体里借助自然力量而生存发展起来的，而不是孤立的存在物。人的本质力量，人与自然界的关系，都是人的生理、意识和意志在自然的作

---

① [德] 马克思：《1844年经济学哲学手稿》，人民出版社1979年版，第78—79页。
② 同上书，第79页。

用下的世界历史的产物。人的生命与自然界是同一种性质的存在，人的人类学特性也是自然界的产物。但是，人却凭借自己的意识和意志，凭借自己对自由的追求，从浑然一体的自然界中脱胎出来，自由地面对着自然界。

进而，马克思从人这种类存在物与自然界的相互关系的人类学高度，来思考人的生成、人的生存、人与自然界的关系。他结合黑格尔对劳动的认识指出：

> 黑格尔把人的自我创造看作一个过程，把对象化看作非对象化，看作外化和这种外化的扬弃；因而，他抓住了劳动的本质，把对象性的人、真正的因而是现实的人理解为他自己的劳动的结果。①劳动既是对于对象的改变和创造，也是对于人本身的改变和创造。

这也就是说，人的这种对象性存在，是人在劳动中与自然世界相互作用，导致人的本质力量的对象化与自然界的人化，从而导致人的自然生成和自然的人的生成。马克思对劳动的人类学理解，像黑格尔所强调的那样，是人类的生成性的劳动，是人类学的劳动：

> 劳动是人在外化范围内或者作为外化了的人的自为生成。②

这就是说，在马克思看来，在包含人在内的自然界的互为对象的存在物那里，人首先像其他存在物那样是感性的、受限的、受动的，是作为对象性的存在物，但同时他又是"属人的"存在物，它通过劳动为自身而存在，成为自觉的类存在物，因而人又是能动的、主动的、为了自身而与他物发生关系的存在物。劳动一方面使自然界人化，成为人类学的自然界，又使人对象化，成为以对象武装的人，开始了人的生存运动，它推动人在自然界中形成、生存、发展，这就出现了人类生成的辩证法，即人类学的辩证法。另一方面，人通过劳动形成社会，使人成为社会存在物，形成了他的社会历史性的存在。这样，马克思就在人类学意义上深刻地把握

---

① ［德］马克思：《1844年经济学哲学手稿》，人民出版社1979年版，第116页。
② 同上。

了人的劳动与人的生成、人的存在的关系,为关于人和人类世界的哲学奠定了自然界的和人的劳动生成论基础。

同时,马克思的人的生成论,人类世界的生成论,又是人的创造生成论。这首先在于他"把劳动看做人的自我创造的活动"①。这种创造性在于:人既"懂得按照任何物种的尺度来进行生产",又"随时随地都能用内在固有的尺度来衡量对象,所以,人也按照美的规律来塑造"②。由于劳动(脑力与体力)的这种创造性,人就可以"实际创造一个对象世界,改造无机的自然界"③,即实际创造出一个人化的、属人的、有利于人的生存发展的价值世界来。这种创造的结果,既是人的生成,又是人的生存价值世界的生成。并且,马克思进而表明,这种创造是通过科学技术而实现的:"自然科学……通过工业日益在实践上进入人的生活,改造人的生活,并为人的解放做好准备。"④ 可以理解,正由于人的这种创造生成性,人的生活、人对自然的关系才能是发展的,人的自由解放才能是发展的,人对世界的生存关系,才能同时又必然是一种发展关系。由于创造的存在,人在生存中就有发展,而人的发展就是人的生存。"创造"是人的生存发展之源。

第三,从人的人类学特性即"人的自由自觉的活动"把握人和人类世界。在对人与自然界的关系有了人类学意义的理解之后,进而是对人的理解。在这里,马克思也超越了自然人本主义而上升到人类学高度来理解人。这首先体现在他从人与动物界的不同来看待人的人类学特性。他指出:

> 动物是和它的生命活动直接同一的……它就是这种生命活动。人则把自己的生活活动本身变成了自己的意志和意识的对象。他的生活活动是有意识的。……有意识的生活活动直接把人跟动物的生命活动区别开来。⑤

---

① [德] 马克思:《1844年经济学哲学手稿》,人民出版社1979年版,第128页。
② 同上书,第51页。
③ 同上书,第50页。
④ 同上书,第81页。
⑤ 同上书,第50页。

马克思对人的这一人类学特性的揭示非常重要：它表明，人凭借他所具有的意识和意志，凭借他可以把自己本身的生活活动作为自己的意识所掌握的对象，从而使人可以从生物的必然性中走出而取得自由，使自己的活动成为自己自由地、自觉地支配的真正人类学活动。这样，马克思就把人的自由进一步奠定在人的人类学本性之中，人这种存在物的人类学特性就是"自由自觉地活动"：

> 生活活动的性质包含着一个物种的全部特性，它的类的特性，而自由自觉的活动恰恰就是人的类的特性。①

这就从人类学高度回答了人的人类学本性问题。从人类学视野来看，人是属人的自觉自为的即自由的存在者。马克思把追求自由视为人的本性，其根据就在这里。这就成了马克思人类学—哲学思想的人本根据。马克思先是在古代原子论中寻找人的自由本性的自然哲学根据，这里则是直接在人的人类学本性中加以发展完成，并且成了马克思自由理论的人本基础。

马克思对人的人类学特性的揭示是很丰富的，如人的个体存在与类存在，人的对象性存在与属人的存在、人的精神存在与物质存在；人是自然存在物，人是社会存在物，人是有意识和意志的存在物等等，这里不便深入追究，以后可以深入讨论。而这些对人的人类学本性的哲学揭示，就为关于人和人类世界的哲学奠定了广泛的人类学基础。

此外，马克思特别注重从人的社会性等等方面把握人和人类世界，对此后面要作为原理加以研究。

二 《手稿》对人和人类世界的哲学精神的多方面构建

1.《手稿》以人类为本的人类学价值精神

孙伟平认为：马克思的哲学是一种价值哲学。他把马克思的实践理解

---

① ［德］马克思：《1844年经济学哲学手稿》，人民出版社1979年版，第50页。

为"是人的价值生成与价值创造活动"①。事实上,马克思一开始从事哲学思考,就是从价值立场上看问题的。人的自由和幸福,人的生存和生活,人类社会的真理、正义和公平,人的精神自由和创造,这些人类学范畴都是马克思哲学思考的最高价值范畴。他为此批判一切不合理、非法性的东西,批判资本主义导致的把人非人化的异化和物化现象,要求创造一个"因为人而为了人"的人类学价值世界。这是马克思作为一个伟大的社会人本主义者的最高价值理想。正如马克思看重伊壁鸠鲁原子论的伦理价值精神一样,马克思所有关于人的和人类世界的哲学构建,都是一种以人类为本的广义的伦理学,一种为人的合理生存与自由解放服务的广义伦理学。这形成了他的关于人和人类世界的哲学的基本精神。他力图把这种广义的伦理价值精神与社会的经济政治活动结合起来,并渗透在他的政治经济学和社会主义理论中,形成了他的特殊的生存伦理、发展伦理的哲学理念,等等。他所理解的实践,作为改变世界的活动,是为人的合理生存与自由解放服务的。而这种伦理价值精神,作为一种正义之声的突出体现,其一体现在他从经济学入手研究了人类的不合理性与人的合理生存问题。其二体现在他从人类学、人类性的高度研究了人的本性,希望为人的自由解放开辟道路。其三是通过对剩余价值的生产和归属不平的揭示,希望受剥削的一方起而改变不合理的世界。这种以经济学为根据的人类学价值理想,继承、发展和丰富了马克思1841—1843年以来所构建的关于人和人类世界、关于人类解放的社会公共人本主义、社会人道主义的伦理价值精神。可以说,《手稿》是围绕当时人类的两大解放问题(无产者与全人类)展开哲学思考的,是从经济学、政治学、社会学特别是把这一切结合在一起的人类学立场出发研究人类解放问题的。这在《手稿》中占据了突出地位。手稿中对劳动异化的揭示,为争取劳动者的合理生存与自由解放以及全人类解放问题奠定了哲学理论基础,也为以后的深入研究奠定了哲学基础。这些方面表明,马克思哲学是真正"因为人而为了人"的人类学价值追求的哲学。

---

① 孙伟平:《作为价值哲学的马克思哲学》,《学术研究》(广州)2007年第1期。

2. 《手稿》批判旧的经济学对人的漠视和对资本、金钱的追求与崇拜

马克思是抱着对人和人类世界的强烈关心即他的人类学志向从事经济学—哲学研究的。所以，他既批判旧的唯物主义哲学"忘记了人"，又批判资产阶级政治经济学"对人的漠不关心"，批评"在李嘉图看来，人是微不足道的，而产品则是一切"①。而他的经济学、政治学、法学、哲学以及其他一切研究，都是以对人的关心为圆心的。他指出："李嘉图、穆勒等人较之斯密和萨伊的一个大进步，就在于他们把关于人的生存的问题——关于人这个商品的或高或低的生产率的问题，宣布为无关紧要的，甚至是有害的。从他们的观点来看，生产的真正目的不是资本养活多少劳动者，而是资本带来多少利息，也就是说，每年总共积攒多少钱。"②所以，对于旧的经济学来说，"生产不仅把人当作商品，当作人类商品、当作具有商品的规定性的人来生产；它适应着这个规定把人当作精神上和肉体上非人化了的存在物来生产"。它体现了"劳动者和资本家的不道德、退化、愚钝"。③

这是对当时非人化的整个意识形态和社会经济的切骨批判。人类行为已经不再是为了人，而是异化为追求资本的增值。劳动也不再是为了劳动者的人性的生存，而是为了资本的发展。在"货币"一章中，马克思更是援引歌德和莎士比亚对货币造成的人性异化进了尖锐的批判。如下一段话表明马克思对金钱货币崇拜造成的人性异化的深恶痛绝：

> 我是丑的，但是我能为自己买到最美丽的女人。所以，我并不丑。因为丑的作用，它的使人见而生厌的力量，被货币化为乌有了。……我是一个邪恶的人，不诚实的、没有良心的、没有头脑的人，可是货币是受人尊敬的，所以，它的持有者也受人尊敬。货币是最高的善，所以，它的持有者也是善的。④

---

① ［德］马克思：《1844年经济学哲学手稿》，人民出版社1979年版，第29页。
② 同上书，第59页。
③ 同上。
④ 同上书，第106页。

马克思的这些批判,就是要确立人在社会历史中的核心地位,树立人的人类学的价值观和世界观,使整个理论为人和人类世界的正常的合理的生存发展服务。批判资本和金钱造成的人性异化,批判金钱货币对人的心灵造成的扭曲,就是为了把人从资本对人的统治、金钱造成的人性异化中解放出来。这是马克思"人的解放"思想的组成部分,是马克思人本价值精神的重要体现。

3. 《手稿》从经济学—哲学上探索人类解放问题

马克思自 1843 年从人类学视野和人类学价值立场提出"全人类解放"问题之后,一直是他从事一切研究的深层动机。他为此不仅创立了人类学—哲学,也创立了一种经济学—哲学,而这种经济学—哲学在从《手稿》开始之后,在后来不断得到加深。在《手稿》中,马克思就研究了人的劳动、工资、利润、分工、竞争、利益、私有制、工业等等,具体发现了资本与劳动即资本与人的分离和对立,发现了人们的"各种利益之间的敌对、斗争、战争被承认为社会结构的基础"[①]。最后发现了剥夺劳动者的合理生存权和使人丧失人的本性的异化劳动,即从人的最重要的活动即劳动中,发现了由于私有制而导致的人的分裂和人类的社会分裂,发现了"劳动异化"这一社会矛盾的总根源,从而为其解放哲学找到了经济学—哲学的根据:"人的异化劳动,从人那里(1)把自然界异化出去;(2)把他本身,把他自己的活动机能,把他的生活活动异化出去,从而也就把类从人那里异化出去"[②];即"人的生活"被异化成了"非人的生活","人"被异化成了"非人"。总之,马克思说:"人从他的类的本质异化出去这一命题,说的是一个人从其他人异化出去,以及他们中的每一个人都从人的本质异化出去。"[③]

这种异化劳动既是私有制的结果,也是它的前提,是私有制的确立和人奴役人的制度的确立前提。马克思由此找到了人类解放的具体道路,这就是:

---

① [德] 马克思:《1844 年经济学哲学手稿》,人民出版社 1979 年版,第 31 页。
② 同上书,第 49 页。
③ 同上书,第 55 页。

第三章 1844年《手稿》：马克思从人类学视野对人和人类世界的哲学开创 / 53

> 社会从私有财产等等的解放，从奴役制的解放，表现为劳动者的解放这样一种政治的形式，而且这里问题不仅在于劳动者的解放，因为劳动者的解放包含着全人类的解放。①

这样，马克思就进一步在经济学上把他的"人类解放"首先建立在"劳动者的解放"的基础上，正是这一认识，马克思高高举起了无产阶级解放的大旗，力图通过无产阶级解放而实现全人类的解放。这表明，他的无产阶级解放理论不仅仅是从阶级性立场上提出来的，而同时也是从人类学视野和人类学的价值高度提出来的解放理论。从而，马克思通过他的反异化哲学，就把无产者的解放与全人类的解放结合成为一个整体，建立了以人类学为视界、以经济学为根据的劳动解放、人类解放哲学。

同时，马克思的这种劳动异化论的深刻性还在于：他不仅指出了人的劳动及其产物从人那里异化出去，成了他的对立物，而且指出了人的自我异化的一般本质，即由于某种压抑和奴役的统治而导致的人的异化的普遍性，以及人的异化在历史发展中的扬弃道路："自我异化的扬弃跟自我异化走着同一条道路。"② 这样一来，马克思就把一般从政治哲学、社会哲学视角提出的人的解放，上升到了人类学高度，人类的社会历史高度。指出了异化在一切经济奴役、政治奴役、精神奴役、人性奴役的社会中的普遍性及其克服途径。而异化的克服过程也就是"合乎人的本性的人的自身的复归"即人的解放过程。应当看到，"同一条道路"的发现，不是任由异化发展的消极等待，而是要积极在发展中扬弃异化，克服异化，实现对人的健全发展和走向自由解放的追求。这就是通过无产阶级的斗争而实现人类解放的人类学共产主义思想。他还把共产主义理解为历史发展运动的结果，指出"历史的全部运动，就是这种共产主义的现实的产生运动"③。从历史角度推进了对共产主义的理解，因而既开了唯物主义历史观的先声，又是他的人类学的哲学精神的集中体现。

不能忘记的是，马克思是从生产力、从科学技术的发展上思考人的解放和共产主义的实现问题的。他从人类学价值高度指出："自然科学却通

---

① ［德］马克思：《1844年经济学哲学手稿》，人民出版社1979年版，第116页。
② 同上书，第70页。
③ 同上书，第73页。

过工业日益在实践上进入人的生活，改造人的生活，为人的解放做好了准备。"① 后来的历史发展证明，科学技术的发展对人类解放（包括自然方面、社会方面、物质和精神方面的解放）都具有根本性的作用②。马克思对科学技术作为推进人类解放的生产力的思想，实际上开辟了把科学主义与人本主义结合起来的方向。可惜马克思没有对此做出更深入更专门的论述。

4. 把"解放"上升为人类学意义的解放：人类学共产主义的确立

人类解放是马克思关于人和人类世界的哲学的终极问题。如果要问，马克思《手稿》的终极概念是什么，那就应当归到从哲学上而不是从历史发展上来论证的"共产主义"上来。马克思系统考察了当时的共产主义思想，并强调了时兴的、发源于费尔巴哈人本论而成长于赫斯的哲学共产主义的基本理论。他把共产主义理论区分为①否定人的人格的粗俗的共产主义（如共妻制）。②还具有政治性质的共产主义，即民主的或专制的共产主义，以及废除国家的共产主义，这些都是"仍然处于私有财产即人的异化的影响下的共产主义"。③马克思所赞成、所强调的共产主义，即扬弃了劳动异化、人的自我异化并因而克服了人类生存发展的一切本质性矛盾的第三种共产主义：即扬弃了私有财产即人的自我异化的共产主义，使人的人类学的良好本性得以实现的人类学共产主义。马克思的名言是：

共产主义是私有财产的即人的自我异化的积极的扬弃，因而它是通过人并且为了人而对人的本质的积极的占有。因此，它是人向作为社会的人即合乎人的本性的人自身的复归，这种复归是彻底的、自觉的、保存了以往发展的全部丰富成果的。这种共产主义，作为完成了的自然主义，等于人本主义，而作为完成了的人本主义，等于自然主义。③

---

① [德] 马克思：《1844年经济学哲学手稿》，人民出版社1979年版，第81页。
② 正是科学技术的发展所促进的生产力的和经济的发展，解放了无产阶级，而不是政治性的暴力革命。见谢韬《民主社会主义模式与中国前途》，《炎黄春秋》2007年第2期。
③ [德] 马克思：《1844年经济学哲学手稿》，人民出版社1979年版，第73页。

> 这种共产主义……是人的本质的现实的生成，是人的本质对人来说的真正的实现，是人的本质作为某种实在的东西的实现。[①]

在这里，"共产主义"显然是指需要不断克服人的异化、不断增强人的自由和人的发展的向人作为人的实现的过程。所谓"复归"，不过就是人不断从不合理关系的统治中的解放而走向合理的过程，是方向和理想的实现。"人的本质对人来说的真正的实现"，怎样实现呢？那就是依靠人的实践，克服私有制与劳动异化，把人对天然平等的追求和自由解放即"合乎人的本性的"关系还给人自己，"还"就是这里所说的"复归"，此即"完成了的自然主义"，"实现了的人本主义"，即"人的本质作为某种实在的东西的实现"。这样的共产主义只能是人类学共产主义，因为它是以超越了阶级性的"人类性"为其本质性规定的。共产主义就是人类学价值精神的最终的完满的实现。

但是，由于马克思在1843年就关注到无产阶级解放，而在《手稿》中，他注意到在自由竞争之下，"整个社会必然地分化为两个阶级，即有产者阶级和无产劳动者阶级"[②]，并且，"整个的人类奴役制就包含在劳动者同生产的关系中"，这就认识到无产阶级是实现共产主义的现实力量，认为"社会从私有财产等等的解放，从奴役制的解放，表现为劳动者的解放这样一种政治的形式"[③]。这样一来，马克思理解的共产主义，已经超越了当时赫斯根据费尔巴哈人本学提出的"哲学共产主义"水平，而上升成为通过无产阶级[④]而实现人类解放的共产主义。他把无产阶级解放、消灭私有制与社会人本主义关联进来，得出通过无产阶级解放而消灭阶级、达到人类解放的社会人本主义的共产主义。这为哲学共产主义找到了具体的实现道路，在当时，无产阶级是达到共产主义的现实力量。但是并没有改变共产主义的人本性、人类学性的性质。从而把哲学的人本性与政治的阶级性统一起来了，由此奠定了马克思共产主义的理论基础。在以后，他进一步细化了无产阶级通过革命而实现共产主义的思想，但这并不

[①] [德]马克思：《1844年经济学哲学手稿》，人民出版社1979年版，第128页。
[②] 同上书，第43页。
[③] 同上书，第55页。
[④] 马克思这时接受了施泰因的"无产阶级"概念，并把它与哲学共产主义联系起来，见鲁克俭《国外马克思学研究的热点问题》，中央编译出版社2006年版，第127页。

是说，马克思否定了人本性的人类学共产主义，他后来还把共产主义理解为自由人的联合体（《共产党宣言》）、理解为"人的自由而全面的发展"（《资本论》），表明了这一人本性、人类学性的特征没有变。它奠定了马克思一生的政治理想。

5.《手稿》对人类学世界观与人类学思维范式的构建

更为重要的是，从人类学价值高度和人类学视野对于人类问题的总体把握，就不能不形成马克思的人类学世界观和人类学思维范式。在马克思看来，人的一切关系都具有人类性。由于人总是以人类本性即其人类学的特性作用于自然界，与自然界发生人性的、人类学意义的关系，从而，自然界也不能不以"人类学的"面目呈现在人面前。人不是以他的本来的动物的面目面对本来的自然界，而是以文化的、人性的、人类学的面目，面对打上人的烙印的"人类学的自然界"。那种"抽象的、孤立的、与人分离的自然界对人来说也是无"。① 因此，不能直观地从纯客观的视角看待人和他的对象世界的关系，而必须从人性的、人类学的视野把握人跟世界的关系。在马克思那里，人的、人性的、人类性的、人化的、人类学的等等，指的都是人和世界的人类学本性。只有在这种人类学的哲学视野之下，自然界才成为"人类学的自然界"。这种观察自然和观察人的人类学视界，实际上是在唯物主义立场上创立的一种人类学世界观；同时，一旦以这种人类学世界观观察理解人和人类世界，一种新的哲学思维范式——人类学思维范式也就产生了。因而，马克思构建了思想史上崭新的人类学世界观与人类学思维范式。

马克思的人类学的哲学世界观和人类学思维范式，集中体现在他在《手稿》中再三强调的"因为人而为了人"、"通过人并且为了人"② 这样的话中。从马克思1843年提出人的解放就是"把人的世界和人的关系还给人自己"这一人类学命题，到这里所说的作为人性复归的人类学共产主义，都是要通过人的实践活动而实现的。人性的复归，人对人的本性的真正占有等，说的都是同一句话：把人的原则、人的实现、人的解放作为观察理解、思考把握以及衡量社会运动的准则，而这是人类学思维范式思

---

① [德]马克思：《1844年经济学哲学手稿》，人民出版社1979年版，第131页。
② 同上书，第73、77、78页。

第三章 1844年《手稿》：马克思从人类学视野对人和人类世界的哲学开创 / 57

考事物的基本准则（详见另文）。他后来虽然没有再讲这些话，但人的尺度与自由解放尺度以及后来发现的生产力（创生力）尺度，一直是从人类学视野观察把握和衡量一切问题的基本尺度。这种尺度是人类学思维范式的基本思考尺度。

总之，正由于人和自然界在这一哲学中的突出地位，马克思把他的这一哲学看做是"彻底的自然主义"（从态度看）和"实证的人本主义"（从内容看）。并把共产主义理解为"实践的人本主义"（从力图实现来看）。他既借助了费尔巴哈的"自然人本主义"时空，又超越了它，建立了他自己的广义的社会人本理性哲学时空。马克思后来一切哲学的、历史的、经济学的、社会主义的理论构建，都是在这个哲学时空之中开始的。而后来的实践理论（1845）和历史理论（1846）的提出，则使这一关于人和人类世界的哲学理论向深广方面发展，以专门理论的形式表现出来。

顺便指出，马克思把他的人类学的价值理想，把共产主义和人的自由解放，都寄托在历史的发展实现之中。在以上的各种理论中，都渗透着马克思的"巨大的历史感"。他表明，人的自然历史生成和社会历史生成，"人的本质的现实的生成"[1]，人的劳动对人的自我创造过程，人与世界的相互关系的发展，"这只有作为历史的过程，才是可能的"[2]。马克思强调："全部所谓世界史不外是人通过人的劳动的诞生，是自然界对人说来的生成。"[3] 马克思所讨论的生产、分工、异化与异化的克服、私有制的扬弃、人的解放、共产主义的实现等等人类学价值理想，都是放在历史的生成的过程中加以论述的。所以，在《手稿》中马克思虽然没有着意论述历史，还没有创立他的唯物主义历史观，但他把人的生存发展活动视为由人发源的历史生成过程，表明一种人类学历史观已经产生。正是这一层，成了他后来发展的唯物史观的基础，这也就是说，唯物史观的理论前提是人的生成的人类学历史观。

总之，"手稿"是马克思关于人和人类世界的哲学思想的宝库。纵观《手稿》，它是把费尔巴哈哲学人本学作为地平线的进一步探索。费尔巴哈人本学哲学的对象是："将人连同作为人的基础的自然界当做哲学的唯

---

[1] ［德］马克思：《1844年经济学哲学手稿》，人民出版社1979年版，第128页。
[2] 同上书，第116页。
[3] 同上书，第84页。

一的、普遍的、最高的对象。"① 马克思的人类学视野，是以既借重于费尔巴哈又否定费尔巴哈为起点的。马克思哲学的人，已不是费尔巴哈的自然性的人，而是社会性的人，历史性的人。马克思把他的哲学视点，集中于社会性的人及其劳动生产方面，他以人与自然界的合理关系作为起点，经由人的社会关系来研究、把握人和人类世界。这些都是从最高层次即人的人类学层次对于人类世界的整体把握。是从人类学价值高度、人类学价值立场上对于"人类"这一特殊存在物的存在特性的哲学揭示，从而为从整体上把握人和人类世界这一人类学的哲学奠定了理论基础。

马克思的人类学—哲学视野，本于马克思自己的社会人本理性精神，并以此批判了资本主义的不合理的经济政治现实和其学术思想，它所表现出来的对人的人道关怀、人文关怀、自由解放的关怀，对人类自身的辩证法以及人的生成和创造，对人类社会内部不合理的生存对立关系（如劳动异化）的关注，追求人类内部关系的合理性以及人与其外部关系即与自然界的生存关系的合理性，表明了这些批判研究背后深刻的人类学—哲学精神。这是一种既以科学实证精神又以革命的人本主义这种广义伦理精神对人类社会基本问题的分析。这些都是从最高层次即人的人类学层次对于人类世界的整体把握。是从人类学价值高度、人类学价值观上对于"人类"这一特殊存在物的存在特性的哲学揭示，从而为从整体上把握人和人类世界这一哲学奠定了人类学的理论基础。

总的来看，马克思所强调的从人类学视野看待人和其对象世界，是康德以来西方哲学的人类学转向的完成。它打破了近代哲学的主客二分的直观唯物主义的哲学立场和哲学思维范式，建立了主客之间、人与自然之间的人类学同一的思维范式，正是这种人类学世界观与人类学思维范式，突破了人对世界的场外观，转向了把人包含在内的观察世界的人类学的场内观。这不仅扬弃了旧的传统哲学，开创了现代哲学的视野，而且为研究人的生存发展、人在自然界中的生存关系创立了正确的哲学立场，因而是对现代新哲学的开拓，这使马克思站到了现代哲学的早期开拓者（如叔本华、孔德、克尔凯郭尔等）的地位，是马克思开拓的现代新哲学！

---

① 《费尔巴哈哲学著作选集》上卷，中文新1版，商务印书馆1984年版，第184页。

三 《手稿》对社会人本论的初步创立

马克思对人和人类世界的哲学的最重要的理论构建，是社会人本论的创立，有了这一理论，就为构建人和人类世界的哲学奠定了人的理论基础。

1. 人的社会性：马克思人和人类世界的立脚点

中外都有一种普遍的观点认为，马克思《手稿》中的主要哲学思想，属于费尔巴哈的人本主义。但是，仔细研究就会发现，马克思与费尔巴哈有原则的区别。费尔巴哈在对宗教神本主义的批判中，创立了他的代表历史进步的自然人本主义精神。但是，他是以作为人的自然本性的"类本性"、"类本质"为根基建立他的人本主义的，因而是一种自然人本论，开辟了一种自然人本主义道路。他总是把人作为自然存在物来看待，只注重人的自然特性。问题是，这种以自然为本位的自然人本主义，无法进入人的社会世界。马克思在《关于费尔巴哈的提纲》中，明确指出费尔巴哈"把人的本质理解为'类'，理解为一种内在的、无声的、把许多个人纯粹自然地联系起来的普遍性"[①] 的缺陷。在《手稿》中，马克思虽然未对费尔巴哈表示这种不满，但是却直接强调与其相反的"人是社会存在物"的思想，走上了从社会性上研究人和人类世界的道路。与此相联系，施蒂纳与费尔巴哈相反，以孤立的个体存在为本，构建了一条孤立个体人本主义道路。马克思在《手稿》中虽然注意到了"人是自然存在物"，也注意到了人的真实存在是个体存在，但是，马克思没有停留在这里，他既不以人的自然存在为本，也不把人视为孤立的个体存在，而是强调"人的社会存在"，强调人在本质上是"是社会的存在物"。他针对费尔巴哈的自然人本论强调说："人是社会存在物"，"自然界的属人的本质只有对社会的人来说才是存在着的；因为只有在社会中，自然界才对人说来是人与人之间联系的纽带……只有在社会中，自然界才表现为他自己的属人的存在的基础。只有在社会中，人的自然的存在才成为属人的存在，而自然

[①] 《马克思恩格斯选集》第1卷，人民出版社1995年版，第60页。

界对人说来才成人。"①

所以，马克思的人是以人的社会存在为本的。所谓社会，就是人与人的关系，他由此进入了人和人类的关系世界。可以说，人的社会存在是马克思关于人和人类世界的哲学立足点。马克思从一开始就在《手稿》中建立了一种与费尔巴哈和施蒂纳完全不同的以社会为根基的人类学—哲学思想。他在《手稿》中对此做了特别的强调：

> 正像社会本身创造着作为人的人一样，人也创造着社会。
>
> 人的活动及其成果的享受，无论就其内容或就其存在方式来说，都具有社会的性质：是社会的活动和社会的享受。
>
> 社会是人同自然界的完成了的本质的统一，是自然界的真正的复活，是人的实现了的自然主义和自然界的实现了的人本主义。②

这样，马克思就把社会性作为人的存在的基点，建立了以社会为基点的社会人本论，从而与费尔巴哈的自然人本论在本质上相对立。到了《德意志意识形态》，马克思进一步以人的社会性批判了施蒂纳的"唯一者"即孤立个体人本论，从而创立了包含个体与类相统一的社会人本论。

为什么马克思特别强调人的社会性呢？这是由于，从人的社会性这个立足点出发，就可以进入人的种种社会关系存在，如人政治存在、阶级存在、精神存在、宗教存在、艺术存在、伦理存在乃至情感的、需要的、生活的存在等等，即进入人的整个社会物质生活和精神生活，对人和人类世界做出整体的把握。《手稿》的重要哲学贡献，是对人的社会性的哲学构建。

重要的是，从人是社会存在物出发，就会自然得出与自然人、孤立人完全不同的"社会人"③ 这一重要概念，以及由此出发进一步理解人和人类世界的社会人本论范畴。

2. 以"社会人"为立足点的社会人本论

马克思在晚年才提出来的"社会人"这一概念，实际上是他在早年

---

① ［德］马克思：《1844年经济学哲学手稿》，人民出版社1979年版，第72—76页。
② 同上书，第75页。
③ 《马克思恩格斯全集》第19卷，人民出版社1963年版，第404页。

即《手稿》前后就奠定的概念。前边所说的以社会为基点的社会人本论，进一步看就是以"社会人"为基点的社会人本论。这也就是说，当马克思以"社会人"为本理解人和人类世界的一切存在时，社会人本论也就自然产生了。

如果说，自然人本论，就是自然人本主义的话；那么，社会人本论，也就可以理解为社会人本主义。马克思在《手稿》中一再强调"人本主义"，首先就是建立在人的社会性之上的社会人本主义，并在这个意义上把它与共产主义联系起来："共产主义，作为完成了自然主义，等于人本主义，而作为完成了的人本主义，等于自然主义。"① 表面上看，马克思这时所说的人本主义还属于费尔巴哈的自然人本主义，因为"实证的人本主义和自然主义的批判是从费尔巴哈才开始的"②。的确，马克思这时作为哲学共产主义者③，还没有自觉地把他与费尔巴哈区别开来，还没有批判费尔巴哈的自然主义。但是，就费尔巴哈强调人的自然存在而马克思这时已经强调人的社会存在这方面，马克思理解的人本主义已与费尔巴哈理论有本质的不同：它是建立在人的社会性和社会人之上的社会人本主义。"社会是人同自然界的完成了的本质的统一"，表明马克思自己也觉察到了他与费尔巴哈的这种区别："无神论是通过宗教的扬弃这个中介而使自己表现出来的人本主义，共产主义是通过私有财产的扬弃这个中介而使自己表现出来的人本主义。"④ 显然，前者是指费尔巴哈的自然人本主义，他是不主张摒弃私的财产的；后者是指马克思自己所主张的扬弃私有财产的共产主义的人本主义。这只能是他所说的社会的、"实践的人本主义"。这是一种既反对当时费尔巴哈的自然人本主义、又反对稍后施蒂纳的以"唯一者"即孤立个体为本位的个体人本主义的社会人本主义哲学。对于施蒂纳的非理性主义来说，这也是人本理性主义哲学。它建立在马克思在《手稿》中所阐述的人的社会性、人的劳动生成性、人的历史性之上，因而与前者有原则的区别。从而为他的关于人和人类世界的哲学找到了社会人本论的基石。

---

① ［德］马克思：《1844 年经济学哲学手稿》，人民出版社 1979 年版，第 73 页。
② 同上书，第 2 页。
③ 西方学者认为，马克思在 1843 年左右所说的共产主义，还不是建立在唯物史观基础上的，而是建立在费尔巴哈哲学人本学基础上的共产主义，故称之为"哲学共产主义"。
④ ［德］马克思：《1844 年经济学哲学手稿》，人民出版社 1979 年版，第 127 页。

这也就是说，马克思在《手稿》中所表露出来的所谓人本主义、人道主义底蕴，是建立在他自己的人的社会性、人的社会存在之上的，而社会既建立在个体与个体的关系之上，也建立在个体与类群的关系之上。从这个哲学基础上看，它既超越了费尔巴哈的以类为根的"旧人本主义"，又超越了施蒂纳的以个体为根的"新人本主义"，同时又是建立在二者的合理性之上的社会人本主义。如果这一点可以肯定，那就是马克思对哲学的最为重大的创新发展之一。然而，这却被人们所忽略，所曲解。他们或者看不到马克思的这一社会人本主义精神，或者力图抹杀这种社会人本主义精神，而把马克思归结于费尔巴哈。因为承认马克思的这种重大哲学创造，自己就无法立足。

3. 从社会人本论到辩证人本论[①]：对人类学辩证法的开辟

19 世纪开始的哲学对人和人类世界的关心，其关键问题是：应当以什么样的人为维度观察把握人和人类世界？费尔巴哈是以想象出来的"类本质"即人的自然本性为依据把握人类世界，这显然是一种抽象；而施蒂纳则以他幻想出来的孤立个体即"唯一者"为本位把握人类问题，这是另种抽象。这两者都不能进入人的真正的社会存在世界，从而不能把握人和人类世界的基本问题。马克思明确反对以"路·费尔巴哈和麦·施蒂纳使用的基本范畴如'类'、'惟一者'、'人'等等"[②]为依据把握人和人类世界。他在《手稿》中实际展现出一种对费尔巴哈和施蒂纳的批判理论，力图以真实的社会人作为他的哲学思考的人本立场，这已如前述。这里要进一步强调的是，马克思的这种社会人本论，同时是一种辩证人本论，因为它把握住了社会人的辩证法特性："人是一个特殊的个体，并且正是他的特殊性使他成为一个个体，成为一个现实的、单个的社会存在物。"[③] 这就确立了"个体"、"个人"在人的社会存在中的地位。但是同时，"人是类存在物……

---

① 社会人本论、辩证人本论，是笔者提出的用以和费尔巴哈的自然人本论、施蒂纳的个体（唯一者）人本论相区别的马克思的人本论。突出马克思的这一思想对理解马克思与前者的区别有重要意义。

② [德] 马克思、恩格斯：《德意志意识形态》（节选本），人民出版社 2003 年版，第 8 页。

③ [德] 马克思：《1844 年经济学哲学手稿》，人民出版社 1979 年版，第 76 页。

人把自己本身当作现有的、活生生的类来对待，当作普遍的因而也是自由的存在物来对待"。① 人的"生命活动的性质包含着一个物种的全部特性，它的类的特性"②。

人既是"单个的社会存在物"，同时又是"使自身作为现实的类的存在物……实际表现出来"③，"人的个体生活和类的生活并不是各不相同的，尽管个人生活的存在方式必然地是类的生活的较为特殊的表现或者较为一般的表现，而类的生活必然地是较为特殊的个人生活或者较为一般的个人生活"④。

因而，对于真实的"社会人"来说，他是个体与类的辩证统一体。

《手稿》中的这种把人的个体性与类本性统一起来的思想，正是对人自身的辩证法的把握，这就形成了马克思的辩证人本论。而辩证人本论开辟了一个人本辩证法、人和人类世界的辩证法的新世界。

人是在社会中实现的个体性与类本性的统一。这也就找到了人的生命本性中的最基本的辩证关系——个体与类相统一的辩证的人本关系，成为辩证人本论的基础。就"社会"这一基点来说，它是社会人本论，即社会人本主义；就个体与类相统一这一基点来说，它是辩证人本论，即辩证人本主义。这两者是结合在一起的。他所说的人，是社会性的人而不是自然性的人，是处在辩证的社会关系中而不是停留在自然的人类本性中的人。这是马克思独创的社会人本论和辩证人本论，是他所独创的人类学辩证法。但是，对马克思在辩证法问题上的这种重大哲学创造，马克思的后继者们却从来未予关心。对我们提出的人类学辩证法表示存疑。

马克思的辩证人本论，或者说人类学辩证法是非常丰富的，它包括人的自然性与社会性、主动性与被动性、对象性与属人性等等辩证法于其自身。凭借人的这种社会的、辩证的原理，就可以从人的社会性、关系性、辩证性乃至实践性出发理解把握人和人类世界。因此，正是这种辩证人本原理的确立，打开了整个人类学辩证法的大门，为关于人和人类世界的哲学奠定了科学的辩证的人本基础。

---

① ［德］马克思：《1844年经济学哲学手稿》，人民出版社1979年版，第48—49页。
② 同上书，第50页。
③ 同上书，第116页。
④ 同上书，第76页。

在这里应当看到，马克思的人类学辩证法不是凭空而来的，而是建立在对黑格尔理念辩证法的批判和改造之上的。他把黑格尔的无人身的绝对理念的辩证法，做了人本化、人类化、社会化的改造，使它转化成了有人身的、处在人的生命本质、人的社会物质生活和精神生活中的辩证法。他指出，黑格尔的"否定的辩证法"，不过是"人的自我创造"过程，"作为辩证法，被看做是真正人的生活；因为它毕竟是人的生活的抽象"①，并大量研究了人自身的辩证法。这就把黑格尔的唯心主义理念辩证法，改造成了唯人主义的人类学辩证法。对它的具体内容，还需要专门考察。

当然，马克思对"人"的这种社会的辩证的理解，到了稍后的《提纲》和《形态》中有了更为完善的体现。并且，在1846年的《形态》中，通过对施蒂纳的《唯一者及其所有物》批判，才最终完成了这一辩证人本论哲学的构建。但是，应当注意到，马克思的全部关于人和人类世界的理论，都是建立在《手稿》的社会的辩证的人本论之上的。费尔巴哈的出发点是"自然的人"，而马克思的出发点则是"社会的人"、"需要的人"、"辩证的人"。这些新的人本思想，成了马克思的各种哲学研究的人本理论基础，并为他的自由解放哲学找到了人类学的根基。把它与费尔巴哈的自然人本论混为一谈而加以摈弃，是对马克思思想的最严重的误解。

四 《手稿》所揭示的人和人类世界的哲学基本原理

马克思《手稿》的重大人类学意义，还在于它发现了人和人类世界的一系列重大原理，并且是从人类生存的根基处即人与自然界的关系开始的，为这一哲学的形成奠定了自然论与生存论的理论基础。它主要表现在：

1. 人与自然界的生态统一与互成互化原理

在马克思看来，"人是自然存在物"，是自然界的产物，自然界是人的生命和生存的本原，人的生存，人的本质力量，是由人与自然界共同塑

---

① ［德］马克思：《1844年经济学哲学手稿》，人民出版社1979年版，第128页。

造出来的。对人的自然基础做了充分的肯定。马克思指出：人的"对象如何对他说来成为他的对象，这取决于对象的性质以及与其相适应的（人的）本质力量的性质……眼睛的对象不同于耳朵的对象。每一种本质力量的独特性，也是它的对象化的独特方式，它的对象性的、现实的、活生生的存在方式"。即人的本质力量是人和自然界的相互作用、相互确证与相互呈现。"只有当物以合乎人的本性的方式同人发生关系时，我才能在实践上以合乎人的本性的态度对待物。"① 又说："人的感觉、感觉的人类性——都只是由于相应的对象的存在，由于存在着人化了的自然界，才产生出来的。五官感觉的形成是以往全部世界历史的产物。"②

这样，马克思就把自然界提高到人的高度、也把人提高到自然界的高度来看双方的生成关系，确立了人的自然生成基础，把人与自然界的生成关系视为人的生成本体论。这是理解和研究人类问题的人类学本体论的起点。

马克思强调的"人的本质力量的对象化"和"自然界的人化"，实际讲的就是人通过人与自然界的互成互化，而对人的生活世界的创造。"人的本质力量"是马克思人类学唯物主义的一个基本范畴。它是人和自然界的共同产物。但它一旦形成，作为人在主观上可以自觉运用的人的力量，就总是要在人的对象化活动中通过渗入对象而改变对象，使对象成为人的对象，人所需要的对象，"属人的对象"，人可以享用的对象。而从另一方面看，这也就是在人的本质力量的作用下的"自然界的人化"过程。所谓人化，就是由不利于人的生存的自然世界，转化为有利于人的生存的价值世界。人和人所创造的世界以及人在这种世界中的生活、生存与发展，就是人的生存世界。同样地，人的生存世界也转化为有利于自然存在的世界。这是人与自然界的互成互化原理。它进一步证明了人与自然界的生态统一性。

2. 人类生命活动的特殊性原理

在人与自然界的生态统一的基础上，马克思强调，人通过不同于动物的、特有而全面的生产而实现自己的生存，人是一种特殊的自为的进行全

---

① ［德］马克思：《1844年经济学哲学手稿》，人民出版社1979年版，第78页。
② 同上书，第79页。

面生产的存在物,他通过生产,自己创造自己的生存:

> 动物只是在直接的肉体需要的支配下生产,而人则……只有在他摆脱了这种需要时才真正地进行生产;动物只生产自己本身,而人则再生产整个自然界;动物的产品直接同它的肉体相联系,而人则自由地与自己的产品相对立。动物只是按照它所属的那个物种的尺度和需要来进行塑造,而人则懂得按照任何物种的尺度来进行生产,并且随时随地都能用内在的尺度来衡量对象;所以人也按照美的规律来塑造。①

《手稿》中以此为代表的关于人与动物的比较,是对人的人类学特殊性的强调。这里要指出的是:它显然不属于历史唯物主义,也不属于辩证唯物主义,而属于人类学的议题。但是,马克思并不是为了研究探讨人类学,而是为了借人类学议题确立他关于人和人类世界的哲学思想。

人类生命活动的特殊性原理,还特别体现在人可以审美地掌握世界,即人可把客观物种的尺度与人的内在的人类学尺度在同一个尺度中体现出来,从而形成对世界的审美的艺术的掌握,创立了一种人类学美学,对这一复杂问题,只有另外讨论了。

3. 人在创造对象世界的同时创造人本身的双重创造原理

马克思的一个基本思想是:人通过自己的活动创造他赖以生存发展的对象世界(生存价值世界),并在创造他的对象世界中创造人自身。这一思想也是在《手稿》中产生的:人在其生命活动中"实际创造一个对象世界,改造无机的自然界,这是人(以个体为存在形式的人——引者注)作为有意识的类存在物(亦即这样一种存在物,它把类看做自己的本质,或者把自己本身看做类的存在物)的自我确证"②。"它所以能创造或创立对象,只是因为它本身是为对象所创立的,因为它本来就是自然界。"③

---

① [德]马克思:《1844年经济学哲学手稿》,人民出版社1979年版,第50—51页。
② 同上书,第50页。
③ 同上书,第120页。

这里，马克思指出了人这种存在物的特性就在于改造自然界，创造自己赖以生存的对象世界，即我们在别处所说的"人的生存价值世界"。同时，人也在这种创造世界的过程中创造人本身。马克思的名言是："生产不仅为主体生产对象，也为对象生产主体。"① 这同样是站在人类学高度上的立言，同样是历史唯物主义等传统哲学难以纳入体系之中的。所有这些，不是马克思回到了费尔巴哈，而是在社会人、关系人、实践人的基础上，上升到人类学高度对于人类的一般哲学问题的深究。它体现了马克思的人本唯物主义的哲学态度。

4. 人通过生产实践开辟生存道路的原理

人在实践中的双重创造原理，实际蕴含了人通过在自然界中的生存实践活动而开辟自己的生存世界的原理。因为无论是"人类学的自然界"，还是"在自然界中生成的人"，都是经由人的劳动实践活动而创生的。人在自然界中的感性的生存活动——实践，处在人与自然界之间，是二者相互转化的中介环节。人以自己的本质力量作用于自然界，就是实践的生成，而实践的生成又创造着人与自然界的新的关系，并在这种关系的基础上生成人的生存价值世界。所以，马克思把握了劳动实践，也就把握住了人的生存世界赖以生成、赖以存在的关键环节。所以马克思说：

> 整个所谓世界历史不外是人通过人的劳动而诞生的过程，是自然界对人说来的生成过程。②

马克思既肯定自然界的自在规律，又肯定人的超越自然的能力，表明人可以而且必须主动地与自然界建立有利于自己生存的生存关系。人在自己的实际生活中总会形成人与自然的种种矛盾，而解决和推进这种矛盾以实现人的生存发展的，就是人的实践，特别是人的物质生产实践。实践作为"人的感性活动"，当然包括人以感性形式出现的一切物质的、形式的、精神的活动。马克思在哲学上的伟大贡献，就在于看到了其中的物质生产实践对于人类生存发展即对于人类历史的伟大开创作用。实践把人转

---

① ［德］马克思：《政治经济学批判》，人民出版社 1964 年版，第 207 页。
② ［德］马克思：《1844 年经济学哲学手稿》，人民出版社 1979 年版，第 84 页。

变为社会存在物，开启了人的一切社会存在。没有实践，也就没有人和人类世界的存在。

实践的伟大的创造人的生存世界的功能在于：实践把自然界，转化为"人化世界"、"人的世界"、"人类学的自然界"。这主要是：人的实践"把自己的生活活动本身变成自己的意志和意识的对象"，把与人对立的自然界改造成人所需要的对象。人之所以能实现这一转变，在于人的意识和意志，在于人的智力，既可以"按照任何物种的尺度来进行生产"[1]，又可以同时按照人自己的"内在固有的尺度"来衡量对象，衡量和改变生产。人既能按人的尺度来创造，又能按物种的尺度来创造，并随时把二者结合在一起，这是人凭借自然而高于自然、创造自己的生存世界价值的基础。这样，人就在自然界的基础上创立了人类自己的不属于自然界的、对人的生存发展有根本意义有价值的事物和世界，即人化世界。人正是在人的生存价值世界的基础上生活着并进行新的开拓性实践，人也在这种实践中生成和发展着。所以马克思说：实践，"实际创造一个对象世界，改造无机的自然界，这是人作为有意识的类存在物的自我确证"[2]，即人作为人的典型表现。

马克思表明，人的生产实践是人类生存、发展的基本方式。在《手稿》中，马克思已经给了"实践"以特殊的地位，他关注人"同其他人的实践的、现实的关系"[3]，关注人同世界的"理论的与实践的"关系，并把实践置于优先地位，指出"理论的对立本身的解决，只有通过实践的途径，只有借助于实践的力量，才是可能的"[4]。要求从实践出发理解世界和改变世界。这种对实践的强调，表明他的社会人本主义又是他所说的"实践的人本主义"。这样，马克思就把人类的生产实践视为人类不断开辟生存发展道路的基础，视为人构建其生存价值世界和其整个社会生活的始原性环节，在此基础之上构建其尽可能合理的社会物质生活、政治生活和精神生活，并在这一合理性追求过程中形成其历史发展的环节，不断求得生活的自由解放。

---

[1] ［德］马克思：《1844年经济学哲学手稿》，人民出版社1979年版，第50页。
[2] 同上。
[3] 同上书，第53页。
[4] 同上书，第80页。

所以，马克思在不久之后写下的《关于费尔巴哈的提纲》中所强调的"新唯物主义"，就是建立在《手稿》中的人、自然界与实践三大要素构成的生成性系统之内的。他从这个系统内部观察世界，也就是从人与对象世界的经由实践的关系看待世界、看待一切存在物。这是现代哲学所强调的从人与世界相互作用内部、从"人的活动场内"观察世界的又一突出表现。也正是由于这一深广的哲学视野，马克思哲学才成为关于人和人类世界的哲学，才成为现代哲学。

5. 人类在实践中不断走出自我异化、走向自由解放的原理

马克思的劳动异化思想，是从人类学高度反对资本主义导致人的异化的重要思想。但是，马克思又理解这种异化的历史必然性和它对历史推进作用，这集中体现在这样一句深刻的话中：

> 自我异化的扬弃跟自我异化走着同一条道路。①

"自我异化的扬弃"就是自由解放，但是，它是通过"自我异化"的发生道路而实现的。这里明显指出了人的解放与人的异化在历史道路中的共生性，它揭示了人的异化劳动本身在为人的解放创造条件，而人的解放不是空洞的解放，它建立在实践所创造的物质丰富性和人的能力的"多方面发展"的基础上，指出了人类社会的深刻的通过实践辩证法而实现人的解放的内在原理。如下一段话是对上一思想的注解：

> 这正是以建立在交换价值基础上的生产为前提的。这种生产才在产生出个人同自己和同别人相异化的普遍性的同时，也产生出个人关系和个人能力的普遍性和全面性。②

这里所谓的"建立在交换价值基础上的生产"，实际指的是资本主义发达的商品生产力。而这种发达的生产力就是推动人类能力、人类关系充分发展的生产力，是一种人类学的生产力。它表明，马克思进一步从人类

---

① ［德］马克思：《1844年经济学哲学手稿》，人民出版社1979年版，第70页。
② 《马克思恩格斯全集》第30卷，人民出版社1995年版，第112页。

学高度,把以人类为本的实践,看做推进社会发展、消除人的异化、走向人的解放的行动力量。

人的解放就是"把人的世界和人的关系还给人自己",但是,它建立在"人的世界"的丰富性和"人的关系"的全面性的基础上,而这又是通过人的异化而开辟道路的。这特别表现在马克思把共产主义(人的解放)视为"完成了的人本主义"方面。马克思的名言是:

> 共产主义是私有财产的即人的自我异化的积极的扬弃,因而也是通过人并且为了人而对人的本质的积极的占有。因此,它是人向作为社会的人即合乎人的本性的人自身的复归,这种复归是彻底的、自觉的、保存了以往发展的全部丰富成果的。这种共产主义,作为完成了的自然主义,等于人本主义,而作为完成了的人本主义,等于自然主义。①

在这里,"共产主义"显然是指需要不断实现的人的解放过程,是方向和理想。怎样实现呢?那就是依靠人的实践,克服私有制与劳动异化,把人的天然平等的追求自由的即"合乎人的本性的"关系还给人自己,此即"完成了的自然主义","完成了的人本主义",这是马克思人类学唯物主义的本质之所在。马克思所说的通过"属人的关系"、"属人的占有"达到"合乎人的本性的存在即社会的存在"②,都是这个意思。因此,人类学唯物主义就是要不断按照人的自然性即合理性的要求,克服矛盾对抗,走向人与自然、人与人的和谐生存。要克服哪些矛盾呢?大而言之,就是:

> 人与自然之间、人和人之间的矛盾的真正解决,是存在和本质、对象化和自我确立、自由和必然、个体和类之间的抗争的真正解决。它是历史之谜的解答,而且它知道它就是这种解答。③

---

① [德]马克思:《1844年经济学哲学手稿》,人民出版社1979年版,第73页。
② 同上书,第74页。
③ 同上书,第73页。

在这里，马克思以费尔巴哈人本学以及既往哲学的一些术语，表达了他的人类学唯物主义哲学所追求的目标，即人类不断走出异化、走向自由解放的方向。马克思在这里建立了他对人类光明前程的无比信心，而这也是马克思观察处理人和人类世界一切问题的根本原理之一。

6. 人类生存依赖于自己的价值创造的原理

马克思所说的"实际创造一个对象世界，改造无机的自然界"，是站在人类学高度上，强调人通过自己的活动创造他赖以生存发展的对象世界，即人的生存价值世界。他指出了人这种存在物的一般特性。它表明，马克思从人类学高度，把人的实践的价值创造视为人们推进社会历史发展、消除人的异化和实现人的解放的行动力量。在马克思看来，人的实践特别是劳动生产实践，是创造人赖以生存的生存价值世界的根本活动。实践，特别是劳动实践，作为促使人类和人类世界在自然界中生成的实践，是把人与自然界结合成一体的关键，是形成人的生存世界的关键。只有在这样的意义上抓住实践，才算抓住了人的生存世界的纲，才能真正理解人和人类世界。马克思就是这样来理解实践的。这样，马克思就把人类的生产实践视为人类生存发展的基础，视为人构建其生存价值世界和其整个社会生活的始原性环节，在此基础之上构建其尽可能合理的社会物质生活、政治生活和精神生活，并在这一合理性追求过程中形成其历史发展的环节，不断求得生活的自由解放。这也就是说，人的价值创造是人类解放的前提。它表明，马克思把实践理解为人改变世界创造自己的生活的行动力量。当他把《关于费尔巴哈的提纲》归结为"问题在于改变世界"时，就表明他力图创立一种行动的、以实践改变世界的哲学。而1846年关于生产和生产力的发现，使这种改变世界的哲学得以在理论上最终完成。

上述原理，从人与自然的关系、人的生存特殊性和人的社会实践创造问题三大方面，为关于人和人类世界的哲学奠定了它的基本理论基础。它是包含了从人、人类存在的自然前提、经人类发展的社会前提即物质生产实践、到人类生存发展的精神前提在内的"新唯物主义"。此外，当然还可以列举一些。因为马克思的人本思想是很丰富的。例如通过克服私有制而消解劳动异化，解决人类社会最根本的问题等等，但这些更属于经济学—哲学范畴，这里不再讨论。

当然，马克思并不是直接研究这些问题的。从他的《手稿》来看，他首先关注的是经济学，并由此引出一些深层的哲学问题。但是，正是这些深层的哲学问题，进入了人和人类世界，上升到了广义的人类学范畴，揭示了人和人类世界的深层问题。如果说，把《手稿》的主题概括为"经济学—哲学"是合理的话，那么，从深层来看，可以进一步概括为"人类学—哲学"，这是马克思最伟大的哲学开拓。但本书第一篇主要是事实陈述，目前得出这一结论还为时过早，本书第二篇、第三篇再对此加以论述。

然而，马克思的这一作为对现代哲学的重要开拓，却一直未被人们真正理解，甚至被埋没！现今的"世界历史"，是可以让这种关于人和人类世界的哲学发扬光大的时候了。

第 四 章

1845—1848：马克思从社会历史上对人和人类世界的深入把握

小引：1845—1848年，马克思关于人和人类世界的哲学思想有了重要的扩展。通常所说的实践论、唯物史观和革命政治哲学，都产生在这一时期。但深一步看，主要是进一步从世界历史高度对人类生存发展问题的深入把握。首先是广义的人类学唯物主义和人类学世界观的确立（"新唯物主义"），进而是以现实的人为本的人类学实践论和人类学历史观的形成，最后是以无产阶级实现全人类的人类学解放为追求目标。这些形成了马克思一生中最重要的哲学构建。不仅突破了直观唯物主义，超越了错误的人本论和唯心史观，而且为"时代的迫切问题"提出了解决途径：即通过无产阶级革命为人类解放开辟道路。马克思的这种实践政治哲学。同样是关于人和人类世界的哲学。在这里，最不为人注意的，是马克思通过社会共同体对社会公共人本主义思想的确立。

新词：人类学唯物主义，人类学世界观，人类学实践论，人类学历史观，辩证人本论，社会共同体，自防本能

马克思的《手稿》是关于许多问题的片断性手稿，与其说是论文，不如说是札记，草出之后似乎再也没有过问，他的思想在迅速发展。从1845年到1848年，马克思在他的人类学视野基础上产生了三个有重要哲学意义的文献，显示出他关于人和人类世界的哲学思想有了重要的发展。其核心，是由人的人类学特性进展到它的根本性的实践活动和社会历史，由对人的深层哲学理解向人的现实生存与社会政治问题方面展开。这三大

文献是：1845 年的《关于费尔巴哈的提纲》，1946 年的《德意志意识形态》和 1848 年的《共产党宣言》。它们从不同层次和方面，发展深化了马克思关于人和人类世界的哲学思想。

一 1845：以"人类的感性活动"为根基的人类学实践论的构建
（超越直观唯物主义时空的哲学突破）

马克思 1845 年写下的《关于费尔巴哈的提纲》（以下简称《提纲》），是一个准备对费尔巴哈进行全面批判并阐述自己的"新唯物主义"哲学思想的极为重要的十一条提纲。显示出他对"真正的哲学"的追求，在理论上有了重要发展，它表现在对"新唯物主义"的提出，对"实践"的更深入的理解，并明确强调要构建"改变世界"的哲学。

1. 对"新唯物主义"的提出和定位

《提纲》的总的宗旨，在于通过对"实践"范畴的界定，批判旧的直观唯物主义、确立马克思自己的"新唯物主义"的哲学地位。马克思开宗明义指出了他的新唯物主义与既往哲学的区别：

> 从前的一切唯物主义——包括费尔巴哈的唯物主义——的主要缺点是：对事物、现实、感性，只是从客体的或者直观的形式去理解，而不是把它们当作感性的人的活动、当作实践去理解，不是从主体方面去理解。[①]

马克思表明：从前的一切唯物主义，都是直观的唯物主义，即直观地把人的主观方面视作一方，把人所面对的客观世界视作对立的另一方，这是主客对立二元论的必然结果。这样一来，它就不能不既脱离开人、脱离开感性的人的活动来理解对象世界，又脱离开对象世界、脱离开自然界来理解人，然后又无助地再来探求被他们人为地分离开来的两个世界的关系，以及主观何以可能认识客观世界的认识论。这是 18 世

[①] 《马克思恩格斯选集》第 1 卷，人民出版社 1995 年版，第 54 页。

纪法国形而上学唯物主义及其认识论的典型特征。它很符合人们直观到的人与对象世界相对立的现实现象。然而，从本质方面的联系来看，人作为通过自己的劳动实践从自然界中成长起来的存在物，他从来都是在他对世界的实践关系中来生活着的，而实践关系是人的一种感性活动关系，在这种感性活动关系中，一方面，主体与客体本来就是互相渗透的，主体是客体的一部分，客体也是主体的一部分，二者共同形成一种客观存在的活动；另一方面，人也只能在这种互相渗透、互相为用的关系中来理解人和他周围的世界。因而，那种把周围世界即"对象、现实、感性"当作与人无关的纯客观的东西来理解，就违背了这种真实的情况，不过是一种抽象的理解罢了。马克思表明，他的"新唯物主义"与此相反，它要从人的"主观方面"、从"感性的人的活动"即人的实践活动来理解世界。而这也就是从人与世界的不可分割的真实关系来理解世界。这不仅超越了直观唯物主义的局限，更建立了从人与世界的一体关系来理解世界的新唯物主义哲学，这是对旧唯物主义局限的重大突破，这是其一。

其二，值得注意的是：马克思这时理解的实践，已不仅仅是作为人的生成的劳动活动，也不仅仅是满足人的生存需要的生产活动，更不仅仅是与理论相对立的实践，这些都是经济学、社会学的实践概念。马克思这时理解的实践上升到了一个更高的层次：他特别对实践做了新的界定：把实践理解为"感性的人的活动"，"人类的感性活动"。由于"人类的感性活动"可以包括生产实践及其以外的一切活动，它是人类作为人类的一种本质性特征，这就上升到了人类学高度，形成了人类学意义的实践概念。因为，"感性活动"不能不是人的存在本性，不能不是人作为人的人类学规定性。从感性的"人的活动"来理解实践，就是从人的人类学特性来理解实践。从感性的人的活动理解"对象、现实、感性"，也就是从人的人类学特性来理解世界，这就通过实践建立了人类学的世界观，而这是新唯物主义的本质特征。也正是这种人类学的实践观和世界观，最终突破了主客对立的二元论，构建了以感性的人类活动来理解世界的一元论哲学，因为在实践中，人与自然界、主观与客观、主体与客体是结合成一体的。这种"新唯物主义"的提出，表明马克思走上了他自己的现代性的人类学—哲学的创造道路。

其三，马克思进一步直接强调，他的"新唯物主义"的立脚点是

"社会化了的人类"："新唯物主义的立脚点是人类社会或社会化的人类。"① 立脚点是"社会化了的人类"这一命题，表明了一种怎样的哲学境界？笔者的理解，立脚点就是立场，把立场定在社会化了的"人类"身上，它的研究对象就只能是人和人类世界，以及人和人类世界所赖以生存的自然界。这就是说，新唯物主义哲学要站在"社会化的人类"的立场上来研究自然界里的人和人类世界及其生存发展，这就为新唯物主义哲学划定了对象和范围。这是对从人的"主观方面"来理解世界的进一步的深一层的要求。把立脚点定位在"社会化的人类"的立场上，那就只能以人类为根据来建立这一哲学②，这与传统的以物质为本位的唯物主义就出现了天壤之别。

这样，马克思就为自己的这种新哲学定了性：这种新唯物主义，把人的本性理解为他的感性活动，这就既把感性的人的活动即实践理解为人的人类学本体论，社会历史的本体论；又要求以感性的人的活动来观察理解人和人类世界。这就进一步表明，马克思要构建的是关于人和人类世界的哲学。因而，它既不是抽象的"实践哲学"，也不是以抽象的"实践"为本体解释一切的实践唯物主义哲学。

马克思在 1865 年 3 月 6 日致库格曼的信中说："我是唯物主义者。"这里所说的唯物主义，显然是他在 1845 年就提出的"新唯物主义"。从上面的讨论可以看出，这种新的唯物主义，一是与以往的研究物质世界的形而上学唯物主义不同，它不研究抽象的物质世界；二是与注重物理世界、生理世界的本体论的唯物主义不同，它不研究实在的物的世界；三是与认识论的唯物主义不同，它不研究主客之间的认识关系，心对物的反映关系③。这种新唯物主义，是在费尔巴哈开辟的以自然的真实的具体存在和它与人的关系为对象的哲学道路上，把人和自然界作为在实践中统一起来的生态一体性的存在加以研究。这样，他所强调的新唯物主义就有如下特点：

---

① 《马克思恩格斯选集》第 1 卷，人民出版社 1995 年版，第 57 页。
② 这个哲学的基本环节，应当是（1）实践的人；（2）人的实践；（3）人通过实践所建立的人与世界的关系；（4）人的实践所构建、所理解的世界。
③ 生态学马克思主义者福斯特，把唯物主义区分为本体论的唯物主义（自然的物理的、生理的存在）、认识论的唯物主义（思维与存在、主体与客体的关系）、实践的唯物主义（社会性的人的变革能力对于社会生产等等的作用，历史辩证法），这一区分是积极的建设性的。

（1）承认"外部自然界的优先地位"，即从自然的、真实的、具体的、感性的事物出发，这是前提，是立场性的唯物主义。

（2）"按照事物的真实面目及其产生情况来理解事物。"[①] 即实事求是地理解和把握事物，这是方法论的唯物主义。

（3）以人类为本，以"人类的感性活动"为本理解人和人的对象世界，反对那种"敌视人"、"忘记了人"的唯物主义，因而属于人本性的或人类学的唯物主义。

（4）既从自然界的立场看待人和人类世界，视之为自然界的人，又从人类学的立场看待世界，看待外部自然界，即如其本然地视之为"人类学的自然界"；这就既建立了自然界的人类观，又建立了人类学的世界观。

（5）因此，这样的"新唯物主义"，由于立足于"社会化了的人类"，就只能是人类学唯物主义。马克思新唯物主义之"新"，就"新"在这里。如果我们喜欢用实践（即人类学的实践）来说话，也可以说，马克思创立了通过人类的实践来把握实践的人类的新哲学，即实践的人类学唯物主义新哲学。

2. 人类学实践论的生成与特征

马克思关于人和人类世界的哲学的基本哲学立场，就是前面一再强调的人类学价值立场，以及这一立场的社会体现：人的生存实践立场，这是人类生存发展赖以实现的立场。人的生存实践在一个全面的意义上奠定了人和人类世界的哲学理论基础。这主要通过对人的实践的人类学理解来完成的。在马克思看来，实践是人类的生存方式、生活方式、活动方式，是人类的生存本性。马克思指出：人本身的生存和生活就是以实践方式进行的，"社会生活在本质上是实践的"[②]。它表现在马克思把实践理解为"感性的人的活动"，理解人类的"对象性活动"。这一理解是马克思人类学实践论的基础（丁立群首先强调了马克思的实践论是人类学实践论），也是马克思对实践的基本观念。这种人类学实践论突出体现为以下三大理论：

[①] 《马克思恩格斯选集》第1卷，人民出版社1995年版，第76页。
[②] 同上书，第60页。

其一，人和人类世界的实践创生论，即把人和人类世界理解为实践的产物。马克思认为，人的生存世界和人本身都是由人的劳动实践、生产实践创造生成的："全部所谓世界历史不外是人通过人的劳动的诞生，是自然界对人说来的生成"①。在马克思看来，人的生存世界不是单纯自然界的产物，而是人类实践与自然界共同形成的创造物，生成物，即创生物。实践既有创造功能，又有生产即生成功能。实践的最主要的形式，就是满足人的物质生活需要的生产实践活动，通过生产而生成人所需要的一切，这是实践的最重要的功能。另一方面是创造，科学的、技术的、艺术的创造，马克思也一再肯定实践的创造作用。而创造与生成的统一就是创生。只讲创造，或只讲生产，都没有把实践的功能讲透，因此，只有"创生"一词，最足以概括实践的创造功能与生成功能。创生即创造、生产、生成。人类社会的一切，都是由实践"创生"出来的，创生是一切社会存在的根据和本原。在这里，实践作为物质改变力量的"破坏"作用，从来是不被看重的。被看重的是它的寓生于破的创生功能，因为创生而推陈出新的功能。因此，讲实践，就是要讲创生。正是这一功能，实现了人的生存发展。

从实践创生的视角把握世界，还表现在从人类的生成、生存、生发的高度把握人的生存世界，这是人与自然界在实践中共同创生的世界。在马克思看来，对人来说，既不存在单纯的自然世界，也不存在单纯的人的世界。人的世界作为人所创生的世界，它是既包含自然性、又包含人性的新世界，它在本质上把自然与人统一起来。这是对费尔巴哈的单纯自然性的超越，是自然界在实践中向人的生成和人在实践中向自然的生成，是人与自然互创、互生的产物。而生存实践，就是这一生成的动力、机制和规范：正是在这个意义上，才能理解马克思的"整个所谓世界历史不外是人通过人的劳动而诞生的过程，是自然界对人说来的生成过程"②。这个"世界历史"问题，就是人在劳动实践基础上的生成、生存、生发（发展）的历史。人就生活在这样的由生存实践开创的三生世界里。

其二，对人类的不合理世界的实践改变论。马克思的名言是："环境

---

① ［德］马克思：《1844年经济学哲学手稿》，人民出版社1979年版，第84页。
② 《马克思恩格斯全集》第42卷，人民出版社1979年版，第95页。

的改变和人的活动的改变的一致,只能被看做是并合理地理解为革命的实践。"① 根据实践创生论,对世界的一切改变都可以诉诸革命的实践。因为,正由于实践可以创生世界,实践才可以改变世界,即通过不断的新的创生及其导致的淘汰而改变世界。马克思不但强调实践创生世界,他也更强调实践改变世界。他深切认识到:"物质力量只有用物质力量来摧毁。"当他说对实践的唯物主义者即共产主义者说来,全部的问题都在于使现存世界革命化,实际地反对并改变现存的事物②;当他强调无产阶级必须通过革命手段取得政权时,他都是从对不合理世界的实践改变的立场出发的。马克思关于人的生存世界的哲学的彻底性和革命性,他贯彻人类正义、社会正义精神的坚定性,都体现在他力图以实践方式改变不合理的现实世界。在这方面,马克思充分体现了他的站在阶级性和人类性立场上的革命精神。所以,马克思人类学—哲学的基本立场,是实践创生论与实践改造论的统一。马克思正是注重了生存实践的这种创生—改变功能,才要求以实践改变世界。于是,整个人的生存世界就在人的感性物质活动即实践创生的作用和推动下,处在不断的创造生成的变革之中,处在发展变化、推陈出新的流变过程之中。而这种发展变化的根据则是它的内在矛盾,内在的人类学辩证法,因此,实践创生的观点也就内涵着辩证法的观点。

其三,对"对象、现实、感性"的实践理解论或实践思维论,以及由此产生的实践世界观。在马克思看来,人的生存实践是人们观察世界、观察人类问题的根本视界。即对于"对象、现实、感性",要把它们当作"感性的人的活动"来理解,"当作实践来理解"。这也就是实践认识论和实践思维论的产生。正是在以现实的生存实践为根据的思维和认识的基础上,人们形成自己的实践世界观。

3. 在人类学实践论基础上对实践认识论与实践真理观的创立

与上一点相联系的是,马克思把对真理的认识和追求,也建立在实践开辟、实践检验的基础上,而不是建立在思辨识别的基础上,不是建立在主观武断的基础上。每一种哲学都有它的认识论、真理论和方法论。马克

---

① 《马克思恩格斯选集》第1卷,人民出版社1995年版,第55页。
② 同上书,第75页。

思的以实践为根基的新唯物主义,进一步把他的认识论、真理论、方法论都建立在人类学实践论的基础之上,他强调:

> 人的思维是否具有客观的真理性,这不是一个理论的问题,而是一个实践的问题。人应该在实践中证明自己思维的真理性,即自己思维的现实性和力量,自己思维的此岸性。关于思维——离开实践的思维——的现实性或非现实性的争论,是一个纯粹经院哲学的问题。①

> 理论的对立本身的解决,只有通过实践的途径,只有借助于人的实践的力量,才是可能的。②

这一革命性的思想,早在《1844年经济学哲学手稿》中讲人对世界的认识关系根源于实践关系时就出现了。由于实践本身是主观与客观交互作用的感性活动过程,在实践中主客双方就不能不形成一种共同的东西:主体通过对象化而成为由对象规定的"主体";对象通过人化、主体化而成为由人规定的"客体"。这就是说,实践活动的逻辑本身,把主客双方交融为第三种存在,即交融、改变和创生着的存在,这种创生的结果就是"人化世界"、"人类世界"、人的生存价值世界的出现。从这一深度看,马克思就完全超出了近代直观唯物主义的二元对立范畴,进入了现代哲学的主客一体化的人类学视野。这一构建,把以主客对立为前提的直观唯物主义最后逐出了认识论真理论范围。这实际上是一种思维认识上的实践本位论。

4.《提纲》对人类学世界观和人类学思维范式的进一步丰富

一种真正的哲学,不论它研究什么,它都要提供一种观察世界的方法和视角。如果说,马克思1844年的哲学构建,已经提供了一种经济学的、异化论的和人类学的视角看待人类世界的话,那么,马克思的新唯物主义,却建立了一个"观察世界、观察人"的新视角,这就是从实践出发看待人类和他所面对、所构建的世界。马克思据此把他和"从前的一切

---

① 《马克思恩格斯选集》第1卷,人民出版社1995年版,第55页。
② [德]马克思:《1844年经济学哲学手稿》,人民出版社1979年版,第80页。

唯物主义"区别开来。纵观《提纲》的基本内容和基本精神，主要强调实践对于理解把握人和人类世界的世界观与方法论特质。但是，联系《手稿》上的思想，马克思是一方面把人的历史性生成、人类世界的历史发展，都视为人的生产劳动、人的生活斗争这种实践活动的结果。在这个意义上，实践就成了人的生成的本体论，社会历史的本体论[①]。即实践对于人的生成来说具有本体论的性质。

但是，另一个不为人们理解的方面是，当马克思既把实践理解为人类感性活动，又把人理解为一种感性的存在物时，实际上也就是要求从人类的感性活动这种人类学特性来理解实践。这就又回到了开头的问题：何为实践？显然，实践不再仅仅是物质生产活动，只要是人的感性活动就是实践。在马克思恩格斯看来，"人是全部人类活动和全部人类关系的本质、基础"，这就更突出了实践的人类学意义或人类学的实践意义。在马克思那里，实践其实就是人类的人类学本性。因为人是凭借他的感性活动而生存的。这样一来，实践的眼界也就是人类学的眼界。人总是通过他的人类学本性来理解世界（世界观）和把握世界（方法论）的。马克思所说的人和人的对象世界的"属人性"，表明了这种人类学理解对人来说是必然的。正是实践的这种对人来说的人类学特征，才可以进一步把它作为观察理解世界的世界观和方法论，以及由此形成的思维范式。这是一种重要的哲学构建。马克思的十一条提纲，主要是针对费尔巴哈由于不理解实践的这种人类学作用而对于人和人类世界的错误理解的，他力图通过批判，建立对人和人类世界的以人的感性活动为中介的理解原则和正确的把握方式。这样，也就在哲学上进一步丰富了人类学世界观和人类学思维方式。从而使这一哲学走向完成。

这种人类学世界观和思维范式（方法论）有如下特征：

其一，把"对象、现实、感性"当作"感性的人的活动"来理解，当成与人处在相互作用中的人的对象性的存在物、当成人类的生存发展所依存、所创造、所构建、所影响、所改变的并因此也改变着人自身的人性化的存在物来看待。这是它的真义所在。

其二，所谓从实践、从感性的人的活动来理解世界，也就是从人的"主观方面"来理解世界，这个"主观方面"只能是人的人类学方面而

---

① 《西方哲学思想的演变与马克思在哲学上的革命》，《云南社会科学》1986年第6期。

不能是思想意识方面（否则就不能不陷入唯心主义）。这也就是要求从人的人类学特性、人的人类学的视野观察理解世界，把人与自然界看做生存一体的共同存在（共在）。只有在这一视野下，人才能看到"自然界的人类性"，对象世界也才能是马克思所说的"人类学的自然界"。

其三，这种从"感性的人的活动"、"从主观方面""理解"世界的方式，这种新的世界观、新的思维范式的本质在于：它是从人类性、人类学方面来观察理解人和人类世界以及与其渗透一体的自然世界的。这种新的理解方式不仅涉及关于人和人类世界的哲学的创立，也涉及认识论的改造，即人类学认识论的建立（这需要专门的讲究）。

二 1846：从"现实的人及其活动"出发的人类学历史观的构建

（超越错误人本论和唯心史观的哲学创建）

马克思和恩格斯在 1846 年草成的《德意志意识形态》（以下简称《形态》），是以他们在此前形成的人类学的、实践论的、经济学的思想对人和人类世界及其历史发展根源的考察，并在此基础上形成了他的广义的唯物主义历史观，这是通过批判当时德国主要的思想意识形态而阐发自己的新哲学的产物。其中有丰富的哲学思想，我们这里仅仅从人类学视野突出以下几点。

1. "新唯物主义"对人类学历史观的确立

马克思在《手稿》中所奠定的人在劳动实践中生成的思想，已奠定了其后历史发展观念的人本基础。他认为，所谓"历史"，不过是"人的产生"即人的生存发展过程："正像一切自然物必须产生一样，人也有自己的产生过程即历史……历史是人的真正的自然史。"[①] 在同期的《神圣家族》中，马克思恩格斯都非常强调历史的人类学根基，他们认为："人是全部人类活动和全部人类关系的本质、基础"，"历史不过是追求着自己目的的人的活动而已"[②]。

---

① ［德］马克思：《1844年经济学哲学手稿》，人民出版社1979年版，第122页。
② 《马克思恩格斯全集》第2卷，人民出版社1957年版，第118页。（恩格斯执笔）

第四章 1845—1848：马克思从社会历史上对人和人类世界的深入把握

在马克思恩格斯看来，历史的基础和本体不能不是人类，历史观脱离了它的本体——人类——就什么也不是。在历史与人类何者为本的问题上，马克思恩格斯明确强调人本历史观："历史什么事情也没有做，它'并不拥有任何无穷无尽的丰富性'，它并'没有在任何战斗中作战'！创造这一切、拥有这一切并为这一切而斗争的，不是'历史'，而正是人，现实的、活生生的人。"理由很简单："'历史'并不是把人当作达到自己目的的工具来利用的某种特殊的人格。"① 只有人才是历史的人格推动力量。马克思也一再强调他研究的是"人类史"。

这就是说，马克思恩格斯明确指出人是历史的主体。历史是以人类为本的历史。

1846年的《形态》是这一思想的深入：一方面，在一般性的实践中突出人的为了生存的物质生产实践，并以此作为解释整个历史的基础，一方面依然强调整个历史是以人类为本的，只不过进一步由人类的存在深入到它的生存历史去，创立了以人本历史观为基础的、并以人的物质生产活动的辩证法解释历史发展的"唯物史观"。建立了他的"新唯物主义"的关于"人的历史"、"人类史"的人类学历史观。因此，"唯物史观"依然是以人类为主体、为本位的，而不是以抽象的历史为主体为本位的。例如，马克思在《形态》中依然强调：

> 我们的出发点是从事实际活动的人，是发展着自己的物质生产和物质交往的人们。②

这就是说，马克思是把具体的、现实的"人的存在"和"人的活动"特别是"感性的人的活动"，作为其历史观即"唯物史观"的前提的。并一再强调："全部人类历史的第一个前提无疑有生命的个人的存在。"而"这些个人把自己和动物区别开来的第一个历史行动不在于他们有思想，而在于他们开始生产自己的生活资料。"③

---

① 《马克思恩格斯全集》第2卷，人民出版社1957年版，第118页。（恩格斯执笔）
② [德]马克思、恩格斯：《德意志意识形态》（节选本），人民出版社2003年版，第17页。
③ 同上书，第11页。

这就是说，马克思是以人的个体生命存在、人的生存以及为了生存而进行的生产活动来建立他的唯物史观的，这是他的人类学历史观、人类学实践观的进一步深化。

需要注意的是：马克思恩格斯所说的"历史"，不是历史学的历史（编年史），而是人类生存发展的历史，即"人类史"。所以，唯物史观，就是以人类为本的人类生存发展观。这既是马克思以往关于人和人类世界的哲学思想进一步向人的社会历史发展领域的深入，也是他运用"新唯物主义"的实践观分析人和人类世界的问题的结果。它使马克思的以人类学实践为眼界的新唯物主义哲学，进一步把握住了人类整体的历史发展问题。那种认为马克思以"唯物史观"否定了其"新唯物主义"的说法，或者在唯物史观中见物不见人的观点，是站不住脚的。

同时，马克思的这种唯物史观，也是对他1843年、1844年的解放哲学、经济哲学（异化论）的深入发展：人们通过"生产力的普遍发展"和"普遍交往"的形成，"地方历史"就转化为"世界历史"，个人也就转化为"世界历史的存在"，从而得以建立全面的关系、全面的发展而走向自由个性，自由解放。这一思想在后来得到了进一步的强调。所以，马克思把人类解放进一步建立在人的生产和生产力的发展方面，这使他的人类解放哲学有了深厚的历史身影。通过唯物主义历史观，马克思对人和人类世界的深切理解，由人类的现实深入到了人类的历史之中，从而找到了人类自由解放的历史实现道路。这表明，人的自由不是一种超越历史的自由。

总之，唯物史观的根基是人，是人类活动推动历史发展，而不是历史推动人类发展，人类是历史的本体而不是相反。在这个意义上，马克思的唯物史观也就是人本历史观，人类学历史观，这是现代理解与传统理解的分水岭。

2. 对辩证人本论的发展

马克思的辩证人本论思想，在于既反对把人视为类本质，也反对把人视为孤立的个体。他建立了人是个体与其类的本性相统一的辩证人本论思想。在《手稿》中创立的这种辩证人本论，成了在《形态》中进一步批判费尔巴哈和施蒂纳的基础。在《形态》中，马克思一方面批判费尔巴哈把人当作自然性的类本质的荒唐性，另一方面也批判他的孤立的处在社会关系之外的个体，他指出：费尔巴哈有时也注意到"现实的、单独的、肉体的人"，但由于在社会之外看人，他就只能"撇开历史的进程……假定出一种抽象的——孤立的——人类个体"①。这一点决定了马克思也必然要反对施蒂纳的孤立个体理论。

费尔巴哈的关于人的类本位倾向，也受到了施蒂纳的批判。施蒂纳在其红极一时的《唯一者及其所有物》（1844年年底出版后，立刻受到马克思恩格斯的注意，并在通信中做了讨论）中指出，费尔巴哈的"人"，像他所反对的"神"一样，同样是一种抽象"理念"，因而没有摆脱他所批判的"神本主义"。施蒂纳从相反方面强调：费尔巴哈所说的一般性的人并不存在，"实际存在的只有诸个体"，即现实的个人。但他强调这是一种独一无二的、自我同一的个人存在，他称其为"唯一者"。是一种绝对无他的自私本性。他把这种没有人的社会本质、社会关系的个人作为历史的出发点，作为一切存在的基础，由此创立了极端的个人人本主义。这种把人仅仅视为孤立的个体，像把人视为单纯的类本质一样，阻挡了进入人和人类的社会关系世界，因而无法把握社会性的人。这自然更要受到马克思恩格斯的严厉批判。这一批判占据了《形态》的大部分篇幅。正是为了与施蒂纳的孤立在社会之外的"唯一者"相对立，马克思在《形态》中强调："我们的出发点是从事实际活动的人。"② 于是，我们看到，马克思在《形态》中一方面丰富发展了《手稿》中的辩证人本论思想，另一方面通过对施蒂纳的"唯一者"的大量批判，进一步从人本立场上阐述了他的唯物主义历史观思想。在这个意义上可以说，辩证人本论也是形成唯物史观的哲学基础。对此，我们而后还要重点研究。

3. 作为人类生存发展方式的"社会共同体"：唯物史观的承载主体

马克思的历史观作为人类学历史观，还在于他对人的类群存在方式——共同体强调。从人的社会性、从辩证人本论出发，也必然要强调人的社会共同体的作用。如果说，马克思的唯物主义历史观是对于人类历史发展规律的揭示因而是站在全人类立场上讨论问题的话，那么，这种规律正是发生在人的社会共同体中。共同体是历史性的人类学实体。马克思在

---

① 《马克思恩格斯选集》第1卷，人民出版社1995年版，第78页。
② ［德］马克思、恩格斯：《德意志意识形态》（节选本），人民出版社2003年版，第17页。

《形态》中大量讨论的"共同体",其意义就在这里。共同体作为人类的生存发展形式,是一种人类学的具体存在,只有站在人类学立场上才能发现它的重要性。事实上,唯物史观所发现的社会形态,不是架在任何共同体之外的社会形态,因为任何社会形态总是一定人们的社会共同体或所有共同体的社会形态。从而,生产力与生产关系、经济基础与上层建筑以及意识形态,都不能不是一定社会共同体的内部规定,都是从属于一定的社会共同体的。只有社会共同体,才能给这些范畴以具体的形态。历史和历史规律,都不过是社会共同体生存发展的历史和规律。它们不是在社会共同体之外别的什么地方发生的,它正是在种种足够大和足够复杂的社会共同体(如国家)内部和相互之间发生的过程。因而,只重视唯物史观而忽视社会共同体的理论,就会把唯物史观架空,成为独立于任何共同体之外的形而上学理论。这不利于把握马克思哲学思想的真谛。我们说人是历史的主体,这个"人"不是表征个体,也不是表征类,它具体就体现在作为个体与类的统一的形形色色的有相对独立性的社会共同体中(如国家)。

重要的是,把唯物主义历史观置于社会共同体内部,就会看到社会共同体为了共同生存而出现的许多调控因素和制约因素,就有可能对历史进行具体分析,而不会像马克思所反对的那样把它作为普遍的公式乱套乱用,走向简单化、抽象化的错误道路。

马克思把人的社会共同体,视为有"共同关系"的整体。在阶级对立的社会里,这种共同体中的个人,"只是作为一般化的个人隶属于这种共同体,只是由于他们还处在本阶级的生活条件下才隶属于这种共同体",即由阶级组成的共同体。而只有在消除了阶级统治的社会里,即在"控制了自己的生存条件和社会全体成员的生存条件的……共同体中……各个成员都是作为个人参加的。它是各个人的这样一种联合(自然是以当时发达的生产力为前提的):这种联合把个人的自由发展和运动的条件置于他们的[共同]控制之下"[①]。这里有两点要特别注意:其一,社会共同体是阶级社会和非阶级社会的共同的存在形式,因而值得认真研究;其二,任何社会共同体都以某种"共同关系"即公共关系为基础,马克

---

① [德]马克思、恩格斯:《德意志意识形态》(节选本),人民出版社 2003 年版,第 66 页。

第四章　1845—1848：马克思从社会历史上对人和人类世界的深入把握 / 87

思具体表明，即使对立的阶级之间也有基于某种利益依存的"共同关系"。这就表明，研究这种社会共同体，研究它内部的与外部的共同关系即公共关系，是理解和建设社会共同体的前提，今天尤其是这样。顺便一提：如果把前述马克思的社会人本主义，置于社会共同体中的"共同关系"即公共关系之中，它就具体体现为"社会公共人本主义"，这是1844年形成的与费尔巴哈自然人本主义相对立的"社会人本主义"的进一步发展。我们以后要经常使用这一马克思主义哲学范畴。

理解马克思的社会共同体理论，是正确理解唯物史观和革命政治哲学的前提。统观马克思从1844年到1846年的哲学探索，可以看出，他是在既借重又否定费尔巴哈人本主义、赫斯的哲学共产主义、李嘉图的古典政治经济学等等基础上，针对"时代的迫切问题"而探讨人类世界的生存发展与自由解放问题的。在这一探讨中，他创立了以人的人类学存在与人类学发展为内容的人的解放哲学。这一哲学作为"解释世界"的理论哲学构建，在马克思1847年把"正义者同盟"改为"共产主义者同盟"之后，转变成了行动，转变成了以无产阶级为历史力量的"改变世界"的哲学。这种改变的立场，是要借助无产阶级力量而实现人类学意义的改变。它具体体现在紧接而来的《共产党宣言》中。

三　1847—1848：开创人类解放新时代的革命政治哲学的构建

（在工人革命运动高涨时空中对无产阶级历史使命的寄托）

马克思自由精神发展的顶点，是对备受压迫而失去自由的广大无产阶级自由解放的争取。马克思恩格斯自参加"正义者同盟"并促使其改变为"共产主义者同盟"之后，就积极为无产阶级的自由解放而奋斗。1847年起草而在1848年出版的《共产党宣言》（以下简称《宣言》），是在欧洲工人革命运动高涨时空中完成的革命政治哲学。这是马克思面对资本主义制度的不合理、非法性统治的哲学批判，它是在唯物史观、经济哲学和现实的阶级斗争形势基础上，对于历史发展趋势的总体性分析。《宣言》表明，马克思始终是站在社会经济状况这一立场上得出政治、哲学命题的。它是无产阶级解放的具体化，是科学社会主义运动的理论表现，也是在与各种工人运动理论的争锋中捍卫科学社会主义的经典。它特别批判那种站在封建专制主义一边的所谓"真正的"社会主义。这种社会主义"诅咒自由主义,诅咒代议制国家,诅咒资产阶级的竞争、资产阶级的出版自由、资产阶级的法、资产阶级的自由和平等"① 这些代表了历史进步的东西。马克思恩格斯把它们列入"反动的社会主义"一边,这是令人深思的。它表明,现代性的马克思主义,应当是在这种"自由主义,代议制国家,竞争、出版自由、法、自由和平等"基础上的进一步发展,即既切除其为资本服务的性质,又把它进一步发展为全体公民共同规定、共同遵守和享有的并且因而在社会主义前提下进一步发展了的东西。它表明,反对这些只能倒退到封建专制主义的阴沟。科学社会主义之所以科学,只能是在此历史发展基础上的进一步发展,消除资产阶级对资本的独专,把"资本"转化成为社会的普遍福利,才能是一种历史性的进步。显然,马克思所要求的社会主义革命,只能是建立在由资本主义所开辟出来的现代政治文明基础上的革命②,他要求"代替资产阶级旧社会的",是实现了思想解放、政治解放、经济解放和阶级解放的"自由人的联合体",表明它是由资产阶级政治革命已经开辟出来的自由和平等的升华,是它在全体人民中的实施。否则,自由人的联合体就无法实现。由此可以看出,马克思不是站在狭隘的阶级立场上看问题的,而站在人类学价值立场、世界历史立场上看问题的,否则,他就不会在《宣言》中对资产阶级做出充分的世界历史性的肯定,也不会把"每个人与一切人"的自由发展这种人类学价值原则作为革命力图实现的方向。正是这一点,表明它不过是马克思1843年的"全人类解放"的人类学思想在新的"时代问题"中的时代表现。

《宣言》作为一种政治哲学,在于它是关于人和人类世界的哲学在具体的历史时代向社会历史领域的深化,是由广义的人类解放理论向狭义的无产阶级解放理论的深入。它站在人类历史发展的高度,既指出了资产阶级的历史功绩和进步性,也指出了无产阶级利益的世界历史性和在当时历

---

① 《马克思恩格斯选集》第1卷,人民出版社1995年版,第496页。
② 然而,这里存在着一个隐性的悖论:《宣言》要求在现代文明国家进行暴力革命,但是,现代政治文明作为一种民主协商文明,原则上已不可能发生暴力革命。暴力革命只能发生在暴力统治的国家。历史表明,无产阶级与资产阶级,作为在生产中互相依存的阶级,不能不在对立中还具有可调和的一面。所以,一旦无产阶级得到较为合理的报酬而能够合理生存,阶级斗争就变成了阶级合作。

第四章 1845—1848：马克思从社会历史上对人和人类世界的深入把握 / 89

史条件下以革命的方式走向实现的可能性。它的目的，是在"政治解放"的基础上，进一步消灭由于私有制导致的阶级差别，阶级对立，实现劳动者的阶级解放和经济解放，以及那种导致阶级和阶级对立的生产关系的改变，创造这样一种联合体：

> 在那里，每个人的自由发展是一切人的自由发展的条件。①

马克思表明，这是整个人类的历史发展趋势，是代表全人类发展方向的真理和正义。《宣言》的历史性、人类性的普遍价值正在这里。

当然，由于无产阶级未能站到这一高度上"联合起来"，从而使《宣言》所要促进的革命并未发生，使《宣言》成了历史的吼声。如果像恩格斯所反思的那样，"历史表明我们也曾经错了"，那是由于：解放的价值要求和革命的激情，导致了对无产阶级的阶级性和历史使命做了书生气式的过高的估计和期望，而对无产阶级作为朴实的劳动人民的合理生存要求对斗争的左右作用理解和估计不足（正是由于"合理生存"要求的作用，当资本家能够满足这一点时，阶级斗争就转化成了阶级合作），并且，对资本家为了自身的安然存在能够对工人的斗争做出让步以通过改善劳资关系而有利于生产和自身的长远利益，即他们具有自防本能②这一点，及这种改善对社会主义运动的影响，也估计不足；对国家为了自身的安全和发展而超越阶级性之上的调控作用（即国家的自防本能的表现）也估计不足。正是这些方面，导致科学社会主义在西方以民主为特征的现代性社会中失势，这也是民主社会主义在西方民主社会中得以兴旺的根本原因③。至于列宁以后的东方社会主义革命，则是在马克思当时未做深究的近代性社会（专制暴力统治与民众生存危机）基础上发生的，对这种

---

① 《马克思恩格斯选集》第 1 卷，人民出版社 1995 年版，第 294 页。
② 自防本能，是笔者琢磨出来的概念，用以指称社会组织自身的生存机能和这种生存机能对于外在事物作用的适应性改变，包括改变自身。见有关章节的讨论。
③ 应当说，无产阶级首先是为自己的合理生存这一实在要求而直接起而斗争的，而不是为了自己的历史使命起而斗争的。一切以血的代价换取生存的暴力斗争，都只能以普遍的生存危机的严重存在并无望改变为前提，而这只有在以权力私有制和暴力统治为基础的近代性社会中才会存在，在以民主（权力公有制）和协商（议会即是协商机构）为基础的现代性社会则不可能长期存在，这是社会主义革命未能在西方现代性社会出现而却在东方近代性社会发生的根本原因。

国家在一定机遇下能够独立完成社会主义革命,《宣言》也未触及。直到晚年的"东方社会"可以跳过"卡夫丁峡谷"的设想,才触及这一问题。但《宣言》构建的劳动阶级的革命政治哲学精神,在一切政治压迫与生存危机的社会里都是普适的。正是这一点,启发了东方广大的处于生存危机边沿的工农群众的革命运动和知识分子的民主运动以及两者的自然结合。这,也许可以称为《宣言》的"边际效应"。

由《宣言》可以看出,马克思在上述诸方面之所"破",已显示出他之所欲"立",这就是力图创建一个符合人类本性的、能够使人类合理生存和健全发展的合理合法的人类新社会。这个新社会、新世界,就是被称作"共产主义"的、由"自由人的联合体"构成的新世界。这与他早年的自由解放哲学是一脉相承的,是这一哲学精神在阶级斗争激烈情况下的自然表现。而不论社会阶级情况如何复杂,这一革命的根本目的,就在于构建"每个人的自由发展成为一切人自由发展的条件"的联合体,这表明了社会主义革命的人类学价值方向。

由上可以看出,马克思这几年的努力,是对他关于人和人类世界的哲学的深入把握。它既与以前的哲学思想一脉相承,又是其结合新的时代问题的新的发展。这里没有"断裂",只有深入。

第 五 章

1857—1883：马克思从经济学人类学视野对人类世界深层问题的哲学揭示

小引：马克思在中期以后的基本意向和基本努力，是通过经济科学揭示现实世界的不合理性并为人类解放探索正确的道路。这样，他就以经济学为基础进一步发展着他关于人和人类世界的哲学。这体现在他对人和人类发展问题的进一步深入把握：人的解放的历史发展三阶段论；生产力与生产关系的矛盾推动的上层建筑变革的规律；剩余价值推动资本积累及其不合理分配必然导致资本主义解体的经济学—哲学思想；对辩证法的人类学理解的完成以及在最后十年返回到对全人类问题的直接关怀等。问题在于：人们只是直观地理解马克思直接的理论表述，而不明白这些都是从人类学视野和人类学价值精神出发的研究，从而也不明白他最后十年关注实证人类学对他一生的人类学价值追求的重要性。

新词：经济学视野，经济学—哲学，人类学辩证法，实证人类学，人类学视野

马克思一生的哲学历程大体如下：1844 年之前，主要是从人类学视野对于人类自由和人类解放的探索和张扬。1844 年的《手稿》，一是从人类学视野对于人的人类学特性的研究，这形成了他的人类学—哲学构建；二是从人类学视野对于人类在资本主义阶段的政治经济学的批判研究，这形成了他的经济学—哲学构建；三是从人类学视野对于人与自然界的生存关系的研究，这形成了他的人类生态学构建。当然，这三者又是相互渗透的。在此基础上，1845 年到 1848 年，出现了哲学思想的进一步发展：在

人类学视野之下对于人类实践、人类历史和人类克服历史发展危机的革命政治哲学的构建。此后，即从1857年直到1883年去世，马克思在这些哲学理念基础上，特别是在《手稿》开辟的人类学视野和经济学—哲学基础上，对人类发展解放问题做了许多深入思考，使以前的一些哲学理念得到了更深入的发展并趋于完成。"人类学视野"贯穿马克思一生哲学思考的时空。在这个意义上，马克思的一切哲学思考都可以视为广义的人类学的哲学范围。这些哲学构建的核心，是全人类如何摆脱不合理、非法性统治而实现人的合理生存与健康问题。这也就是说，马克思后期的经济学—哲学构建，与他的人类学的哲学构建是一脉相承的。他最后几年向实证人类学的回归，表明了这种一脉相承的关系。这里，我们突出讨论以下几点。

一　1857—1858：对人类解放历程的人类学高度的审视
（在其经济学和广义唯物史观语境中的哲学构建）

自从马克思由历史的人类深入人类的历史之后，他对人的自由解放就有了更为深入的理解，这就是把整个人类的历史活动理解为他逐步实现自由解放的历史过程。这个历史过程的内在逻辑，就在于人类的自由精神是一种愈久愈坚的人性动力，它在人的历史发展中不断挣脱枷锁，实现历史条件所可能实现的自由，从而不断创造人类自由解放的新境界。

1. 从人类学高度对人类自由解放历程的哲学揭示

人类解放问题，不只是马克思青年时代的"理性的激情"，而是他一生都在考虑并为之奋斗的问题。在《1857—1858年经济学手稿》中，马克思在经济学研究的基础上，确立了一系列的有关人和人类世界的哲学原理，如人的自由发展、全面发展即健全发展问题，自由与平等问题，关于人的价值创造问题，异化问题等等。特别重要的是：马克思发现了人类发展解放的三大历史阶段：这就是人的社会生存关系的发展阶段：从"人的依赖性"时代，发展到"以物的依赖性为基础"的"人的独立性"时代，再发展到以"人的全面发展"为基础的"人的自由个性"时代，提出了有名的人类解放的三阶段论：

人的依赖关系（起初完全是自然发生的），是最初的社会形式，在这种形式下，人的生产能力只是在狭小的范围内和孤立的地点上发展着。以物的依赖性为基础的人的独立性，是第二大形式，在这种形式下，才形成普遍的物质变换、全面的关系、多方面的需求以及全面的能力的体系。建立在个人全面发展和他们共同的、社会的生产能力成为从属于他们的社会财富这一基础上的自由个性，是第三阶段。第二个阶段为第三个阶段创造条件。①

这三大发展阶段表明了这样一种发展规律，人的自由解放的实现，第一步要从人对人的依赖即从"人对人的统治"中解放出来，取得人的独立性。不用说，贵族统治、阶级统治、特权统治、暴力统治等等都是人统治人的表现。第二步要从"物对人的统治"中解放出来，人的发展不再受限于物，这也就是要从自然对人的统治、所有制对人的统治、贫困对人的统治中解放出来。第三步，是在人的独立性和社会共同占有社会财富（"社会所有制"）的基础上，实现自由个性，即个人在知识上的、人格上的、精神上的、能力上的"全面发展"即健全发展，这就是真正的自由解放的实现。这样一种发展历程，也就是马克思所说的人类从"自然必然性王国"向"自由王国"发展的规律。当然，所有这些解放历程，不是建立在人的主观意愿之上的，而是建立在生产和生产力的发展特别是科学技术的发展、人的思想道德力量的发展之上的。这显然是站在人类学高度上对人类历史内在规律的更深入一步的理解。因为只有站在人类学高度上，站在世界历史的高度上，才能发现人类生存依赖关系的这种从必然向自由的发展。

2. 对人类自由解放的条件和特征的揭示

"人的解放"的三阶段论，实际上也就是人类自由解放的规律论（从客观上说）和条件论（从主观愿望上说）。它不是由任何人的主观愿望来决定的，而是社会历史发展进程的产物。马克思对此有重要描述：

其一，马克思从一开始就注意到了人类解放的社会伦理政治条件，并一再强调这种条件：人类解放，"只有当现实的个人把抽象的公民复归于

---

① 《马克思恩格斯全集》第 30 卷，人民出版社 1995 年版，第 107—108 页。

自身，并且作为个人，在自己的经验生活、自己的个人劳动、自己的个体关系中间，成为类存在物的时候，只有当人认识到自身'固有的力量'是社会力量，并把这种力量组织起来因而不再把社会力量以政治力量的形式同自身分离的时候，只有到了那个时候，人的解放才能完成。"①

> 个人的全面发展，只有到了外部世界对个人才能的实际发展所起的推动作用为个人本身所驾驭的时候，才不再是理想、职责等等，这也正是共产主义者所向往的。②

马克思在这里表述的是他的一贯的思想，即个人同时体现着类群的要求、个人自身的力量结合成由他们自身控制的社会力量即自由人的联合体时，即类与个体在社会中达到一致时，人类才能解放。但是，不应当把这种条件视为消极等待，依据马克思的思想，人应当在历史可能性特别是物质生产具备的前提下主动创造和实现这些条件，积极主动追求人的解放。一切自由解放都只有在汗与血的争取中才能获得。而这种斗争，正是建立在不论什么社会条件下的每个人和一切人对自由、真理、正义的追求之上。没有这种追求，就不会有任何自由解放的实现。这是马克思自由解放论的社会政治意义和现实促进力量之所在。

其二，马克思把人类解放当成一种世界历史发展过程，即它建立在物质生产力的发展和人的社会关系、人的精神、人的能力的提高基础上。他在这之前就强调：人类解放，在于每"个人向完整的个人的发展"③，在于"人终于成为自己的社会结合的主人，从而也就成为自然界的主人，成为自身的主人——自由的人"④。

> 全面发展的个人——他们的社会关系作为他们自己的共同的关系，也是服从于他们自己的共同的控制的——不是自然的产物，而是历史的产物。要使这种个性成为可能，能力的发展就要达到一定的程

---

① 《马克思恩格斯全集》第3卷，人民出版社2002年版，第4、189页。
② 《马克思恩格斯全集》第23卷，人民出版社1972年版，第535页。
③ 《马克思恩格斯全集》第3卷，人民出版社1960年版，第77页。
④ 《马克思恩格斯全集》第25卷，人民出版社2001年版，第414页。

度和全面性，这正是以建立在交换价值基础上的生产为前提的。这种生产才在产生出个人同自己和同别人相异化的普遍性的同时，也产生出个人关系和个人能力的普遍性和全面性。①

对此，他寄希望于未来的理想社会：共产主义。

其三，马克思注意到人类在世界历史发展中的不平衡性，所以晚年进一步开始了对人类史和东方社会的研究，从不同社会历史考察人类走向解放的具体的多种可能道路的探究。

其四，马克思从人与自然的关系、人与人的关系以及人与自身的关系、必然王国与自由王国的关系等等人类学方面，在《资本论》中综合考察了人类解放的特征：

> 事实上，自由王国只是在由必须和外在目的规定要做的劳动终止的地方才开始；因而按照事物的本性来说，它存在于真正物质生活的彼岸。……这个自然必然性的王国会随着人的发展而扩大，因为需要会扩大；但是，满足这种需要的生产力同时也在扩大。这个领域的自由只能是：社会化了的人，联合起来的劳动者，将合理地调节他们与自然之间的物质变换，把它置于他们的共同控制之下，而不让它作为盲目的力量来统治自己；靠消耗最小的力量，在最无愧于和最适合他们的人类本性的条件下来进行这种物质变换。但是不管怎样，这个领域始终是一个必然王国。在这个必然王国的彼岸，作为目的本身的人类能力的发展，真正的自由王国，就开始了。但是，这个自由王国只有建立在必然王国的基础上，才能繁荣起来。工作日的缩短是根本条件。②

在这段话中，马克思提出了人的自由解放的五大特征，五大条件：

（1）劳动不再有必然性的外在的被迫的目的，而成了人们发展自己的内在需要。

（2）生产力能够满足人的不断扩大的物质需要。

---

① 《马克思恩格斯全集》第30卷，人民出版社1995年版，第112页。
② 《马克思恩格斯全集》第25卷，人民出版社1974年版，第926—927页。

（3）人的自由而合理的联合以及他们与自然之间的合理的关系，使自然在人的合理的调节控制之下不再有害于人类，即人从自然界的必然性统治下的解放。

（4）人以合理的方式（消耗最小的力量）实现人与自然的合理物质变换而不是征服掠夺自然，以实现人的合理的需要（无愧于人类的良好本性的需要，而不是"滥费"物质财富）；这里当然也包括人与人的合理物质变换即分配在内。因为"联合起来的劳动者"只能建立在物质的均衡分配、合理分配的基础上。按劳取酬、各取所需的"需"，只能是满足基本生存发展需要的"需"，特别是在生态危机的今天和今后。

（5）人类能力的自由而健全的发展。这里的"能力"当然包括人克服自己不良本性（动物性）的能力，即作为个人的和类的道德力量的提升，即人成为人类学意义的人等等。

这些思想表明，人类解放不仅仅是从物质财富限制中的、组织方式限制中的解放，更要包括从思想观念和不良人性中的解放。这也就是要求人同时从愚昧无知和动物本性对人的统治中解放出来。因为人是精神的存在物，有什么样的精神就有什么样的人，精神愚昧的显著而突出的表现，是无知、贪欲、偏执、炫耀狂、宗教狂、支配狂、暴力狂、意识形态狂等等在精神深处对人的控制。人只有从种种精神愚昧对人的统治中解放出来，才能实现真正的健全发展与自由解放，当然，在这里还包括从自然界的奴役中的解放。

马克思所发现的人类走向解放的这种世界历史发展趋势，从深层次上把握住了人类发展解放的辩证法。它把马克思在1843年提出的人类解放，建立在历史发展的辩证规律的基础上。至此，方显出马克思人类解放思想的历史深沉性。

人类解放是马克思一生的追求和多次论述到的主题，也是他"因为人而为了人"的人类学情结和人生夙愿的不同表达。他的终极追求，是"人的自由而全面的发展"，即人的健全发展——或者都是一样——健康发展与自由解放。因此，马克思的关于人和人类世界的哲学，就是以人类的自由解放为核心的哲学，在这个意义上，称之为"解放哲学"也是可以的。

由上面的分析可以看出，马克思的这些思想显然是一种广义的人类学思想，是人类学解放论，是任何阶级观念和阶级分析都不能穿透的，因为它达不到这一深度。只有人类学的观念和人类学的分析法,即人类学世界观和人类学思维范式,才能得出这些人类学结论。

二 1859：以生产力逻辑对历史发展规律的把握
（狭义唯物史观的形成）

从人类学高度审视人类自由解放的发展历程,是对人类历史发展的宏观把握。但是,人类历史为什么会有这种宏观发展趋势？其内在的根源在哪里？这就需要从内在动力上进行回答,马克思以如下简洁而深刻的语言回答了这一问题:

> 人们在自己生活的社会生产中发生一定的、必然的、不以他们的意志为转移的关系,即同他们的物质生产力的一定发展阶段相适合的生产关系。这些生产关系的总和构成社会的经济结构,即有法律的和政治的上层建筑竖立其上并有一定的社会意识形式与之相适应的现实基础。物质生活的生产方式制约着整个社会生活、政治生活和经济生活过程。①
>
> 社会的物质生产力发展到一定的阶段,便同它们一直在其中活动的现存生产关系或财产关系……发生矛盾。于是,这些关系便由生产力的发展形式变成了生产力的桎梏。那时社会革命的时代就到来了。随着经济基础的变更,全部庞大的上层建筑也或慢或快地发生变革。②

这里以生产力的发展为根据,指出了它与生产关系的适应与不适应的矛盾,是历史发生变革的根源。并且表明,社会的基本结构就是由经济基础、上层建筑和意识形态构成的由基础到表现的三维结构,而这种三维结构的变更,则在于处于根基地位的生产力的发展。这就使人们对"整个人类世界"即各种社会共同体的内在辩证法有了深切的理解。这就让人们以历史名义对构成人类社会整体的基本环节——作为基础的物质生产方

---

① ［德］马克思：《政治经济学批判》,人民出版社 1964 年版,第 2—3 页。
② 同上书,第 3 页。

面,作为其上层的制度建筑方面、以及作为二者的精神表现的意识形态方面——的制约关系,即社会存在决定社会意识的制约关系,和其内在动力机制(生产力与生产关系的矛盾)及其导致的规律性的发展变革,有了科学的把握。从而,把关于人和人类世界的哲学,关于人类解放的哲学,建立在对社会共同体内部矛盾机制的规律性作用之上。在这个问题上,马克思由抽象的哲学价值观的诉求,进一步上升到了科学的实证的论证上来。这就把马克思关于人和人类世界的哲学以科学论证的形式表现出来。马克思自己也发现:"这样按照事物的真实面目及其产生情况来理解事物,使任何深奥的哲学问题……都可以十分简单地归结为某种经验的事实。"[①] 哲学史表明,马克思的这些思想,可以说是对德国近代哲学关于历史规律的思想的一种现代性的完成。例如:康德认为,"人类的行为,正如任何别的自然事物一样,总是为普遍的自然规律所决定的。"[②] 黑格尔也认为:"历史上的事物个个不同,但是,普遍的内在的东西……只有一个。"[③]

这种普遍的"只有一个"的规律是什么呢?把这和马克思恩格斯在《形态》中的人类学思想联系起来看,这就是人的生命的能动性、人的生命的生存发展需要,推动人的生产发展,而人的生产发展又推动人的生产力发展,以及由此规定的生产力与生产关系的辩证运动机制和它的政治实现。

问题是,人们往往仅就这里表述的以生产力发展的逻辑为根据的历史观来理解唯物主义历史观,把它概括为"关于历史发展的一般规律的科学",但这仅仅是狭义的从社会历史的内部核心的理解。这一理解,当然是建立在1846年的《形态》中的人类学理解的基础上的,在那里,马克思从人类学高度把历史概括为"关于现实的人及其历史发展的科学"。学术界因而提出了广义历史唯物主义与狭义历史唯物主义的区别。但是,这不是两种主义:狭义不过是对广义的深化,是广义内部的微观机制;广义突出的是人的人类学的生存发展活动,是狭义机制的整体特征。二者是整

---

① [德] 马克思、恩格斯:《德意志意识形态》(节选本),人民出版社2003年版,第20页。

② [德] 康德:《历史理性批判文集》,何兆武译,商务印书馆1990年版,第1页。

③ [德] 黑格尔:《历史哲学》,王造时译,上海世纪出版集团、上海书店出版社2001年版,第5页。

体与其内在核心的关系,是同一个人类活动规律。只要把这种生产力逻辑返还于人的生存发展活动之中,这两种不同表述就统一起来了。正是由于"有生命的个人"的存在,他们的生存发展需要,才推动生产力的发展。所以,人的生存需要是历史发展的最终根据。在讲这些规律时,我们不能忘记人和其社会共同体的积极能动的作用。

然而,这毕竟是两种不同的思想。如果我们把这里的思想与1846—1847年的人类学历史观、1857—1858年的人类学解放观加以对照就会发现:前者是以"人类性"为根据的,是一种人类学思想,这里以及在《宣言》中的思想,则是以阶级性为根据的,是一种阶级论思想。那么,二者是不是矛盾的呢?马克思的思想丰富性和现实适应性就在这里。如我们在别处所分析,这是由马克思的双重历史任务和双重理论思考所决定的,而这种双重历史任务又是由其所处时代的双重性质和他因而产生的双重追求所决定的。马克思既追求无产阶级解放,又追求全人类解放(虽然他力图把二者结合成同一个东西),这就使他不能不既产生以阶级性为根据的对无产阶级解放的政治思考,又产生以人类性为根据的为全人类解放的哲学思考,因而,在马克思那里,就出现了双重理论构建。如果我们要加以区别,不妨把前者称为广义唯物史观,广义马克思主义;把后者称为狭义唯物史观,狭义马克思主义。"狭义"自然可以包含在"广义"之中。在今天,是应当光大马克思的广义理论体系的时候了。只有这样,马克思主义才能与当代的时代精神结合起来而推动时代发展。

三 1867:《资本论》对经济学—哲学和 人类学辩证法的发展

1.《资本论》对经济学—哲学的发展

1867年,马克思毕生最重要的经济学—哲学著作《资本论》第一卷出版,包括在恩格斯手中才整理出版的第二、三卷,系统研究了现代经济活动原理即资本的产生、增值、运动的内在逻辑。于是,还在《手稿》时期就力图诞生的、揭示现代经济社会内在的不公平、非正义的"经济学—哲学"就完成了。在《手稿》中,马克思已开始了经济学和哲学的结合,但两种学科的分立还比较明显,经济学的事实和哲学的结论,往往是分立着的，甚至以不同的篇章体现出来。经过《1857—1858年经济学手稿》到《资本论》的出现，马克思则从人类学高度出发，把经济学和哲学融合成了同一个东西：经济学—哲学，所以，任何仅仅从经济学上理解马克思的《资本论》，都是对马克思思想理念的割裂，都会出现这样那样的否定性意见。而马克思在经济学中透露出来的深层哲学理念，又是立足于人类学基础之上的，是为人类解放这一终极目标服务的。

总的来看，《资本论》从作为资本主义的核心范畴"资本"如何在商品、货币的运动中产生，如何通过购买劳动力而进入生产、流通的循环、运动、转化之中，在不同的阶段表现为不同的职能和性质，特别是资本作为产业资本，如何从"货币资本"通过购买劳动力这种特殊的能创造价值的商品而转变为"生产资本"，在生产资本阶段如何通过劳动力创造剩余价值于商品之中而转化为增值了的"商品资本"，以及通过出卖又如何返回到扩大了的货币资本之中……在这种不断循环中如何包含着阶级的生产关系和社会的性质，体现着资本增值的复杂的系统的动态过程。并重点考察在这种过程中，剩余价值是如何产生、增值并在这一过程上如何"合理"流向资本家那里的。所以，马克思的《资本论》实质上是剩余价值经济学。它揭示了剩余价值的产生、形成、壮大和归宿的各个环节。为能揭示剩余价值的本质，它区分了劳动和劳动力、使用价值与交换价值、不变资本与可变资本、绝对剩余价值与相对剩余价值等等，以及它们在资本的生产过程、流通过程、生产与流动的总过程中不断增长的运动中展开，从而解析了资本主义之锁的秘密。

所以，建立在劳动价值论之上的剩余价值理论，作为揭示经济事实的经济学范畴，同时又是揭露社会问题、社会不平的哲学范畴，是为真理、为正义而奋斗的人类学的哲学范畴，即它揭示了资本主义在本质上的不公平、非正义是怎样在公平正义的外衣下进行的。马克思把揭示不公平非正义的钥匙交给工人，就是希望这个阶级能用这把钥匙，从根本上解决资本主义的不公平与非正义，为构建在根本上公平正义的下一个世界而奋斗。所以，《资本论》揭示的是资本统治的现代社会，是建立在劳动者创造的剩余价值从劳动者那里"合理"分离出来而促进了资本主义发展的社会历史过程，而这一过程的揭示又是为人类脱离资本统治而走向未来的能让每个人与一切人都能自由发展这一人类学方向的总体目标服务的。所以，《资本论》的核心范畴如资本、劳动价值论、剩余价值论等，不仅是经济学范畴和哲学范畴,更是人类学范畴。仅仅看到经济学或进一步看到其哲学意义,都还没有理解马克思。对此,我们拟另外专门讨论。从《资本论》可以看出,马克思是把自己的人类学的哲学诉求,建立在经济学的科学原理之中的。这里,仅仅简单突出它的以上"经济学—哲学"的特色。

2.《资本论》对人类学辩证法的发展

马克思在《资本论》中进一步完善了他在《手稿》中开始的人类学辩证法的哲学思想。他的辩证法不能不是他从黑格尔那里生发出来的最为重要的哲学思想和哲学方法。但是,马克思在这里并没有(像有些人所想象的那样)"继承"黑格尔的辩证法——关于一切自然的、物质的和精神世界的辩证法,恰恰相反,马克思关注的是人和人类世界,他集中思考和讨论的是人和人类世界的辩证法,即人和他的社会历史的辩证法。上述生产力与生产关系的矛盾,经济基础、上层建筑与意识形态的矛盾,就是他对人和人类世界辩证法的最典型、最深刻的把握,以及商品—货币—资本这种现代人类世界在物质生产方面的最为重要的辩证运动。这些都是对人和人类世界的辩证法的最深刻的揭示。《资本论》更是揭露资本的一系列具体而精细的辩证运动的。我们很难找到他关于自然的、物质的和精神世界的总体辩证法的论述。就他集中对辩证法及其方法的论述来看,主要体现在1867年出版的《资本论》中。他首先强调他的辩证法与黑格尔的唯心主义辩证法正相反对:

> 我的辩证法的方法,在基础上就不只与黑格尔的辩证法的方法不同,而且是它的正相反对。在黑格尔看来,思维过程,它在观念这个名称下转化为一个独立主体的思维过程,是现实事物的创造主,现实事物不过是它的外部现象。反之,在我看来,观念的东西不过是在人类头脑中变了位并且变了形的物质的东西。①

马克思这里所说的"物质的东西"不过是指"现实事物"即客观的东西,即作为思维过程、思维方法的辩证法,不过是对现实事物辩证法的

---

① [德] 马克思:《资本论》,人民出版社1963年版,第2版的跋,第22页。

自觉的掌握和运用。这集中体现在他的《资本论》的理论构建方法之中。马克思没有把辩证法理解为整个物质世界的或自然界的辩证法。相反，他强调的辩证法主要是人间的、人类世界的与人们的生活息息相关的辩证法。如下的话代表了他关于辩证法的基本思想：

> 在它的合理形式上，辩证法却引起了资产阶级和他们的夸夸其谈的代言人的烦恼和恐怖，因为它在现存事物的肯定的理解中，同时包含有它的否定的理解；它的必然灭亡的理解；它对每一个已经生成的形态，都是在运动的流中，从它的暂时经过的方面去理解；它不会屈服在任何事物面前，就它的本质说，它就是批判的、革命的。①

马克思这里所说的辩证法，显然是指社会历史中的"现存事物"自身的内在矛盾，内在的否定性，这种具有自身否定性的事物推动自身的变化发展，从现存的状态走向灭亡，所以才会引起力图保护现在状态的"资产阶级和他们的夸夸其谈的代言人的烦恼和恐怖"。因此，马克思所说的辩证法，主要是人和人类世界的辩证法。它表明辩证法是人和人类世界的必然性规律，也是人们理解人和人类世界的应当有的思想方法。所以，他才把辩证法作为揭示社会事物内在的辩证运动的方法运用于《资本论》中。

把这些思想与他早年在《手稿》中关于人的生命自身的辩证法（人的生命的个体性与类本性等等）结合起来，是一种完整的关于人和人类世界的辩证法思想。正是马克思对人和人类世界的辩证法的揭示，使关于人和人类世界的哲学得以形成较为完整的理论体系。对此，我们有机会还要专门研究。

前面三部分的讨论表明，马克思在他一生的主要时期的哲学思考，没有放弃他的人类学视野，也没有超出人和人类世界的范围。

---

① [德] 马克思：《资本论》，人民出版社1963年版，第2版的跋，第23页。

四 1873—1883：以实证人类学为基础 对人类解放多重道路的哲学探索

（在实证人类学展开的全人类史时空中的哲学探索）

马克思一生都在关注人类的生存发展与自由解放问题。在 19 世纪 四五十年代以哲学、人类学和政治学的方式关注这一主题，在五六十年代以经济学的方式关注这一主题，到了七八十年代，则最终直接以人类学的方式关注着这同一个主题，他的一生追求，表明了他的关于人和人类世界的哲学的特征，为关于人和人类世界的哲学指明了发展方向。

1. 马克思为全人类解放对新兴的实证人类学的哲学关注

马克思最后十年的哲学构建，是在 70 年代以后，一方面是巴黎公社在 1871 年的失败，另一方面是资本主义通过改革而经受了阶级斗争和经济危机的考验而走向了发展，无产阶级革命降到了低潮。在这样一种政治时空下，马克思一方面是压下资本论第二、三卷的整理出版，以观察资本主义的发展；另一方面是直接重返实证的人类学[①]，首先表现出对全人类史（东方社会与原始社会史）的关注，从而直接踏上了从"实证人类学"中研究人类普遍解放问题的道路。这一发展对马克思主义的理论发展来说是很重要的。俞吾金先生曾经深刻指出：马克思思想有"第四个来源和第四个组成部分"，这就是当时欧美新兴的实证人类学和马克思的原有的人类学思想的结合[②]。它形成了马克思思想发展史的人类学的也是最高的阶段。在这个视野下，马克思的哲学、政治经济学和科学社会主义理论，都具有人类性性质。都是在人类学背景下的构建——并且如前面所讨论，都能统一在关于人和人类世界的哲学理念中。可惜的是，马克思的这一更为深广的人类学研究，大部分是些笔记，并未能形成总的理论结果，但已有力地表明马克思的哲学是关于人和人类世界的哲学。

的确，这一时期，马克思很少再写其他革命性理论，把自己的主要

---

① 这些人类学笔记构成了《马克思恩格斯全集》第 45 卷。
② 俞吾金：《重新理解马克思》，北京师范大学出版社 2005 年版，第 3 页。

精力用于研究实证的人类学著作。马克思主要研究并做了笔记的有:《马·柯瓦列夫斯基的〈公社土地占有制,其解体的原因、进程和结果〉(第一册,1879年莫斯科版)一书摘要》,《路易·摩尔根〈古代社会〉一书摘要》,《亨利·萨姆纳·梅恩〈古代法制史讲演录〉(1875年伦敦版)一书摘要》《约·拉伯克〈文明的起源和人的原始状态〉(1870年伦敦版)一书摘要》和《菲尔〈制度和锡兰的雅利安人村社〉一书摘要》等。这些笔记在分量上仅次于他的经济学笔记,它表明马克思一生事业都是以人类为对象,以人类解放为中心的,所以他晚年直接回到人类学这门实证科学上来。这些笔记表明了人类的史前史和东方社会的发展状况,从而使马克思的哲学视野从西欧扩大到了东方和全世界,从封建专制主义、自由资本主义扩大到其前期的原始社会等等。通过对新兴的实证人类学的研究,马克思由对无产阶级的关注又转移到对全人类问题的再关注;由关注资本主义生产的历史发展,向关注全人类生存发展的方向转化;由关注西方历史向同时关注东方的历史发展转化;由唯物史观向人的生存发展观转化,从而力图构建新的人类生存发展的世界历史观。它们表明马克思在哲学层面上对整个"人类史"和全人类命运的关注。在这里,马克思有了许多新的思想,如:由历史发展的"单线论"向"多线论"发展[1],由单一途径(生产力)决定论向多种途径决定论(恩格斯后来总结为合力论)发展,认识到世界历史发展的不平衡性,生产力的多样性,人的多种选择性,历史发展的具体道路,以及唯物史观的相对性等等,从而在生产力尺度之外强调了人的尺度、人类学尺度的重要性。特别是,他关于东方社会可以通过公社的土地公有制而跳过资本主义的"卡夫丁峡谷",避免"遭受资本主义制度所带来的一切灾难性的波折"[2]而走向共产主义的理论,体现了一种深厚的对人类命运的社会主义人道主义的关怀。他不仅丰富发展了自己的历史观和人类观,而且从社会公共人本主义立场上关注着全人类的生存发展问题。因此,可以把马克思这一时期的哲学构建,概括为是为了全人类的发展解放的关于人和人类世界的哲学构建。这和马克思最初的哲学构建——关于人类世界、关于人类解放的哲学构建——是一致

---

[1] 尹树广:《晚年马克思历史观的变革》,黑龙江人民出版社2000年版,导言。
[2] 《马克思恩格斯全集》第25卷,人民出版社2001年版,第143页。

的，是在实证人类学基础上、通过人类学语言对前者的具体化和深化。而所有这一切，当然也可以视为是为了其唯物主义历史观上升到人类学高度所做的全面努力。

总的来说，1873年之后，马克思直接进入实证人类学的学科领域，意在探讨整个人类的合理生存与自由解放问题。在这个阶段，他的哲学求索眼界实现了三大超越：一是超越出了西方世界，转向同时关注东方世界；二是超越出了资本主义社会，同时关注原始社会和其他落后社会的发展；三是超越出了经济学、政治学和社会学的视野，上升到直接从人类学视野把握问题。通过这三大超越，把人的自由解放的哲学探索，直接上升到了人类学高度和人类学的哲学境界。遗憾的是，马克思未来得及从他的大量笔记中得出新的综合的关于人和人类世界的哲学结论。而这，乃是他的真正的后继者的任务。

2. 马克思关于人和人类世界的哲学与实证人类学、哲学人类学的本质区别

这里应当看到，马克思恩格斯本来就有一种从世界历史发展中形成的广义人类学思想，他们在自己的理论著述中有大量的广义人类学论述[①]，这时对实证人类学的研究，既不是为人类学而研究人类学，也没有走向抽象地研究人类的一般本性的哲学人类学方向，而是要通过人类学的一般问题而寻求人类自由解放的具体的多方面的实现道路。由于人的自由和解放也是人类学特别是后来由舍勒确立起来的哲学人类学所关心的主题，马克思在这种人类学的精神理念基础上，开始了他的结合人的具体的生产实践和社会矛盾而具体地探索人的自由解放的社会实现道路。可以说，哲学人类学是从哲学立场上抽象地研究人类一般的天然本性及其文化表现的"人类学"，它不涉及具体的社会政治问题；而马克思创立的关于人和人类世界的哲学，则是从哲学立场上研究人类的由于经济制度和社会政治问题而形成的人类生存发展与自由解放道路的"哲学"。二者在对象、内容、理念、态度和方法上都是根本不同的。所以，我们可以把马克思在这一时期的哲学构建，概括为直接以广义人类学思想为根基的关于人和人类世界的哲学的构建，可以看做是马克思开创的

[①] 李立纲：《马克思恩格斯人类学编年史》，云南民族出版社2008年版。

一种人类学的哲学，是马克思关于人和人类世界的哲学走向完成的努力。马克思反对一切奴役制度的革命奋斗精神，他本于人类学的自由、真理和正义的哲学追求，他对于一切不合理、非法性东西的批判，他对自由人的联合体的向往等等，不过都是他的"因为人而为了人"的广义人类学精神的不同体现罢了。总之，哲学人类学是抽象的人类学，而马克思的理论则是具体的以人类社会问题为对象的人类学的哲学①。因而，把马克思的哲学与抽象的哲学人类学区别开来，是正确理解马克思的关键。

总的来看，马克思在19世纪40年代从政治学和哲学上完成了人类解放理论之后，到了50年代，进而转向从经济学和历史来论证这种解放的合理性与合法性，这特别体现在《1857—1858年经济学手稿》、1859年的《〈政治经济学批判〉序言》和1867年出版的《资本论》第一卷中。在所有这些著作中，马克思都力求把经济学的科学性考察与人的解放的价值性思考结合在一起，建立了一种"经济学—哲学"的人类解放理论。而他的最后十年，不过是期望从实证人类学方面对这一切进行一种总括，完成他关于人和人类世界的哲学思考。

---

① 一直有一种意见，认为马克思建立的是一种哲学人类学（东欧），一种"辩证人类学"（北美）等等。笔者一直认为，这样理解就抹去了马克思的哲学创造，也不能广泛概括马克思的哲学研究。但也不能说，马克思的人类学—哲学没有先例。费尔巴哈的哲学人本学，实质上也就是从人的自然本性出发的人类学—哲学。马克思则从人的社会本性建构了他的人类学—哲学。研究这种人类学—哲学，是本书的中心任务，这里只能简单提及。

第 六 章

马克思哲学视域、哲学开创的
基本方面及其统一

小引：马克思的全部哲学构建，建立在他17岁时立下的"为人类的幸福而工作"这一人类学志向的基础上。这一志向与"时代的迫切问题"相结合，形成了他从人类学价值高度反对一切不合理、非法性问题的革命批判态度，由此开创了他一生的革命活动和理论生涯。马克思一生的哲学视域和哲学构建，都应当在这种人类学视野和人类学高度上来理解。他的理论活动的六大范畴，都建立在对整个人类命运的关注这种广义人类学基础之上。即使阶级、阶级斗争和无产阶级革命理论，也是在人类学意义上来揭示它的历史使命的。问题在于，迄今为止对马克思、马克思主义和其哲学的理解，都没有自觉意识到其人类学背景和"人类性"的一面，从而不能不以阶级性的马克思遮蔽了人类性的马克思。当代世界历史的发展，要求理解更伟大、更恢宏的人类学马克思。这样才能让马克思成为人类走向未来的引路人。

新词：时代的迫切问题，人类性的马克思，六大范畴、十二论题，人类学的世界观、价值观、方法论

在初步根据时序发展考察了马克思主要的哲学构建的基础上，应当进一步深入地从整体上、从深层实质上对马克思哲学加以分析，这就成了本章的任务。

自康德的三大批判问世以来，哲学中的批判思潮就成了辨别真理、寻求正义、审度合法性的基本方法。马克思作为创造关于人和人类世界的哲学这一新哲学的大师，更是要在对形形色色的似是而非的理论的批判中为

自己开辟道路。所以,马克思主要不是从正面提出人类生存的本质性要求,而是在批判不合理的旧世界时,把人类的生存合理性要求显示出来,从而创建了他的关于人和人类世界的哲学这一全新的哲学理念。

一 马克思主要哲学构建的历程与相互关系

1. 马克思主要哲学构建的时序发展

概括上面的讨论,马克思的哲学构建是随着时代问题的变换而不断发展深化的过程。

(1) 马克思从一开始就建立的"为人类的幸福"、"为人类而工作"的人类学抱负,形成了他的"因为人而为了人"的关于人和人类世界的哲学精神;这种哲学精神,哲学探索,促使马克思从一开始就为了人的自由幸福而到哲学中寻求理论支持。他通过其博士论文,在古希腊原子论中找到了人的能动性、创造性这种人类学的自由精神,这应当视为马克思的"本真精神"的起点。在这种自由的本真精神的主导下,进一步形成了他的全"新哲学观",即要求建立作为"世界公民"的即对世界历史怀有抱负、责任和担当而干预世界进步的"真正的哲学"。虽然其内容还比较抽象,但是,马克思确立了他的"人类精神的真正的视野",即人类学视野,此后便一直在这种人类学视野之下关注人和人类世界的重大问题。

(2) 由于参与社会斗争而遇到了"时代的迫切问题",即政治奴役和劳动奴役的非法统治,从而激起了马克思针对时代问题的"人类正义精神",即反奴役、反剥削的斗争精神,它支配了马克思对"真正的哲学"的构建。

(3) 1843 年,以上两方面结合、形成了他的以无产阶级解放和全人类解放这种双重解放为特征的人类学共产主义方向,马克思的共产主义是建立在人类性之上的,是从人类学出发的,所以,他的解放理论,在本质上是人类学解放理论。

(4) 1844 年,为了时代的根本"问题"的解决,马克思直接从经济学和哲学的双重视角研究人类社会,但是,由于这一研究是在马克思的广义人类学背景下的研究,因而在本质上也是一种关于人和人类世界的人类学的哲学研究,正是由于这种双重性质,才形成了他的人类特征论、劳动异化论和人本历史观,这是向关于人和人类世界的哲学的深入开拓,也是两大解放理论的哲学深化。

（5）1845年，马克思提出了人类学意义的实践，并提出了以"社会化的人类"为立足点观察人和人类世界的"新唯物主义"，从而使关于人和人类世界的哲学成了以人类学实践论为根基的新哲学。

（6）1846年，马克思进一步以人的生命存在及其物质生存活动为基础，创立了这一哲学的人本历史观；并从历史深度上把握了人和人类世界，这是这一理论的进一步深化。

（7）1847—1848年，马克思转向了社会现实，根据当时激烈的西方阶级斗争形势，形成了以阶级性为根据的以无产阶级解放为宗旨的革命政治哲学；这形成了他的以无产阶级解放为核心的狭义解放理论，成了科学社会主义的理论基础，但其方向则是人类学意义的"自由人的联合体"。

（8）1857—1858年，马克思从人的自由解放的历史发展视角，提出了人类解放的三阶段论和条件论，从规律层次上深化了他的人类学解放理论。

（9）1859年，马克思以经济学为根据建立了他的经济学—哲学理论，即以经济学的生产力与生产关系的矛盾运动为基础的历史发展规律的哲学理念，以及人类世界的辩证法本性，使马克思关于人和人类世界的哲学深入到了辩证规律的层次；同时，在以上诸多理论中，马克思都揭示了以人为根据的人本辩证法，并强调从辩证关系方面分析把握人类问题。这些研究表明，马克思的关于人和人类世界的哲学是建立在经济学—哲学之上的、辩证的关于人和人类世界的哲学。

（10）1867年，马克思《资本论》第一卷发表，他以劳动价值论和剩余价值论这种经济学—哲学理论，揭示了人类赖以生存发展的生存价值世界的生产创造与合理分配问题。为无产阶级解放和全人类解放提供了经济科学根据。从而解决了关于人和人类世界的哲学的核心问题：即对人类如何走向自由解放的问题的解决打开了思路。

（11）1873—1883年，马克思以实证人类学为基础，进一步深入探讨了全人类的发展解放的多样性道路问题，力图从他在40年代就提出的对"全人类史"对人和人类世界进行人类学的与哲学的把握，进一步表明他的哲学是关于人和人类世界的哲学。

（12）贯穿这些环节的，是马克思的人类学视野和人类学的世界观、价值观和方法论。

能够概括以上各种内容并把它的实质彰显出来的，可以看出，不是那种分别以唯物论、辩证法、历史观、实践论、解放论、人本论等等为据点的哲学构建，因为这些都不过是它的局部特征。而能够把这一切概括起来的，只能是作为对象性范畴的他所说的"人和人类世界"。以上12个方面的内容，都不过是这一哲学针对和结合具体历史情境所形成的有机环节而已。

这就是说，马克思一生的主要哲学构建，从时序上看，可由图6—1表示。

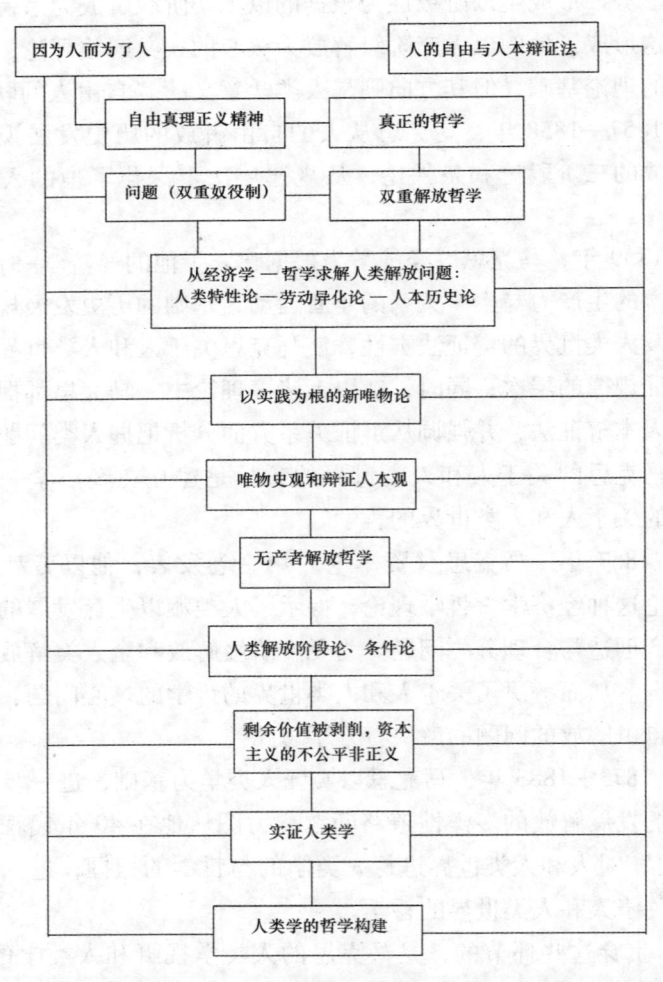

```
┌─────────────────┐         ┌─────────────────┐
│  因为人而为了人  │─────────│ 人的自由与人本辩证法 │
└────────┬────────┘         └─────────────────┘
         │
    ┌────┴────────┐         ┌─────────────┐
    │ 自由真理正义精神 │─────│  真正的哲学  │
    └────────┬────┘         └─────────────┘
             │
    ┌────────┴────┐         ┌─────────────┐
    │ 问题（双重奴役制） │───│ 双重解放哲学 │
    └────────┬────┘         └─────────────┘
             │
    ┌────────┴──────────────────────────┐
    │ 从经济学—哲学求解人类解放问题：      │
    │ 人类特性论—劳动异化论—人本历史论   │
    └────────┬──────────────────────────┘
             │
    ┌────────┴────────┐
    │ 以实践为根的新唯物论 │
    └────────┬────────┘
             │
    ┌────────┴────────┐
    │ 唯物史观和辩证人本观 │
    └────────┬────────┘
             │
    ┌────────┴────┐
    │  无产者解放哲学  │
    └────────┬────┘
             │
    ┌────────┴──────────┐
    │ 人类解放阶段论、条件论 │
    └────────┬──────────┘
             │
    ┌────────┴──────────┐
    │ 剩余价值被剥削，资本   │
    │ 主义的不公平非正义     │
    └────────┬──────────┘
             │
    ┌────────┴────┐
    │   实证人类学   │
    └────────┬────┘
             │
    ┌────────┴──────┐
    │  人类学的哲学构建  │
    └───────────────┘
```

图6—1 马克思对关于人和人类世界的哲学之主要理论构建及其相互关系

2. 自由—真理—正义—公平这种人类学精神的贯通与深化

以上马克思哲学构建的时序发展，从其内在联系看，则不过是马克思一以贯之的人类学意义的自由、真理、正义、公平精神的发展深化形态。马克思作为人类自由精神的斗士，从1841年发端之后，就没有终止过。它是马克思一切奋斗的内在精神，并以变体的形式体现在他此后所有的哲学论述和实践斗争中。这种人类自由精神，在1842年对旧世界的思想政治斗争中，直接体现为对公共自由、思想自由为核心的作为"世界公民"的哲学的追求。在1843年，作为个体本性的"人的自由"，转换成了它的社会政治形式"人的解放"，它体现为对"真正的民主"和"全人类解放"这种人类学共产主义的追求，体现为力图"把人的世界和人的关系还给人自己"的对真理正义的追求精神，并因此在实际的斗争中转化成为反剥削、反奴役、争自由、要公正的现代性的革命的社会公共人本主义精神。而到了1844年，这种自由精神得到一种全面的展开，从人类学视野出发的"反异化、求解放"使马克思的关于人和人类世界的哲学粗具规模，并以人类学共产主义的形式出现。如何实现人的合理生存与自由解放，成了马克思终生的追求。这一追求，在1845年实现了第一步深入，即从实践上理解人类世界及其走向自由解放的道路；1846年实现了第二步深入，即从现实的人及其活动来理解人类历史，从而在规律性上深入地把握到了人类自由解放的历史道路；1847—1848年是第三步深入，即从理论转入实践，深入到了通过工人阶级的斗争而实现两种解放的可能性。而此后，马克思一再研究了人类走向自由解放、实现理想社会的条件和规律，并以"自由人的联合体"概括人类争取自由解放的归宿。1857—1858年是第四次深入，他不仅指出了人类解放的历史发展阶段和条件，而且最终以人的"自由而全面的发展"为归宿。由此可以看出，"自由人的联合体"，是马克思从1841年（或者更早）到最后都明确强调的基本思想[①]，基本理念，是马克思共产主义理想的核心。所以，人类学的自由精神，是马克思一切斗争的内在性的支持精神，是马克思关于人和人类世

[①] 马克思在1842年把理想性的国家理解为"相互教育的自由人的联合体"，认为国家的任务就是"使有道义的个人自由地联合起来"，1848年他把这一理想寄托给无产阶级，由人类性、伦理性深入到了阶级性。

界的哲学精神的核心，是马克思不朽的人类学精神。

以上各条，既是马克思自由精神在不同问题中的表现，又是马克思哲学探讨的主题转换，更是通过这种不同主题而对人和人类世界的哲学的不断深入。他每次都是根据现实需要而谈论新的主题，每次都好像是没有联系的重新开始，但又是对以前的哲学理念的新开拓，都比以前更深入，都建立在马克思的"因为人而为了人"这一人类学的哲学意念的基础上，因此，"断裂"之说难以成立。

从总的方面看，马克思在不同时期提出的不同哲学思想，实质上都是围绕人类世界的根本问题（人的合理生存与自由解放问题）而发生的问题转换与视角转换，而不是"断裂"。马克思的一生发生了不少问题转换与视角转换，而转换不是对此前的否定，不是表明以前的"不成熟"，它实际上都是结合时代的不同问题对于人和人类世界的哲学的进一步的丰富和扩展。值得注意的是，所有这些转换，都没有超越于"人类学的"、"人类世界的"之外。因此，对这种种转换，只有以关于人和人类世界的哲学才能概括。这样，马克思的全部哲学构建，就都统一起来了。

总之，能够概括这一切、作为这一切的基础范畴的，不是"自然"，不是"社会"，不是"历史"，不是"实践"，不是"生产"，不是"生存"，不是"发展"，不是"解放"，不是"辩证法"，不是"人本主义"等等范畴（当然更不是他根本没有涉及的"物质"范畴）。因为这些都不过是表征人和人类世界的局部特性的局部范畴。由于马克思总是站在人类学高度审视人和人类世界的问题而进行哲学思考的，因而，可以把马克思的这一哲学构建初步概括为是关于人的生存世界的哲学，或者说是"人类学的哲学"。这一概括，可以进一步从他在哲学上所关注的基本内容方面表现出来。

二 马克思哲学视域的六大范畴、十二论题

马克思作为一个伟大的革命家、思想家、哲学家，一生中构建了许多话语。例如经济学的、政治学的、社会学的、人类学的、美学的、历史学的、哲学的等等。从人类学—哲学的视域看，大体说来，他的以上话语主题，主要可以归结为如下六大层次。通过这些由浅及深的基本层次，马克思探讨了人的生存世界的问题及其合理化改造的可能。在这里，我们不能

详细论述（那样的话需要另写一本书），而只能把马克思运用的主要概念和范畴罗列出来。

衣俊卿先生在《马克思思想：人之存在的文化精神》中，把马克思全部理论区分为表层、中层、深层三大层次结构。他认为：

马克思理论的"表层结构"，是具有操作性的实践理论，关于无产阶级革命的理论大都属于此，例如具体的革命措施，实践设想，对历史进程的预见，经济危机等等；而其"中层结构"，"主要是以经典唯物史观为表述形态的社会历史理论"；其"深层结构"则是"关于人的存在方式和人的发展的基本理论"，例如实践、异化、自由、解放等。

他指出：这三大层次是一种"共时性结构"，它的关系是：从深层向表层移动："从关于人的生存结构和人的发展的哲学反思，经过社会历史理论的构建，到具体的实践性理论的设计"。

同时，这一"共时性结构"，就其形成的时序看，也是它的"历时性结构"：从博士论文到1845年前后；马克思关注的中心是："人的生存结构、人的存在状态和人的解放与发展，它形成了理论的深层结构；从1845年到1848年，马克思通过对经济理论和社会主义理论的批判"，"把关于人的存在的哲学，转换成了实践性较强的关于社会运行机制和社会变革模式的社会历史理论"，即唯物史观，这是中层结构；而从50年代起，主要是结合具体的社会历史事件和条件，把上述两大理论"具体化为可操作的实践理论"。这形成了它的表层结构。

这就是说，马克思首先形成他的思想的深层结构，而后生成了中层结构和表层结构："把早期形成的关于人和世界的最基本的见解和关怀当作内在的'价值内核'和基本的文化精神贯穿于后来的各种理论探讨和表述之中。"[①]

与传统理论相反，这一区分的积极意义在于：

其一，把传统理论认为是马克思不成熟的早期理论，视为马克思理论的深层结构，这为正确理解马克思理论奠定了基础。

其二，为"唯物史观"找到了正确的地位，它是深层结构理论与表层理论的中介。这样一来，唯物史观的生产力与生产关系的矛盾运动理

---

① 衣俊卿：《马克思思想：人之存在的文化精神》，载赵剑英、叶汝贤主编《马克思哲学的当代意义》，社会科学文献出版社2006年版，第186—188页。

论，既不是一种出发理论，也不是一种终极目的，而是"人的自由而全面发展和走向自由人的联合体的（实现）手段。"

其三，这一运动不再是一种盲目的必然的运动，而成了受人的自由自觉的活动支配的运动。这一理解，就把握住了马克思的整个理论的内在生命力，成为一种由内在精神贯注的、体现了马克思伟大人格的理论整体。

衣俊卿先生表明，马克思理论的深层精神，就在于"实践的、批判的理性精神，其宗旨是人的解放和人的自由，是建立自由人的联合体"①，这也就是说，马克思理论的深层内容，就是人，是关乎人类的生存本性与自由解放的哲学理论。它体现了马克思对人和人类生存的深切关怀。

把衣俊卿的这种"三层结构"理论再细化，主要可以归结为如下六大范畴、十二论题。

1. 人类学范畴：有关人类学视野和人类学的自然界方面的哲学理论

第一，关于人类学的自然界、人与自然界的生存关系：如人类学的自然界，人是自然存在物，人与动物的相同与区别；人对自然的合理利用，自然史，人类史，人的本质力量及其对象化，自然界的人化，自然界是人的无机的身体，人靠自然界来生活，人与自然界的物质变换，人破坏了自然界的物质循环，人的生存前提等等，这些奠定了人与自然界的生态学基础。

第二，关于人类性、人类学视野、人类学价值要求：如为人类幸福而工作，人类精神的真正的视野，社会化的人类，人的人类学规定，自然界的人类性，人的类特性，人的类本性，人的类存在，类本质，人是人的最高本质，把人解放成为人，广义人类学，实证人类学，原始社会，东方社会，真正的哲学、当代世界的哲学等等，其他许多论述也都是建立在人类学视野之上的。

第三，关于人类和人类特性、人的精神意识特性：如人，人性，个人，人类；人的感觉、欲望、意识、思维、理性、认识、精神、观念；人

---

① 衣俊卿：《马克思思想：人之存在的文化精神》，人大复印报刊资料：《哲学原理》2001年第7期。

是自然存在物、社会存在物、精神存在物、自由自觉的存在物；人的需要，人的尊严，人的本质，人的本性等等，这些人性的合理发扬的基本理论，是整个关于人和人类世界的哲学的人性基础，也是以上论题向"社会化了的人类"的深入。

2. 人和人类社会范畴：有关现实的人和人类社会方面的哲学理论

第四，关于现实的人、真实的人、社会人和人的社会历史性特征：如现实的人，真实的人，社会人，人的社会存在，人类社会，人的生命，人的需要，人的活动，人的交往；人的社会性，历史性，人本主义，人道主义，人的解放，人的社会存在与社会意识等等，这是在人与自然界的统一中寻求解决人类问题的关于人和人类世界的哲学理论，是马克思哲学的人本理论基础。

第五，关于人类社会的不公平与非正义：如人类社会的不平等，劳动与资本的对立，反专制、反特权、反暴政、反蔑视；争自由，争民主，要平等；民主，自由，平等，正义，公平，人权，出版自由；国家与法，国家与人民，人民与法，人和国家，市民社会，人类社会，个人与集体，共同体等等，在这些方面都提出了他的主张，表明了他追求人类的政治合理性和政治解放的坚定方向。为他的哲学奠定了政治理性基础。显然，这是对以上论题即对人的更深入、更具体的社会政治探讨。

3. 人类经济活动范畴：有关人的现实经济政治活动及矛盾发展方面的理论

第六，关于所有制、关于资本主义经济制度及其剥削性质与不公平非正义：如对资本的分析批判，社会分工，雇佣劳动，劳动异化，无产阶级的贫困化，劳动与资本的对立；劳动生产，生产资料，私有制，公有制，社会所有制，重建个人所有制；劳动，劳动价值论，剩余价值论；利益，拜物教，商品、货币、资本；剩余价值的生产，利润，劳动异化，经济异化，生产、交换、分配、消费，金钱物欲价值观批判等等，这是追求人类的经济合理性和经济解放的关于人和人类世界的哲学的经济理性基础；显然，这是对第四、第五论题的更深入也更具体的经济根据的探讨，也是以下第七论题的经济科学基础。

第七，关于工人阶级、阶级斗争与社会主义：如阶级、阶级斗争，工人阶级，劳动者的非人生存，无产阶级的进步性和历史使命，无产阶级的革命与专政；对封建主义和资本主义的批判，政治解放、阶级解放，民族解放，国家与人民；国家与阶级，资本主义，社会主义，共产主义，人类解放等，这是他追求人类的社会合理性的、现实的、迫切的、表现为无产阶级解放的阶级解放和人类解放的关于人和人类世界的哲学理论；是这一理论的社会政治理论基础；也是第五范畴的进一步的社会政治要求；它虽然是马克思革命理论的核心，但它最终是为人类解放服务的，是服从于关于人和人类世界的哲学的总的宗旨的。

第八，对不合理意识形态的批判：如对坚持以上原则的现实斗争的指导和策略原理的理论阐述；对各种错误的、不健康的、反动的、唯心主义思潮的批判，对工人运动的错误思潮进行批判，如对蒲鲁东、巴枯宁、拉萨尔的批判；对黑格尔唯心主义、对哲学形而上学的批判；对费尔巴哈人本主义分析批评和其直观唯物主义、旧唯物主义的批评；对鲍威尔、施蒂纳的批判；对资产阶级经济学的批判，对封建专制集权的批判，对虚假民主的批判等等，这是他为了追求理论认识的合理性和思想解放的现实斗争的需要，为了把人们从错误的认识、错误的思想观念中解放出来而进行的大量的理论斗争。这是建立在以上论题的基础上并为以上论题服务的。是马克思作为战斗的无产阶级革命家的体现。

4. 人类实践与人类历史范畴：有关人的生产实践、人类历史及发展规律方面的理论

第九，关于人类生产、人类实践、人类历史与唯物史观：如新唯物主义，实践，感性的人的活动，从主观方面理解世界，理论与实践；人的需要，人的生活；生产实践，物的生产，人的生产，精神生产；普遍交往，生产力与生产关系，经济基础与上层建筑，生产方式，社会经济形态；社会存在与社会意识，意识形态；社会，社会关系，人的社会存在；历史，历史观，社会历史规律；人的活动，从事实际活动的人；古代社会，东方社会，封建社会，资本主义社会，社会主义社会，历史发展的特殊规律等等，这是追求人的思想合理性的唯物史观、社会发展解放观的关于人和人类世界的哲学理论；是关于人和人类世界的哲学的历史理论、哲学理论基础；也是第五、第六、第七、第八论题的理论基础或哲学升华；是对"人类史"、人类历史的总的看法。

5. 人类生存发展与自由解放范畴：有关消除异化、人的生存发展、人的自由解放方面的理论

第十，关于人的异化与异化的克服：如异化，劳动异化，人的异化，人的本质的异化，政治制度的异化，异化的产生与克服；人的自由，人的解放；人的依赖关系，物的依赖关系，自由个性，人的全面而自由的发展；真正的集体，真正的共同体，自由人的联合体，共产主义等等，这是从第九论题回归到人本身的更深层的探讨。

第十一，关于人的合理生存、健全发展与自由解放，人的解放的九个方面。如合理性，合理关系，人的生存需要，人的生活，人的生存，人的发展、人的自由，人的自由个性，人的全面发展；人类的劳动、生产、实践；人的独立性、创造性；思想解放、政治解放，人的解放，无产阶级解放，全人类解放，自由、真理、正义、公平等等，它渗透在许多理论论述之中。

从人的自由解放这一视域看，马克思毕生都在追求人的解放。马克思作为批判哲学家，他的理论大都是以革命批判的形式出现的。这些批判，首先是对封建专制特权制度的批判，把专制特权制度放在现代性的平台上，认为它是落后于世界水平的动物世界，非人世界，是自由解放首先要冲击的对象。在这个意义上，马克思还广泛地、力图通过如下九大解放，实现人的自由，为自由解放理论奠定了人类学理论基础：

（1）把人从自然界的（异化）统治中解放出来，实现人对于自然界的相对自由。或者更深入地说，实现人从自然界的解放和自然界从人的奴役中的解放，这是人的解放的一个前提性方面。

（2）把人从"专制统治"、"等级制度"、"特权政治"、人对人的统治这种政治异化中解放出来，实现人的社会自由、政治自由、思想自由，这是政治解放、思想解放的一个方面。

（3）把人从异化劳动、人的异化中解放出来，实现劳动解放，实现无产阶级解放，人性的解放，这是人的解放的另一个方面。

（4）把人从阶级统治这种阶级异化中解放出来，这是阶级解放、政治解放的一个方面。

（5）把人从资本对人的统治、从资本对劳动的统治、从金钱拜物教等经济异化中解放出来，实现人的经济公平，劳动解放，这是经济解放、

人的解放的一个方面。

（6）把人从"物"对人的统治、从贫困对人的统治中解放出来，这是经济解放的另一方面。

（7）把人从人对人的统治、从奴隶状态中解放出来，从而也把人的精神从奴役和被奴役状态这种精神异化中解放出来，实现人的主体性、独立性和人格自由，这是思想解放、政治解放、人的解放的一个方面。

（8）把人从民族压迫和阶级压迫中解放出来，使各民族都能自由地走向世界历史的发展，这是民族解放的主题。

（9）把人从错误的守旧的思想观念、从落后的意识形态中解放出来，从狭隘愚昧、无知状态和贪腐残忍等动物本性中解放出来，即从人的精神异化中解放出来，实现人的观念自由、精神自由和人性自由，这是思想解放、精神解放的最本质的方面，等等。

这也就是说，马克思的自由精神，就是要把人从一切不合理、非法性的东西中解放出来，争取包括思想解放、政治解放、经济解放、阶级解放、民族解放、人的解放这些关键性解放在内的"全人类解放"。在这个意义上，马克思的关于人和人类世界的哲学，也就是一种通过社会批判争取"每个人和一切人"都能自由解放的哲学。

6. 人类学的世界观、价值观、方法论范畴

第十二，关于从主观方面、从人的感性活动方面看世界；关于人的存在关系与人类学辩证法、辩证方法；关于人类学的世界观、价值观、方法论方面的理论，如从主观方面、从人的人类学实践理解对象、现实、感性；新唯物主义的立脚点、出发点、归宿点；关注人的对象性的存在；人的关系和联系，物的关系，人的关系，人的社会关系，人的生产关系，人的生存关系；人与自然、人与社会、人与人的关系；人对世界的认识的、实践的、审美的、宗教的掌握方式；人的社会支配关系，社会的普遍交往；普遍关系，非人关系；人的主动性与受动性，人自身的辩证法，辩证法，辩证方法，社会历史的辩证法如生产力与生产关系，立场性、态度性、方法论的新唯物主义等等，这些和前面的许多论题的结合，是他力求合理地理解人类世界、把握人类世界、推进人的解放的世界观、方法论范畴的理论构建，是为了把人们从错误的思维方式和思想方法中解放出来的关于人和人类世界的哲学理论；也是整个关于

人和人类世界的哲学的方法论基础。这些方面在思维认知活动中体现，就形成人类学思维范式。

当然，这些划分和罗列都是相对的和很不全面的，但基本反映了马克思的理论论域。

三　六大范畴、十二论题的统一

1. 六大范畴的有机联系

上述马克思的六大范畴——①人类学范畴；②人和人类社会范畴；③人类经济活动范畴；④人类实践与人类历史范畴；⑤人类生存发展与自由解放范畴；⑥人类学世界观、价值观、方法论范畴——基本概括了马克思的理论活动范围。马克思思想的完整性和系统性在于：这六个方面，遵守艾什比在《控制论导论》中所讲的如下系统性联系①：

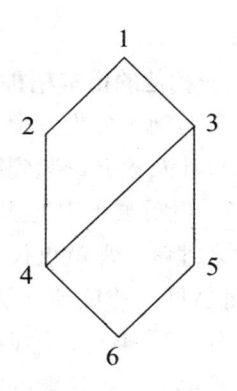

图6—2　六大范畴系统性联系

注：1. 人类学范畴；2 人和人类社会范畴；3. 人类经济活动范畴；4. 人类实践与人类历史范畴；5. 人类生存发展与自由解放范畴；6. 人类学的世界观、价值观、方法论范畴。

这一系统联系图，表明了以上各范畴都有内在的联系。第一范畴，是从自然界和人类学这种最高层次对人和人类世界的思考。第二范畴，是从自然到社会对于人和人类社会的直接思考；第三范畴，主要是对于当时人

---

① ［英］艾什比：《控制论导论》，科学出版社1965年版，第108页。

类最先进的资本主义制度的经济政治及其矛盾和其合理解决途径的思考，以及为此而进行的批判斗争；"二、三"是对于"一"的深化；第四范畴是对"二、三"的归结和上升，是从人类实践、人类史等视角，对人类和其历史发展规律方面的思考；第五范畴是对"三"的深入和上升，主要是对人的异化的克服、人的自由解放的直接追求；第六范畴是对各环节特别是"四、五"的归结，是从人的人类学的实践的视野、从人的关系存在和人的人类学辩证法方面对世界观和方法论方面的思考。

概括这六大范畴、十二论题的共同实质，可以说，都是关于人和人类世界的话语，其目的和主题可以归结为一个：即通过对不合理世界的批判，通过社会历史实践，创建符合人类生存价值要求的、把人的关系还给人自己的合理新世界，实现人的合理生存与自由解放。而这，就是关于人和人类世界的哲学的基本理念。它们对于人类今天的历史发展和可见的将来都有重要意义，对人们争取生存合理性的斗争具有全球性价值。在这个意义上，它是一种"世界哲学"。

2. 马克思理论关注的统一和他的根本精神

通常，人们把马克思主义明确区分为哲学、政治经济学和科学社会主义，并且，这三大学科通常只涉及第五论题到第九论题。其他大都被排除在外了。而对马克思更丰富、更重要的其他几方面的理论就只能视而不见。如果从传统意义的哲学来理解，那就仅仅只能抓住第九论题，那真是"挂一漏万"，其片面性显而易见。相反地，从关于人和人类世界的哲学出发，不仅可以从"第一、第二、第三、第四"课题方面理解世界，而且可以更清楚地看清从第五到第九几种论题的实质：它们都是通过揭露人类的现实存在状态（资本主义社会）在经济基础、政治制度、思想意识形态方面的不合理性，为社会探求合理生存与健全发展之道；即便是"阶级斗争"，也不过是无产阶级为争取合理生存与自由解放的斗争手段。至于第九论题，主要是以物质实践为根基的唯物史观，其关于人和人类世界的哲学意义，也在于指出了人类社会即"人类史"的生存基础与发展规律。它们都不过是"人的生存合理性"这一关于人和人类世界的哲学的核心理念的更具体、更现实、更有社会性的体现。

至于被传统观念遗弃的第一、第二、第三、第四和第十、第十一、第十二几种论题，与第九论题的有机结合，更是关于人和人类世界的哲学的基本话语。它们形成了关于人和人类世界的哲学的主干。而从第五到第九个方面倒成了它的特殊表现或特例，即人类生存发展的资本主义阶段的特殊表现，虽然是最重要的表现。从今天世界历史的发展来看，这种"特殊表现"在马克思的理论体系中，只能归结为狭义的理论体系，而其他则构成广义的理论体系。这就是说，只有关于人和人类世界的哲学，才能把马克思哲学视野的六大范畴、十二论题统一起来。

马克思上述丰富的"六大范畴、十二论题"，作为关于人和人类世界的哲学思想，一直不为人们所理解。更为严重的是，人们往往根据其从第五到第九论题的思想，而排斥马克思其他方面的思想。通常的方法是把马克思切割成两部分：青年马克思和成熟马克思。它的作用就是把马克思关于自然界、关于人类学的以及反专制、争自由的论述排除在外，认为那是青年马克思的民主主义思想，是不成熟的表现，因而加以排斥，这就更看不到人类学意义的马克思了。这种"两个马克思"的论调已不为世界上新近的研究所支持，它实际上是对马克思本人思想的分化割裂。要知道，从自然界和人类学高度审视人和人类世界，是马克思最重要的人类学立场，反专制，争自由，是马克思最重要的奋斗内容之一。是他的无产阶级解放与全人类解放理论的内在要求和组成部分。

的确，马克思是发展的，他从青年走向中年、老年。但马克思的发展与其说是立场的转变，不如说是探索领域的深化和转换，是历史场景的转换与言说主题的转换，在这种转换中弘扬的是同一种精神。马克思青年时代反专制、讲人性、爱自由、争民主的人类学思想没有变，他为全人类的合理生存与自由解放而奋斗的立场没有变。

事实上，文艺复兴以来历史进步精神所提倡的个性自由与思想解放，反对野蛮与愚昧，反对专制，强调人的理性、人的价值，人的创造性，人的自由、社会民主、社会平等和社会公正，强调人的自然权利和人权，强调知识和技术，强调探索和合理地控制自然，强调自由创造等等，这些在马克思那里都不是直接存在着，而是以改变的方式做了升华——广义的人类学精神的升华，从而形成马克思的人类学价值立场和人类解放思想的理论基础。正是在这一基础上，马克思才无私无畏地为全人类的幸福和自由解放而奋斗。这些精神理念作为历史性的进步，已经成了马克思的精神品质。没有这些进步精神理念，马克思就不能站在世界历史高度影响世界历史发展。他有时强调这一方面而有时又强调那一方面，主要是由于社会历史场景和具体理论任务的不同而已。如果把这些精神品质从马克思那里切除掉，马克思如何站在历史进步的前沿和世界历史的高度上呢？如何能够以人类解放为己任呢？他难道是站在封建专制思想上关怀无产阶级解放的吗？历史已经证明这是不可能的。要知道，即使马克思在讲无产阶级专政时，他强调的仍然是"专政是一种新式的民主"，是向消除国家的过渡，强调共产主义是自由人的联合体等等，这就表明，上述历史进步精神仍然是马克思无产阶级革命理念的深层理论基础。当马克思说"必须推翻那些使人成为受屈辱、被奴役、被遗弃和被蔑视的东西的一切关系"的时候，他指的首先就是反人性的专制制度和不民主、不自由、不平等的高压极权政体。所以，自由、真理、正义、公平精神（它们是从不同范畴讲的同一个东西），是马克思关于人和人类世界的哲学精神的理论硬核之一。有时马克思对民主、自由、平等也有微词，但那主要在于批评资本主义当时未能真正实行，以及它在劳动与资本对立的条件下的空想性，是他要求更彻底、更广泛的民主、自由、平等的表现。他把这一要求寄托于未来社会。

还有一种意见认为，马克思当时借以批判的哲学思想基础，是费尔巴哈人本主义思想，因而这些批判也不足为训。

从哲学上看，当马克思立志为人类的合理生存和自由解放而奋斗时，他不可能一开始就舍弃主流哲学话语。他首先找到的是当时最先进（对唯心主义）、最革命（对宗教）、最关心人也最人性化（以人类为本）的哲学：费尔巴哈人本主义哲学以及建立其上的哲学共产主义。但是，马克思对人类合理生存的追求，从一开始就把批判锋芒锁定在非人的专制制度方面，以及对被异化的无产阶级的同情方面，而不是抽象的概念和市民社会上。这样，马克思一开始的起点就与黑格尔、费尔巴哈等主流哲学不同，因此他虽然不能不运用着费尔巴哈人本主义哲学概念乃至黑格尔的哲学术语如对象化、人的本质、异化、实践、类本质等等，因而也就不能不印上原有主流哲学的映影[①]。但是，他对这些概念的运用，一方面是建立在人的社会性、建立在对"人类社会或社会化了的人类"的关注之上的；另一方面也早就超越了这些概念的原有意义，而力图表达他自己的以人和

[①] 唐正东：《〈巴黎手稿〉的"实践"：一个后市民社会的概念》，人大复印报刊资料：《哲学原理》2001年第10期。

人类世界为对象的关于人和人类世界的哲学思想，它和后期的思想没有什么原则的不同。可以说，马克思终其一生的、一以贯之的批判精神，代表着人类对自由解放的最高追求。而这一精神不仅仍有现实意义，更被后现代主义在新的历史条件下以他们的形式发扬光大，这本身就表明了马克思哲学主题的人类性。

近来有学者也指出："马克思关于人的本质的论述远不能等同于费尔巴哈的思想，而是对后者的质的超越。费尔巴哈关于人的本质主要是从人的自然特性上确定的，并且是针对宗教的本质来阐述的，在性质上属于认识论的范畴，所以，'历史在他的视野之外'。马克思关于人的本质的论述则是唯物主义历史观性质的，他探讨人的本质的目的是使人类得到解放，使人的本质从异化那里复归于人。"[1] 一言以蔽之，他即使运用费尔巴哈人本主义术语，也上升到了他自己的关于人和人类世界的人类学的哲学境界，属于他的社会公共人本主义思想。顺便指出，马克思对抽象的人性、人道主义、人本主义思潮也有批判，但正如一些同志所说，是为了要把它们放在唯物史观的基础上重新肯定，即要在关于人和人类世界的哲学的视野中加以新的肯定。

马克思的"早期"、"中期"与"晚期"，主要在于针对不同境况、运用不同的学科术语，为同一个目标服务：全人类的自由与解放，并为这一根本目标展开了更深入更细致的批判。马克思不仅关心人类的发展解放，他还具体提出了人的解放的方方面面，成为最伟大、最彻底的解放理论家。他的可以概括为九大方面的解放理论，就是要把人从一切不合理、不合法的东西中解放出来，争取包括思想解放、政治解放、经济解放、阶级解放、人的解放这五大关键性解放在内的全人类解放。在这个意义上，马克思的关于人和人类世界的哲学也就是这样一种人类解放哲学。如果只注意、只强调无产阶级的阶级解放，那对马克思来说显然是片面的。

---

[1] 张宝英：《关于人的本质的再思考》，人大复印报刊资料：《哲学原理》2001年第11期。

第二篇

马克思的哲学开创：人类学—哲学的生成

第七章

西方哲学的人类学转向与马克思的独特开辟

小引：西方近代哲学向现代哲学的发展，是由一系列先贤开辟出来的。其中重要一支，是由形而上学转向一般人类学方向，马克思是这一哲学转向的主将。他通过他的"人类精神的真正视野"，开始了哲学的人本论开拓、实践论开拓、唯物史观的开拓而实现了这一转向，这使马克思哲学告别传统的关于"整个世界"的形而上学哲学，转向了针对"人类世界"的具体问题的人类学—哲学。它使马克思哲学超越了形而上学，走向了人类世界，成了现代哲学。

新词：西方哲学的人类学转向，马克思的哲学开辟，社会化的人类，立脚点

自从我们提出马克思独创的哲学是人类学—哲学之后，引起了一些议论，其中一个重要方面，是把它与盛行的哲学人类学混淆起来。一些同志问：何为人类学—哲学？它与西方的哲学人类学有何不同？的确，无论中外，都有一些学者把马克思的哲学理解为哲学人类学。这是一种严重的误解。如果说，这种混同有什么合理之处的话，那就是它们都属于西方哲学从近代哲学向现代哲学转化时的人类学转向的产物（当然还有其他转向）。但仅此而已。除此之外，二者有本质的不同。概括地说，人类学—哲学是西方哲学由以客观世界为主体向以人和人类世界为主体转化的产物，是哲学本身的发展转化所形成的广义人类学方向。而"哲学人类学"则是哲学与具体的人类学交叉而成的一种部门哲学（详见附录）。要说透这一层，就要从哲学的历史发展说起。

一　西方哲学眼界的历史性转换

西方哲学，在黑格尔之后，发生了许多奔向现代哲学的重要转向，其中重要一支是人类学转向。它包括：

其一，是关注人的生命、人的意志及其在理解世界方面的重要性，并以此批判黑格尔哲学的客观本体性，这就是叔本华的生命哲学、意志哲学的兴起。

其二，是青年黑格尔派以人的"自我意识"，反对黑格尔的绝对理念的精神实体，以人本主义批判宗教，以人性解释神性，通过人道主义的实现把人从基督教的上帝中解放出来，从异化的现实中解放出来，他们对宗教的批判是站在人的立场上的批判，为从宗教世界观转向人的世界奠定了基础。

其三，是由事物之存在、一切存在一步跨入到"人的存在"，人的个体存在。于是，克尔凯郭尔、施蒂纳的存在主义哲学得以兴起。

其四，是直接研究感性的自然界和感性存在的人，强调人的感性和人的直观，人的类本性，指出"只有人类学是真理"，这就是费尔巴哈的哲学人本学。

其五，是以人的心理意识问题、人性问题为主体，以及人的性本能与潜意识在人类文化活动中的重要性，于是，弗洛伊德的性本原和潜意识哲学得以兴起。

其六，是由对原始民族的考察而发源的狭义的人类学的兴起，进而上升到对人类的一般本性、人作为人的人类学性质及其对文化、科技、宗教的创造问题的考察，即从人心结构及其文化创造的视野研究人，于是，哲学人类学得以兴起。

其七，是自文艺复兴以来在各种思潮中对人类自由、人类尊严、人类价值、人类平等、人类幸福、人类千年自由王国和理想社会的实现等等的关怀，这应当是一种广义人类学思潮，其激进发展就是社会主义、共产主义思潮的兴起。

以上这些哲学方向，就其内容都是关于人和人类问题的哲学而言，都属于人类学思潮的范畴，它们共同促进了哲学向人类学的转化，是近代哲学向现代哲学的重要转变之一。但是，除第七种之外，它们并不是对于人类生存问题的具体把握,都各自局限于它们特有的抽象范畴之内。马克思没有研究也没有进入这些思潮。这些在他的哲学志趣之外,因为它们不能具体解决人类的社会问题。如果说马克思的思想也不能没有它的历史发展基础的话,那就是第七种思潮,在这种广义人类学思潮之上,马克思从世界历史高度开创了最关心人类命运的、全面研究人类的社会问题的因而也最为重要的第八种方向。如果说,费尔巴哈强调的人的直观和人的感性存在已经是从人类学出发的话,那么,马克思进而从人的劳动、人的生产、人的实践出发观察人类的社会历史世界,就更是在人类学视野中看问题的。"人类的感性活动"(即实践)就是马克思找到的不同于费尔巴哈的人类学立足点。

二 马克思的独特哲学开辟

与以上方向不同,马克思在第七种思潮和"人类的感性活动"的基础上,以人的"个体生命存在"和人的"一般本性"这种广义人类学问题为基础,集中注意"从事实际活动的人",由他们进入人的社会存在、社会关系、生产关系和经济联系,研究人类在这些关系中的社会根本问题及其解决方向,即人类如何能够合理生存与走向自由解放问题,这便是马克思开辟的代替了形而上学哲学的人类学—哲学方向。

这些现代哲学思潮的共同特征,都是从反对和告别黑格尔哲学开始的。他们在短时间内由本体论哲学、认识论哲学、宗教神学哲学转向了作为主体的人本身,人类本身。但前几方面转换到人的个体存在,个体的内心存在世界,主要是概括人的抽象本性并以其理解世界。马克思则通过批判费尔巴哈,把其"类存在",转换为"人类的存在",转换为"人类共同体";另一方面,又通过批判施蒂纳的"唯一者",转向人的社会关系中的个体生命存在,并把二者(个体生命与人的类本性)在逻辑上统一起来,理解人和人的社会存在。于是,通过人的社会存在,人类的合理生存与自由解放问题,自然就成了马克思所开创的这一哲学所关注的根本问题。与存在主义、生命哲学、意志哲学等从个人存在、个人的生命和意志出发不同,在针对人类的共同存在的眼界里,马克思的"人",不是脱离社会的孤立的个体,而是有着自己的生命、需要、意识、意志和奋斗的、在重重社会关系中生存着与活动着的具体的"现实的真实的人",是在一定生产关系中具体地进行生产和生活的因而属于一定时代、一定社会、一定历史发展中的一切个人，是在特定的经济基础与上层建筑中活动的一切个人，这是从人的社会存在维度所应看到的首要方面。是马克思的人类学眼界所特有方面。所以，只有马克思所开创的哲学，才真正达到了人类学—哲学的水平。

对这种现代哲学的人类学转向，海德格尔看得很清楚。也早就看出了哲学转化为人类学的重要性，他指出：

    "人类学"这个名称并不是指关于人的自然科学研究。它也不是指在基督教神学中被确定下来的关于受造的、堕落的和被拯救的人的学说。它标志着那种对人的哲学解释，这种哲学解释从人出发并且以人为归趋来说明和评估存在者整体。①

    在今天有一种思想是人人都熟悉的，那就是"人类学"的思想，这种思想要求：世界要根据人的形象来解释，形而上学要由"人类学"来取代。在这样一个要求中，人们已经对人与存在者的关系作出了一个特殊的决断。②

这种决断，在马克思那里，就是"从人类的感性活动"出发理解"事物、现实、感性"即客观世界，就是把自然界作为"人类学的自然界"来看待，以及从人的"主观方面来理解"世界的人类学世界观的建立。所以，在马克思那里，早就发生了海德格尔所说的"形而上学要由'人类学'来取代"的现代性、革命性转换，这就是他的人类学—哲学的创立。顺便指出：海氏所谓"形而上学要由'人类学'来取代"，表明这种"人类学"是代替形而上学的人类学—哲学，而不是指作为哲学与人类学交叉而成的、作为现代哲学的一个分支的"哲学人类学"。这是二者在哲学发展史上的本质区别。因此，人类学—哲学——更正确地说是人类学—哲学，与哲学人类学决不是同一回事。

马克思在哲学史上的重要性，就在于他走上了开辟这一现代性哲学的道路：他从人的生存实践立场上关注整个人类，关注他们的生存和幸福，

---

① 孙周兴选编：《海德格尔选集》下卷，上海三联书店1996年版，第903页。
② ［德］海德格尔：《尼采》下卷，孙周兴译，商务印书馆2003年版，第762页。

命运和前途，因而上升到整个人类学的价值立场上来了。虽然马克思没有明确强调这一点，但历史的任务就落在这位最正义、最关心人类命运的青年人身上。

的确，在人类的"实践—精神"历史进入资本主义和以科技为基础的机械化的工业社会之后，一方面，自然界的奥秘已开始由自然科学加以探索，并且，自然科学和以文明的技术为手段的人的生存实践，不断把自然界的秘密转化为人类头脑中的图像，它成了哲学构建的自然科学基础；另一方面，人和自然界的生存关系问题，人类如何生存发展的问题，人类社会内部的合理性的制度建设和劳动分配问题等等，就不能不进入哲学的思考范围。特别是，人和自然的关系，人和社会的关系，人在具体历史中的社会联系，人的生存实践活动，人在这些关系中的生存境遇，生存态势，人类生存在当时的现实问题与未来发展问题，人类应当如何更合理地组织自己的社会，如何走上自觉的发展道路，世界历史的发展规律问题，人在社会矛盾冲突中的主观精神倾向问题等等，不能不形成哲学思考的新问题、新方面、新方向，并最终形成了马克思的人类学—哲学。在马克思这里，用海德格尔的话说，真正达到了"人成为主体"、"世界成为图像"和"哲学成了人类学"这样的现代哲学境界。

那么，马克思具体是如何达到这一点的呢？

马克思所创立的人类学—哲学，与存在主义、生命意志哲学以及性本原哲学的区别和对立是明显的，没有人把它们混淆起来。问题是：由于人们不明白马克思所独创的这种人类学—哲学的特质，所以，一提到人类学—哲学，就把它与作为具体学科的"人类学"和"哲学人类学"混同起来。这就必须进一步强调马克思哲学创造的特征。

康德是首创哲学人类学的哲学家，他的《实用人类学》是为了回答"人是什么"这一问题的，这就需要进入人的一般本性和他的各种表现中去。后于马克思的舍勒，是明确提出哲学人类学的哲学家，他认为："哲学人类学的任务就是要精确地说明，人类一切特有的品性、成就和价值——比如语言、良心、工具、武器、正义及非正义的观念、国家、管理、艺术表现功能、神话、宗教、科学、历史性和社会性等等，是如何产生于人类存在的基本结构的。"[①] 即它是从"人类存在的基本结构"研究

---

① ［德］舍勒：《人在宇宙中的地位》，上海文化出版社1989年版，第74页。

人类的"一般品性"和活动成就的人类学，是从哲学上对于人类一般问题的研究，是哲学与人类学的交叉学科。所以，它不关心人类社会的具体矛盾和具体的生存发展问题。至于人的哲学，人学等等，作为一种抽象理论，也只能是研究人类一般问题的哲学，不可能把人的社会生活的问题和矛盾作为它研究的对象。所以，同样是把人作为哲学的主体，马克思没有走上这条路。他不以抽象地一般地研究人类本性为目的，而是通过这一环节，具体地从人的社会存在、社会关系出发，以人类的合理生存（"人类幸福"）为价值理念，进入人类的社会历史活动领域，批判研究人类社会的现实的经济政治关系的状态和它们的是是非非与应当走的生存发展道路，从而创立了对人类生存发展问题进行价值评判和实践改变的哲学，即人类学—哲学。这是一种全新的哲学，是一种直接关心人类的合理生存、健全发展的、与整个人类的命运攸关的新哲学。对于马克思来说，他是通过哲学的人本性转向、实践论转向乃至唯物史观转向而实现这一哲学的创造的。所以，他在对这种哲学的研究中，既研究了人的一般的人类学特性，又研究了人的生存方式即人类学的生存实践问题；既研究了人的发展方式即人的社会历史问题，又研究了人的存在和运动方式即人类学辩证法问题；既研究了现实世界的不合理与非法性问题，又研究了它的改变及人类走向自由解放的道路问题等等。从而，现实性的人及其实践、历史、辩证的发展与走向自由解放问题，都成了马克思人类学—哲学的重要议题。特别是，马克思研究了现实世界的资本统治及其改变问题，把他的哲学使命定位在"改变世界"上，使人类学—哲学成了改变世界的哲学。

　　罗素曾经指出，马克思作为哲学家，太过关心社会实际，言下之意认为马克思没有哲学家的超脱精神，不像大哲学家。但是，马克思创立的这一哲学的性质，要求马克思最直接地关心社会的关系状态，以及它何以存在、根据现有条件应如何加以改变和如何健康地发展。这正是马克思哲学思想的伟大之处，也是马克思人类学—哲学与哲学人类学等等的根本区别之所在。

　　人类社会，人类的各种各样的社会关系，人在这种关系中的存在方式，生活方式，生存境遇，在一定文化、一定历史时期都有它的合理与不合理两大方面。而如果没有合理性方面的斗争，不合理与非法性就会统治世界，就会把人类世界变成动物世界。人类学—哲学的任务，就是要站在人类合理生存的价值立场上，发现那些不合理、不合法的关系基础加以改变，推动全社会进行改进，甚至发生革命性变革，以解决它的不合理、非法性问题，从而使广大人民群众受益，使一定的社会本身得到发展，走向人类应当走的道路。人类学—哲学范式的这一特质，要求哲学家不仅要关心社会，而且要高瞻远瞩，从人类学高度发现当下社会的病根所在，代表社会正义进行切骨的批判，以解决人和社会发展的根本问题。马克思就是这样的哲学家，由他的实际活动与论域所向而实际形成的理论，就是要对一切社会存在进行合理性审思与合法性批判，以使历史在他那个时代得到健全发展。正是基于这一现实任务，马克思一反传统哲学家的超然态度，成了最关心社会现实问题和人类命运的哲学家。他的关于"问题"是"支配一切个人"的最实际的"呼声"的名言，正是他本身对现实问题的态度的写照。他提出："真正的哲学"（《科隆日报》第179号社论），正是把握"一个时代的迫切问题"的哲学。马克思也正是由于他是一切时代中最关心人类问题的哲学家，才创立了这种针对时代问题的哲学。在这个意义上也可以说，马克思首创的人类学—哲学，是自他那个时代以来的"实践—精神"所最应当关心的问题。这就是他所特有的哲学立场和哲学眼界。

总之，如果说，古代哲学的着眼点是客观世界、近代哲学的着眼点是人的理性对客观世界的认识的话，那么，现代哲学的着眼点则在于生活着、活动着的人类自身。从人类学高度研究人，研究人的种种性质，以人为出发点研究人类的生存世界，表明了现代哲学的人类学转向。哲学——通过马克思——已经从人类世界之外的遐想，转化成了关于人类切身问题的真理正义之声。人类学—哲学就是这种作为真理正义之声的哲学。

三 马克思以"社会化了的人类"为立脚点研究人和人类世界

《导论》中提出的马克思哲学的"人类性问题域"，不是出于我们的分析，而是出于马克思对其"新唯物主义"哲学的定位。在《提纲》中，马克思郑重强调：

　　　　　　新唯物主义的立脚点是人类社会或社会的人类。①

　　这是《提纲》中的极重要的纲要，是马克思的郑重宣布。是在对于旧唯物主义做了深入的批判之后，对于他要创建的"新唯物主义"哲学的唯一一次总结性的话语。它是马克思哲学理念的核心，纲领，宣言。这一定位表明，马克思明确强调他的哲学的立脚点，不是物质，不是自然界，不是辩证法，不是历史，不是实践，不是生产，不是交往，不是抽象人性，不是人道主义或人本主义，不是类本质等等，因而不能以这些范畴为立脚点建立他的哲学。马克思也从来没有说过可以这些范畴为立足点建立他的哲学。他所强调的，是他的哲学的立足点只能是"人类"，只能是"社会化了的人类"。这是一种旗帜鲜明的人类学立场。这也就是对"人类性问题域"的直接奠定。

　　对"社会化了的人类"，马克思其一是研究了它的人类学基础，这就是从人类生存的自然前提、"人的本性"、人的人类学特性研究人类，为"社会化了的人类"奠定人类学的存在论基础。如在《手稿》中，马克思讨论了"人是自然存在物"与"属人的存在物"；人是"对象性的"、"进行对象性活动"的存在物；人是"个体与类"的统一物；人是"社会存在物"，是"有意识、有意志"的存在物；人是"劳动的"、"实践的"存在物；人是"自由"的存在物等等。这些显然属于广义人类学范畴。但是，马克思通过这些确认，为理解"社会化了的人类"奠定了人类学—哲学基础。例如，人是自然的与属人的存在物，奠定了人与自然界的生态关系，生态基础。人是对象性地进行对象性活动的存在物，奠定了人在自然界中创造自己的物质生活世界的理论基础。人是有意识、有意志的存在物，把人与动物界区别开来，为理解人的活动、人的理想追求奠定了理论基础。人是劳动的、实践的存在物，揭示了人的本质特征和人的生存世界的形成。而人是自由的存在物，为马克思对人类自由解放的追求奠定了人本论基础，等等。马克思作为一个有深厚学理基础的学者，他首先是从人类学和广义人类学思潮出发思考他的关于"社会化了的人类"的问题的，正是这些研究，奠定了他的广义人类学理论基础。这就把这一范畴建立在一定时代的科学理论的学理基础之上，成为建立在时代的学理高峰

---

① 《马克思恩格斯选集》第1卷，人民出版社1995年版，第57页。

之上的哲学了。

其二，也是更重要的，是站在"社会化了的人类"的立场上来理解和研究人和人类世界，这是马克思"立脚点"的真正含义。它要求把"整个人的生存世界"即"人和人类世界"作为他的哲学思考研究的对象和主体。这就需要针对直接存在着的、感性地生活着、呈现着的人和人的生存世界的现象出发，从人在自然界中的生存发展，以及人为生存发展而进行的劳动、生产等等实践活动出发，从人的社会关系、生产关系，人类社会内部的矛盾和冲突如阶级和阶级斗争的事实出发研究人类世界。马克思正是这样做的，这些也就形成了马克思的哲学世界。例如，马克思从人作为社会存在物出发，研究人的社会性，形成了他的社会人本论。从人是"有生命的个人的存在"出发，形成了他的个体生命本体论。从人的感性存在和感性活动出发，形成了他的实践论。从人的劳动生产出发，形成了他的物质生产论和生产力理论。从人类社会的同时态结构出发，形成了他的经济基础、上层建筑与意识形态理论。从人的社会生产的生产力与生产关系出发，揭示了人类历史发展的规律，等等。所有这一切马克思的基本研究，都是建立在"社会化了的人类"的基础上的。

然而，长期以来，为什么没有人从马克思所强调的这一立脚点来构建马克思主义哲学呢？这里涉及对马克思哲学的"一副重担"的理解问题。即能不能全面理解马克思的问题。

在传统上，我们把马克思理解为无产阶级的马克思，他的哲学也是无产阶级的哲学。这当然不能接受这种以"人类性"为立足点的哲学了。但是，要知道，马克思不仅是以阶级性为根基的无产阶级的马克思，他同时也是以人类性为根基的全人类的马克思。从后一视界出发，我们就不会拒绝马克思哲学的全人类性的意义，就会发现马克思理论中大量存在的关于人的人类学规定性的论述，从这里出发，就自然会把马克思哲学定位在人和人的生存世界方面。

根据我们的初步研究，人类学—哲学的内容是相当丰富的。人们所发现、所肯定的马克思哲学的唯物性、辩证性、实践性、历史性等，以及一些同志所强调的人本性、生存性、解放性等，在传统的"大包"中是无法统一的，至今没有人能在传统的框架下把它们在逻辑上统一起来就是明证。如果不是这样，就不会出现辩证唯物主义、历史唯物主义、实践唯物主义、实践哲学、生存哲学、解放哲学、人学、类哲学人道主义、人本主义等等的对峙和争鸣。然而，从人类学—哲学的人本立场出发，从"社会化了的人类"出发，就有可能把这些特性通过提升有机地统一起来，形成以"人类性"为基础的逻辑一统的理论体系：即形成（如后文所要研究的）建立在以"社会化了的人类"为根据的"社会人本论"基础之上的人类学实践论、人类学历史观、人类学辩证法、人类学生产论、人类学解放论等等。这些就形成了马克思的"人类性问题域"中的一块主要内容。

为什么以"社会化了的人类"作为立脚点，就会把人们所强调的马克思哲学的实践论、历史观、辩证法、解放论等等统一起来呢？这是因为，这些范畴都不过是对"人类"这种特殊的存在物的某种特性的指称。人类——它的个体与它的群体和整体，在他们的生存发展过程中，不能不是人性的存在、类特性的存在、实践的存在、历史的存在、辩证性的存在、追求合理生存与自由解放的存在等等。这就是说，所有这些范畴，都不过是对于"人类"这种特殊存在物的某种规定、某种特性的揭示而已。因而，它们都可以统一于人类这种存在物本身之中。

能不能达到这种理论的统一，关键在于对人的理解，人"在其现实性上"不能不是其"一切社会关系的总和"，但就其生成性、构成性和历史性方面说，他不能没有他的自然基础和他作为人属的人类学特性和社会历史特性。这是马克思把"一切社会关系的总和"限定在"在其现实性上"①的真正原因。西方那种认为马克思否定了人的社会关系之外的其他人性，是有意曲解马克思，有意不看顾他的限定词"在其现实性上"。所以，马克思对人有个全面的理解，人类学的理解，正是在人类学理解的基础上，再加上"社会关系总和"的理解，形成了马克思的社会人本论，它是马克思观察把握人的生存世界一切问题的人本根据。凭借这种"社会人本论"，马克思既与费尔巴哈的自然人本论相对立，又与施蒂纳"唯一者"即孤立个体人本论相对立（马克思在《德意志意识形态》中主要批判的就是这两个人的人本理论），从而创立了他自己的社会人本论哲学。

所以，我们把马克思所创立的这种"新唯物主义"哲学，初步理解为是以人和人类为"本体"的即以人为本的人类学—哲学。就其作为以

---

① 《马克思恩格斯选集》第 1 卷，人民出版社 1995 年版，第 56 页。

"激情的理性"或"理性的激情"对于人的生存世界的分析批判而言，可称之为人本理性哲学。人和人的生存世界是这一哲学的对象，人的（特别是无产者的）生存合理性问题及其实现道路，则是这一哲学的主旨。

应当注意的是，马克思创建的这一哲学不是没有价值方向的。它的价值立场，它的主旨，是要求消除劳动与资本的对立，消除资产私有制导致的经济奴役制度，消除社会公权力的君主私有制及其专制特权制度（变态私有制）导致的政治奴役制度，即要求现代社会应当创造人们能够合理生存的经济政治条件，力求实现每个人和全人类的自由解放，即人人都能够健全发展。在每个历史时代，尽可能实现尽可能多的人的尽可能大的自由解放，并最终实现全人类的自由解放，是马克思的最高价值目标。说到这里，就可以对马克思的人类学—哲学的本质特征，下一个初步的概略的定义：马克思的人类学—哲学，是关于"每个人"以及"全人类"如何合理生存、健全发展与走向自由解放问题的哲学，广大的没有资本资源、权力资源和知识资源的、仅凭受雇劳动或无可劳动而处于不幸地位的人们，是其关注的起点和重点。

这样一来，马克思的人类学—哲学，就不仅仅是适应于他那个时代的哲学，而是可以结合每个时代、每个社会的具体历史问题而加以推进的哲学。在这个意义上，它是适应我们这个时代的任何社会以及未来时代和未来社会的生命长在的哲学。正是这样，他就超越了无关人类痛痒的形而上学哲学思辨，不去构造一种思辨性的超越科学的物质世界观、宇宙观，而是要构建一种科学的人类观以及以此为基础的人本世界观；全人类的合理生存与发展解放的人类学价值观；及其通过批判走向实现的革命实践观和人生观。

马克思的理论，在今天看来，主要是哲学理论。包括《资本论》，也主要是在论证这一人类学的哲学思想，即劳动创造的剩余价值不应当为资本所独占，而应当通过能够合理分配它的制度——马克思提出了"公有制"和"社会所有制"——而实现生存价值世界的合理分配，从而实现人的合理生存与健全发展（马克思强调的是"自由发展"）。在这个意义上，马克思的经济学和社会主义理论，都应当在这种人类学—哲学的背景下被重新理解，在根子上纳入他的"人类性问题域"，给马克思的哲学思想以人类学意义，从而能够适应对那些形形色色的、在当今世界上有碍人的自由解放的社会制度的批判需要，成为人们争取自由解放的活的精神力量!

总之,"人类性问题域"是马克思的理论主体。以"一副重担"来隐喻马克思的双重历史任务,既没有否认传统理解的合理性,又提出了对马克思哲学的新的理解空间,正如一些同志在讨论中所说(第五届全国马克思主义讨论会),这为马克思主义在当代的创造性发展开辟了新的道路。

第 八 章

马克思人类学—哲学形成的
理论前提

　　小引：人类学—哲学能否形成，建立在一定的理论前提之上。马克思从人与自然界的关系出发，既把握到了构成人和人类世界的三大前提，又揭示了人类生存发展的三大前提，并且进一步奠定了人类学—哲学的基础理论范畴，如人的对象性存在、人的人类学特性、人的人类学辩证法、人的实践开创性、人的生存合理性追求等等。在一个全面的意义上奠定了人类学—哲学的理论基础。只有在这些理论基础上，才能对人和人类世界的问题进行深入的思考，才能走向对现实问题的深入解决。问题是，马克思的后继者们从来没对马克思的这些思想及其人类学意义做过系统的研究，也就无从发现马克思的人类学—哲学构建。

　　新词：构成人和人类世界的三大前提，人类生存发展的三大前提，人的对象性存在，人的人类学特性，人的生存合理性追求，人的实践开创性

　　马克思创立的人类学—哲学，作为从人类学视野对人和人类世界的哲学研究，它不能不从人和人类世界赖以形成、赖以构成的前提性方面开始。马克思揭示了人和人类世界赖以形成的三大前提和人类生存发展的三大前提，这是我们应当首先明白的地方。

一　马克思揭示了构成人和人类世界的三大前提

　　人类学—哲学，作为关于人和人类世界的哲学，首先要思考的是：人

和人类世界形成的前提是什么？马克思对此做出了深入的回答。

1. 构成人和人类世界的第一前提：在自然界中生成的人

在自然界中生成的人，包含以下四层意思：

其一，在自然界中生成的人，首先是作为自然界的人。马克思首先把人作为自然存在物来看待。"人直接地是自然存在物。而且是有生命的自然存在物。"① 人作为自然存在物，不论人怎样，都是自然界的一部分，他与自然界的最基本的关系，就是互相支持生存的生态关系。马克思用自然界是人的"无机的身体"来表明这一点：

> 自然界，就它本身不是人的身体而言，是人的无机的身体。人靠自然界来生活，这就是说，自然界是人为了不致死亡而必须与之持续不断地交互作用的人的身体
>
> 人（和动物一样）靠无机界来生活，而人和动物相比越有普遍性，人赖以生活的无机界的范围就越广阔。
>
> 所谓人的肉体生活与精神生活同自然界相联系，不外是说自然界同自身相联系，因为人是自然界的一部分。②

马克思把人看做自然界的一部分的思想，就把人与自然界看做是共生共荣的整体，确立了人与整个自然之间的生存依赖关系，即生态关系。但这仅仅是问题的一方面。

其二，在自然界中生成的人，是超越自然界的人。人不仅具有自然界赋予的作为自然力的生命力，人还具有来自自然而又超越自然的意识力、意志力等。马克思指出：人与动物不同的是："人把自己的生活活动本身变成自己的意志和意识的对象。"这种"有意识的生活活动直接把人跟动物的生命活动区别开来"。③

这里要注意的是：所谓变成"意识"的对象，即变成认知对象，即按照对象的尺度把握对象，从而是可以"自觉地"改变的对象；所谓变

---

① ［德］马克思：《1844年经济学哲学手稿》，人民出版社1979年版，第120页。
② 同上书，第49页。
③ 同上书，第50页。

成"意志"的对象，即变成可以根据自己的需要而改变对象，从而是人可以"自由地"对待的对象。所以，马克思说：人的超自然性就体现在人可以通过自己的自由自觉的活动改变对象："自由自觉的活动恰恰就是人的类的特性。"① 重要的是，人的这种作为人类特有的超越自然的特性，使人可以而且必然地要建立他与自然界之间的生存关系，即他与自然界的生存关系不是由自然形成的，而是由人根据自己的意识和意志主动建立的。他在这种生存关系中掌握自然界，为人类的生存发展服务。

其三，在自然界中生成的人，在本质上是社会性的人。马克思强调，人在本质是"社会存在物"，是为了人的生存发展的"属人的存在物"。作为社会性的人，人自觉地建立自己的有利于人的生存发展的社会关系，如性的关系和血缘关系、生产关系、交往关系以及由此形成的制度等等，并通过这种关系与自然界建立生存关系。

其四，在自然界中生成的人，是作为精神性存在的人。马克思同样表明，人是精神的存在物，人的"视觉、听觉、嗅觉、味觉、触觉、思维、直观、感情、愿望、活动、爱——总之，他的个体的一切官能"②，他的意识和意志对于世界的物质的与精神的掌握，形成了他的精神世界，以及符号化之后的文化科技世界，这成了他对待自然、掌握自然、与自然界发生和建立什么样的生存关系的精神根据。人如果失其精神，就不能成其为人。

以上方面，形成了马克思所说的"人的本质力量"，人正是凭借他的这种本质力量，凭借自己的生命力、意志力、意识力、智力，主动建立与自然界的人性化的生存关系，把自然界作为自己的对象世界，以实现自己的人性的、人类学的生存。人通过自己的意识和意志把他自己的生活也作为自己理解和把握的对象，是人的精神存在的确凿体现。

但是，这仅仅是问题的一个方面。它的实现有待于另一个方面，即相应的自然界。

2. 构成人和人类世界的第二前提：人类学的自然界

马克思不是孤立地把握人，他是连同生成人的自然界一同对人进行把

---

① ［德］马克思：《1844年经济学哲学手稿》，人民出版社1979年版，第50页。
② 同上书，第77页。

握,所以,作为人的生存依据和生存对象的自然界,就成了人和人类世界生成的第二个环节。

人的生存之所以可能,恰恰就在于作为人的对立面的人类学的自然界的存在。马克思所说的自然界,不是单纯的纯属客观的、"与人无关"的自然界。而是在人的生成中与人相互作用的自然界,是"人化的自然界","人类学的自然界",生成人、养育人的与人和谐共存的自然界,与人的肉体生活与精神生活有关的自然界。在马克思看来,"先于人类历史而存在的那个自然界","今天在任何地方都不再存在"[①]。马克思不讨论那与人无关的自然界。与人无关的自然界不可能成为人类的对象世界,不可能与人组成相互依存的整体,对人的生存发展来说是没有意义的世界,是在人类学之外的世界。但是,毫无疑问,人也总是在实践中不断加深向本来的自然界的深入,比如,新星、新物种的发现,从而不断扩大着人类学自然界的范围。所以,人所面对的自然界是人在与自然界的相互作用史中生成人的自然界。

对于马克思来说,这样一种自然界,依然是有着自己的自在"生活"和自身规律的自然界,是"走着自己道路的"自然界,人既依存于它,服从于它,它不会迎合于人;人又必须认识它和改造它,在它的身上创立自己的生存环境。而自然界作为人类学的自然界,作为人所从出的自然界,它在数理上、物理上、生理上与人就有同一性,天生就有人类性,因而可以在人的努力下进入和形成人的生活世界。只有这种自然界,才是可以让人建立种种生存关系而成为人的生活实践的对象世界,因而,人类学的自然界同样是人和人类世界的构成前提。

3. 构成人和人类世界的第三前提:人类在自然界中的生存发展活动:人的生存实践活动——人类学意义的劳动

这样,一方面由于在自然界中生成的人的存在,另一方面由于人类学的自然界的存在,这就不能不发生人与自然界关系,形成人与自然界的矛盾,人开始把自己的物质生活与精神生活建立在他和自然界的矛盾关系及其克服之上,而发生和形成这种矛盾并推动这种矛盾不断发展的,就是把

[①] [德]马克思、恩格斯:《德意志意识形态》(节选本),人民出版社2003年版,第21页。

人与自然界连成一体的人的劳动生产，人的生存实践活动。

人类在自然界中的生存活动，是以人的感性活动的形式进行的，这就是人为实践。因而，实践是人与自然界之间的中介环节：人为了一定目的，以自己的本质力量感性地作用于自然界，就是实践的生成，而实践的生成又创造着人与自然界的关系，并在这种关系的基础上生成人类世界。所以，把握实践，是把握人类世界的关键环节。实践把人转变为社会存在物，开启了人的一切社会性存在。

自然界的自在规律性和人的超越自然的能力表明，人可以而且必须主动地与自然界建立有利于自己生存的生存关系。人在自己的实际生活中总会形成人与自然的种种矛盾，而解决和推进这种矛盾以实现人的生存发展的，就是实践，特别是人的物质生产实践。实践作为"感性的人的活动"，当然包括人以感性形式出现的一切物质的、形式的、精神的活动。马克思在哲学上的伟大贡献，就在于看到了其中的物质生产实践对于人类生存发展即对于人类历史的伟大作用。

实践，作为促使人类和人类世界在自然界中生成的因素，是把人与自然界结合成一体的关键，是形成人类世界的关键。只有在这样的意义上抓住实践，才算抓住了人类世界的纲，才能建构以实践为根基的人类学—哲学。

实践的创造人类世界的功能在于：实践把人类学的自然界，进一步转化为"人化世界"、"人的世界"。这主要是：人的实践"把自己的生活活动本身变成自己的意志和意识的对象"，把与人对立的自然界改造成人所需要的对象。人之所以能实现这一转变，在于人的意识和意志、人的智力，即既可以"按照任何物种的尺度来进行生产"①，又可以同时按照人自己的"内在固有的尺度"来衡量对象，衡量和改变生产。这样，人就在自然界的基础上创立了人类自己的不属于自然界的、对人的生存发展有意义有价值的事物和世界，对此，我们可以称之为"人的生存价值世界"。马克思表明，人既能按人的尺度来创造，又能按物种的尺度来创造，并随时把二者结合在一起，这是人凭借自然而高于自然、创造自己的美的生存价值世界的基础。人正是在人的生存价值世界的基础上生活着并不断进行新的开拓性实践，人也在这种实践中生成和发展着。所以马克

---

① ［德］马克思：《1844年经济学哲学手稿》，人民出版社1979年版，第50—51页。

思说：

> 实践，这是人"实际创造一个对象世界，改造无机的自然界，是人作为有意识的类存在物的自我确证"①。即人作为人的典型表现。

马克思从人的物质生产实践及其对象化出发观察世界，把世界的意义看做是人通过其劳动实践的创造作用而形成的。只有在这个意义上，我们才能合理地理解马克思的话：

> 整个所谓世界历史不外是人通过人的劳动而诞生的过程，是自然界对人说来的生成过程。②

所以，人和人类世界，是建立在人、自然界与人在自然界中的生存实践活动三大要素之上的，是建立在这三大要素构成的"生成性系统"之上的。从这个系统内部观察世界，也就是从人与对象世界的经由实践的关系看待世界、看待一切存在物。这也就是从人与世界的关系内部和这种关系的不断创生看待世界，这是现代哲学所强调的从人与世界相互作用内部、从"人的活动场内"观察世界的具体表现。也正是由于这一深广的哲学视野，马克思才创立了关于人和人类世界的人类学—哲学，才创立了现代哲学。

总之，马克思的"新唯物主义"，马克思的人类学—哲学，作为关于人类世界的哲学，它是包含了从人、人的存在的自然前提、经由人类生存发展的社会前提即物质生产实践到人类生存发展的精神前提在内的新唯物主义，它概括了人类最基本的活动，包含着从人类学视界来看待人和人类世界的存在物世界、存在者即人的世界和渗透于它们的关系中的生存实践于一身的人类学唯物主义哲学。因此，可以把人类学—哲学看做是马克思所创生的对于人和人类世界的深层次广适应的哲学理论。

---

① ［德］马克思：《1844年经济学哲学手稿》，人民出版社1979年版，第50页。
② 同上书，第84页。

二　马克思揭示了人类生存发展的三大前提

马克思不仅把握住了人类世界赖以构成的三大前提，从而为把握人和人类世界奠定了理论基础，他还把握住了人类赖以生存发展的自然性前提、自立性前提和社会性前提。从而为进一步把握人类生存发展问题确立了理论基础。主要是：

1. 人类生存发展的自然性前提

这实际上是上一问题的生存论解释：

（1）人类生存发展的自然性前提之一，是"有生命的个人的存在"及其与自然界的相互作用的关系。这是人作为自然界的"对象性的存在物"，必然要产生的自身存在前提。

（2）人类生存发展的自然性前提之二，是人只能在人化世界中生存，即只能在被人改变了的自然环境中生存。这是人作为有自身生命的存在物，在存在上必然要产生的对象性的前提关系。

（3）人类生存发展的自然性前提之三，是人类社会与自然界的生态一体性存在。这同样是人类作为自然界的存在物，必然要发生的前提关系。这一前提，实际上是前两个前提的统一。

2. 人类生存发展的自立性前提

（1）人类生存发展的自立性前提之一，是人类通过自己的物质资料的生产实践活动，满足自己当前的生活需要，实现自己的生存发展。这是人作为自立生存的存在物，必然要发生的物的生产前提。马克思唯物史观的第一原理就是强调这一点的。

（2）人类生存发展的自立性前提之二，是人类通过人本身的生育活动，实现自己持续性的生存发展。这是人作为两性存在物，必然要发生的人的生产前提。而在物的生产与人的生产的协同作用中，产生着人的社会关系。

（3）人类生存发展的自立性前提之三，是人类通过精神生产活动，在意识上认识、解释和规范、改进自己的生存发展活动。这是人作为精神存在物，必然要产生的精神生产前提。

3. 人类生存发展的社会性前提

（1）人类生存发展的社会性前提之一，是人类通过一定关系中的"共同活动"与"社会分工"，实现自己的社会性的协同生存活动。这是人作为社会存在物，必然要产生的社会性前提。

（2）人类生存发展的社会性前提之二，是人类通过"新的需要的产生"和满足，逐步推动自己的发展。这是人作为有欲望的社会历史存在物，必然要产生的社会历史性前提。

（3）人类生存发展的社会性前提之三，是人类通过自己的智慧和技能，超越感性直观而从科学技术上间接掌握世界，这是人作为有双手的智慧生命和他的历史性的存在，必然要产生的科学技术前提。

这三大前提，九个方面，建立了人的生存发展的边界。把握这些前提，是从哲学上把握人和人类世界、创立人类学—哲学的事实基础。马克思这样那样地对这些方面做了研究，从而开辟了人类学—哲学这一新的哲学方向。

三 马克思奠定了人类学—哲学的基础理论范畴

人和人类世界赖以构成的三大前提，以及人类生存发展的三大前提，仅仅确立了人类学—哲学的理论边界，在这个边界内，马克思进一步确立了这一哲学如下的奠基性范畴。

1. 人的对象性关系和对象性存在

马克思从人类生成的自然前提出发，进一步把人视为依赖于自然对象而生存的对象性存在，没有自然对象，人就不能生存。由此表明人与自然界是同一个生存整体。马克思指出：

> 人同世界的任何一种属人的关系——视觉、听觉、嗅觉、味觉、触觉、思维、直观、感情、愿望、活动、爱——总之，他的个体的一切官能……是通过自己的对象性的关系，亦即通过自己同对象的关

系，而对对象的占有。①

这是"人对人说来作为自然界的存在和自然界对人说来作为人的存在"的双向塑造过程②。

人的"对象如何对他说来成为他的对象，这取决于对象的性质以及与其相适应的（人的）本质力量的性质……眼睛的对象不同于耳朵的对象。每一种本质力量的独特性，也是它的对象化的独特方式，它的对象性的、现实的、活生生的存在方式"。即人的本质力量是人和自然界的相互作用、相互确证与相互呈现："人的感觉、感觉的人类性——都只是由于相应的对象存在，由于存在着人化了的自然界，才产生出来的。五官感觉的形成是以往全部世界历史的产物。"③

即人是人通过与对象世界、与自然界的互为对象的关系，在长期的历史发展中生成的。而不论是在这种生成中还是生成后，人都不能不以自然界为对象，人在肉体上和精神上都不能不是一种对象性存在。这种对象性存在，表现在人生成为自然的特性而自然界也生成为人的特性。人的本质力量是人和自然界共同生成的结果。这样，马克思就把自然界提高到人的高度，也把人提高到自然界的高度来看双方的互为对象的关系，把人与自然界的互为对象视为人的存在论。这表明，人与自然界是同一个生存整体，在这个生存整体中，人不能离开自然界，自然界也不能离开人。这为人与自然的关系打下了生态学的理论基础。在这个意义上，人类学—哲学也是一种生态人类学哲学。而从人与自然界的生态关系出发，是人类学—哲学一切理论的起点。

2. 人的人类学特性

马克思一方面强调人的人类学特性，如人是自然存在物，社会存在物，属人的存在物，自由自觉的存在物等等；另一方面强调人类这种存在物的特殊性，就在于可以把自己的生活活动作为自己的意识和意志的对

---

① ［德］马克思：《1844 年经济学哲学手稿》，人民出版社 1979 年版，第 77 页。
② 同上书，第 84 页。
③ 同上书，第 79 页。

象，并通过意识和意志而实现"自由自觉的活动"。这是由于，人有意识和意志，这种意识既意识到自然环境和客观事物，又意识到人在其中的生活活动，以及意识到本身对对象的态度，并在这种双向意识中确认自己应当有的行为与活动，通过意志而坚持这种应有的行为与活动，并在这种意志的坚持中实现自身，而意识的实现就是自觉，意志的实现就是自由。马克思如下两段话把人的这种人类学特性讲得清清楚楚：

> 动物是和它的生命活动是直接同一的……它就是这种生命活动。人则把自己的生活活动本身变成了自己的意志和意识的对象。他的生活活动是有意识的。……有意识的生活活动直接把人跟动物的生命活动区别开来。①
>
> 人的生活活动的性质包含着一个物种的全部特性，它的类的特性，而自由自觉的活动恰恰就是人的类的特性。②

马克思这里把"自由自觉的活动"视为人的"类的特性"，最高本质，它既是人与动物的本质区别，因为它包含着人的意识与意志，又是人之为人的最重要的人类学特性。可以认为，自由是人的意志的自我实现，自觉是人的意识的自我实现，二者是人的意识和意志在现实情境中的一种行为选择和希望趋势的实现，正是它推动人创造自己的社会物质生活与社会精神生活。所以，马克思总是把自由与创造、自由与进步联系在一起。因此，马克思对人的意识和意志的肯定，对自由和自觉的肯定，并把它们作为人的人类学特性突显出来，这就为人类学—哲学奠定了最为重要的人性基础，人类学基础。马克思在博士论文中探求人类自由的本体论根据，在其一生中都坚持自由、真理、正义这种人类学价值精神，其人本根据就在这里。因而，这是人类学—哲学的人本范畴的起始点。

进一步看，由于人类这种存在物有自己的人类学特性，就出现了它与动物不同的"全面的生产"，并以此实现自己的生存：

> 动物的生产是片面的，而人的生产则是全面的；动物只是在直接

---

① [德] 马克思：《1844年经济学哲学手稿》，人民出版社1979年版，第50页。
② 同上。

的肉体需要的支配下生产，而人则甚至摆脱肉体的需要进行生产，并且只有在他摆脱了这种需要时才真正地进行生产；动物只生产自己本身，而人则再生产整个自然界；动物的产品直接同它的肉体相联系，而人则自由地与自己的产品相对立。动物只是按照它所属于的那个物种的尺度和需要来进行塑造，而人则懂得按照任何物种的尺度来进行生产，并且随时随地都能用内在的尺度来衡量对象；所以人也按照美的规律来塑造。①

在这里，马克思在人的自由自觉的活动基础上，进一步提出了人的生产的人类学特征：人能摆脱肉体的直接需要进行生产，人自由地对待自己的生产和产品，人的意识使人懂得按照任何物种的尺度进行生产，因而人的生产是全面的，人可以再生产整个自然界，并且可以按照美的规律来创造世界等等，这种从人的人类学特性的高度对人的物质生产活动的审视，为后来从物质生产活动上把握人和人类世界奠定了人类学基础。也就是说，马克思把人类世界的最为重大的社会物质生产奠定在人类学基础之上了。对此，传统的历史唯物主义和辩证唯物主义都是无法研究的，因为它属于人类学议题。

3. 人的人类学辩证法

马克思从人类学高度，通过人自身的存在性矛盾、生存性矛盾等等，发现了人和人类世界的辩证法——可称之为人类学辩证法，这是马克思有别于黑格尔的最重要的哲学开拓之一，也是理解和把握人和人类世界的基本范畴。这种人类学的辩证法主要体现在：

其一，是人作为生命存在物的生命二重性：

> 人一方面赋有自然力，生命力，是能动的自然存在物……另一方面，（人）作为自然的、有形体的、感性的对象性的存在物，人和动物一样是受动的、受制约的和受限制的存在物。②

---

① ［德］马克思：《1844年经济学哲学手稿》，人民出版社1979年版，第50—51页。
② 同上书，第120页。

人的这种能动性与受动性的矛盾是人类学辩证法的生命根源。

其二，人既是"自然存在物"又是"社会存在物"的辩证二重性。人作为自然存在物，他是物质的、有机的、生命的，因而他必须与物质自然界处在物质与生命交流之中；而作为社会存在物，他是社会性的、交往性的、欲望性的、精神性的自由自觉的人，因而要处在复杂的社会关系之中，由此开始了人作为人的丰富的人类学辩证法。

其三，人和他的对象世界之间的矛盾关系，即：

> 他的情欲的对象是作为不依赖于他的对象而在他之外存在着的；但这些对象是他的需要的对象……这就等于说，在他之外有对象、自然界、感觉。①

因而，人总是因为自己内在的需要和欲望而不能不处在与自然对象之间的感性的对象性的关系之中。因而，他与自然界不能不处在既对立而又依存的矛盾关系之中，并以他的众多本质力量，建立了他与自然界的众多生存关系②。这样，人与自然界的矛盾关系的辩证法，也就成了人自身的辩证法。

其四，人解决这一矛盾的基本方式，是通过"人的本质力量的对象化"和"自然界的人化"的不断演练、不断占有自然而实现自己的生存的。在马克思看来，人的生存不是孤立的，人作为"自然存在物"与自然界是一体性存在，而人作为"社会存在物"又以自然界为生存对象，人和自然界的相互作用一方面体现为人以自己的本质力量加诸对象，即对象化；另一方面是人所引起的自然界的"属人的"改变，即自然界的人化。这是一种互相创造、互依互生的辩证过程。人的生存发展就实现于这一辩证过程之中。

其五，可以进一步引申的是："人的本质力量的对象化"与"自然界的人化"，对人来说是在历史中、在人的社会关系中生成的，这就把人类学辩证法进一步延伸到社会历史的辩证法中来了，即它在人类学意义上涵

---

① ［德］马克思：《1844年经济学哲学手稿》，人民出版社1979年版，第121页。
② 苗启明：《论人对世界的生存关系与掌握方式——依据马克思的理解》，《东吴哲学》2005年，香港国际文化学术信息出版公司2006年版。

盖了社会历史的辩证法。这里体现了马克思辩证法的深刻的人类性特质。而通常的"唯物辩证法"并未能概括这些内容。这种人类学辩证法只有在人类学视野中才可以发现。它表明了马克思人类学视野的哲学特质。人类世界的种种具体的矛盾，都是建立在这些根本性的辩证法之上的。

4. 人的实践开创性

人和人类世界，建立在人自身的本质力量即通过劳动实践而实现自己的生存与创造自己的生活之上，以此为根据，就把人类学—哲学确立在人的社会物质生产实践的范畴上来了。它包括步步深入的三个层次：

其一，马克思把人的历史性生成归结为"人的劳动"、人的实践历史的结果，这为唯物史观的形成奠定了理论前提。他的名言是："全部所谓世界历史不外是人通过人的劳动的诞生，是自然界对人来说的生成。"[①]又说，黑格尔的正确之处在于"他抓住了劳动的本质，把对象性的人，真正的因而是现实的人理解为自己的劳动的结果"[②]。

这是由于：劳动，生产，实践，是人类"创造生命的生活"活动。即人的劳动、人的实践是人的生活活动本身、生产生活本身，是生命的创造本身的"生命活动"，因而是人之成为人的自然历史活动。这一观念是唯物主义历史观的形成前提，但它首先是在人类学高度上理解人的历史性生成而产生的。

其二，马克思强调人通过自己的实践活动开辟他赖以生存发展的对象世界。他指出：

> 实际创造一个对象世界，改造无机的自然界，这是人（以个体为存在形式的人——引者注）作为有意识的类存在物（亦即这样一种存在物，它把类看作自己的本质，或者把自己本身看作类的存在物）的自我确证。[③]

这里，马克思指出了人这种存在物的特性就在于改造自然界，创造自

[①] ［德］马克思：《1844年经济学哲学手稿》，人民出版社1979年版，第84页。
[②] 同上书，第116页。
[③] 同上书，第50页。

己赖以生存的对象世界,即我们在别处所说的"人的生存价值世界"。这同样是在人类学高度上立言,同样是历史唯物主义等传统哲学无法纳入体系之中的。所有这些,不是马克思回到了费尔巴哈,而是在社会公共人本主义基础上,上升到人类学高度对于人类的一般哲学问题的研究。它体现了马克思的人类学唯物主义的哲学态度。

其三,马克思把人的实践视为人们推进社会历史发展、消除人的异化和实现人的解放的基本途径。马克思在《手稿》和《提纲》中,给了"实践"以特殊的地位,他关注人"同其他人的实践的、现实的关系"[①],关注人同世界的理论的与实践的关系,并把实践置于优先地位,指出:

> 理论的对立本身的解决,只有通过实践的途径,只有借助于实践的力量,才是可能的。[②]

这就是要求从实践出发理解世界和改变世界。这种对实践的强调,表明他的社会公共人本主义正是他所说的"实践的人本主义"。这样,马克思就把人类的生产实践视为人类生存发展的基础,视为人构建其生存价值世界和其整个社会生活的原始性环节,在此基础之上,构建其尽可能合理的社会物质生活、政治生活和精神生活,并在这一合理性追求过程中形成其历史发展的环节,不断求得生活的自由解放。他进一步从人类学高度,把以人类为本的实践,看做推进社会发展、消除人的异化、走向人的解放的行动力量。

5. 人的生存合理性追求

人类学—哲学,在本质上是一种价值追求哲学。这种价值追求包括肯定与否定两方面。首先,马克思否定一切不合理世界,这特别体现在他要求推翻人类世界的一切不合理关系,实现人的生存合理性要求。因为人是追求生存合理性的存在物。马克思的人类学—哲学,最终可以归结为是追求人的生存合理性的哲学。

马克思对生存合理性的追求,首先表现在对不合理世界的批判。这主

---

① [德]马克思:《1844年经济学哲学手稿》,人民出版社1979年版,第53页。
② 同上书,第80页。

要表现为：反剥削，争取经济解放；反奴役，争取政治解放；争自由，争取人性解放；要平等，争取阶级解放；谋发展，争取社会解放。这正是一种为人类的合理生存而奋斗的哲学精神。马克思在《〈黑格尔法哲学批判〉导言》中的一段名言，充分表明了这一追求："必须推翻那些使人成为被侮辱、被奴役、被遗弃和被蔑视的东西的一切关系"，"把人解放成为人"。[1] 而这就是他的人类学唯物主义哲学的"绝对命令"。

正是在这种人类学价值高度上，才会有后来的从经济学、政治学角度所设想、所论证的通过阶级斗争而达于人类解放的基本思想。

马克思反对一切不合理东西，目的是追求以劳动者的解放为基础的全人类的自由解放。马克思通过对资本主义生产方式的研究，发现了当时创造生存价值物的广大无产者劳动者的非人生活的根源——资本的统治和剩余价值被资本独占。这就发现了当时人类社会最根本的不平等。鉴于冷酷的原始积累时期剥削的残酷性和当时阶级斗争的激烈性，马克思认为，这个问题的解决只有依靠无产阶级的革命。他要求无产阶级要解放自己必须解放全人类，表明他革命和专政的理论，都是服从于全人类的自由解放这一人类学宗旨的。因此，他是从人类学价值高度和人类学视野出发观察理解无产阶级解放与人类解放的关系问题的。否则，他就不会强调他的独特贡献在强调无产阶级专政是为了解放一切阶级而向无阶级社会过渡这一思想了。这一思想，是马克思为人类学—哲学确立的终极价值原则。

马克思从早年对无产者非人的生存境遇的关切，呼吁"把人的世界和人的关系还给人自己"，到晚年在《人类学笔记》中寻求人类解放多种道路的可能，这是他一生关切人类合理生存、关切人类健全发展的写照。人们公认：他对俄国和东方跨越"卡夫丁峡谷"的可能性的关切，在于力求使一部分人能够避免"遭受资本主义制度所带来的一切灾难性的波折"，而直接走上自由解放的道路。这决不是"存在着一种强烈的人本主义倾向"一语所能概括的。而是他的伟大的社会公共人本主义精神的价值追求的体现。

马克思的全部理论，都是为人类的生存合理性而奋斗的理论。马克思创立的人类学—哲学范式，说到底，不外是关于人们如何走向合理生存、健全发展与自由解放的理论。而人的自由解放，没有绝对的标准，它以每

---

[1] 《马克思恩格斯全集》第 3 卷，人民出版社 2002 年版，第 207、208 页。

个时代的亿万大众的合理生存为前提。各个阶级、各个阶层和全体民众的劳动分配的合理性，发展机会的合理性，物质消费的合理性，以及人与人、人与自然、人与社会的关系和行为的合理性等等，是人的生存发展的现实合理性。以这种历史所提供的合理生存为前提的发展，就形成人的健全发展或者说健康发展。只有以每个时代的人的合理生存与健全发展为前提，才会有人类总体的自由解放的不断实现。这是马克思通过他的各个理论所体现出来的核心精神：对人的生存合理性的价值追求。所以，马克思奠定的这种生存合理性基石，为人类学—哲学确立了它的价值追求方向。

通过对这些范畴的关注，马克思创立了实践的人类学—哲学。对此，还需要继续深入讨论。

第 九 章

马克思人类学—哲学生成的理论逻辑

小引：任何一种足够宏富的新哲学的形成，都有它的理论逻辑。马克思人类学—哲学的形成，建立在怎样的理论逻辑之上呢？可以说，马克思从他的现代哲学理念出发，经过自然界的存在物互为对象，到人的关系和联系世界，并由此进入人的真实存在着的人、社会人和社会化了的人类，由这种丰富的社会关系进入人和人类世界。通过这一系列的理论逻辑关系，把关于人和人类世界的人类学—哲学，奠定在坚实的理论逻辑基础之上。如果不从人类学视野观察马克思的哲学构建，就显现不出这些理论的人类学特色及其内在逻辑联系，从而大多数都不能不作为孤立的理论被抛弃。而问题也就正在这里。

新词：理论逻辑，现代哲学理念，存在物互为对象，人的关系和联系，社会人，社会化的人类，人的生产实践，人和人类世界，人类学—哲学

马克思对人和人类世界的生成前提的把握，马克思在哲学上的一系列变革和创新，都指向人类学—哲学的生成。这里，我们再从马克思哲学理论的内部逻辑，考察这一哲学构建的逻辑关系。

一　马克思走向人和人类世界的哲学前提

1. 马克思的现代哲学理念

要理解马克思的新的哲学理念，应当注意到：马克思在青年时代早

期，深受黑格尔哲学的影响，但他的哲学活动则是从批判黑格尔哲学开始的（《黑格尔法哲学批判》，1843年）。从文献看，马克思没有受到早于他的叔本华（生命、意志哲学）、孔德（实证主义）、克尔凯郭尔（存在主义）等人的影响，但他深受费尔巴哈的自然主义、人本主义思想的影响，同时也独立地提出了科学实证的哲学要求。

马克思所处的时代，是个理论异常活跃发达的时代。由于黑格尔的以绝对理念为根基的绝对理性主义的哲学精神的影响，使一般理论家都倾向于脱离实际的理论争辩，而马克思强烈的历史使命感和他面对现实的唯物主义的科学精神，使他首先关注的是哲学与现实的联系，是从哲学上关心时代的现实问题及其解决的途径。马克思在他初出茅庐（1942年）时，就强调一种超越传统的哲学解放精神：

> 假如你们愿意明白事物存在的真相，即明白真理，你们就应该从先前的思辨哲学的概念和偏见中解放出来。①

由于黑格尔思辨哲学是全部传统哲学发展的顶峰，这里所说的从思辨哲学的概念和偏见中的解放，实际上就是从一切形而上学哲学传统中解放出来，而不仅仅是指从黑格尔或从唯心主义中解放出来。在马克思看来，哲学不应当再是传统的脱离实际的思辨，而应当是人民的和时代的深层精神理念的集中体现：

> 他们是自己的时代、自己的人民的产物，人民的最美好、最珍贵、最隐蔽的精髓都汇集在哲学思想里。②

根据这一哲学信念，马克思则要求构建这样一种"用双脚站在地上"的关于"当代世界的哲学"：

> 哲学不是在世界之外，就如同人脑虽然不在胃里，但也不在人体之外一样。当然，哲学在用双脚立地以前，先是用头脑立于世界的；

---

① 《马克思恩格斯全集》第1卷，人民出版社1965年版，第33页。
② 同上书，第219—220页。

任何真正的哲学都是自己时代的精神上的精华，因此，必然会出现这样的时代；那时哲学不仅在内部通过自己的内容，而且在外部通过自己的表现，同自己时代的现实世界接触并相互作用。那时，哲学不再是同其他各特定体系相对的特定体系，而变成面对世界的一般哲学，变成当代世界的哲学。①

在这几句言简意赅的话里，马克思表明了他的新的哲学理念：如前表明，他要求创立一种"用双脚站在地上"的、"和自己时代的现实世界接触并相互作用"的新哲学。即由抽象的关于一切存在，整个世界的思辨，回归到具体的、现实的、关注人的生存发展世界的新哲学。正是这样一种回归现实的哲学精神，促使他力图开辟一种新的唯物主义哲学。

2. 马克思哲学开拓的地平线：自然存在物"互为对象"的关联世界

重要的是，马克思在对这些脱离了人的抽象思辨的哲学进行批判的同时，还批判地搁置了许多他认为已经没有意义的传统哲学的经典论题，如"存在"、"物质"、"精神"、"运动"、世界的"本原"、"本质"、"本体"、"现象"，抽象思辨的形而上学"本体论"，脱离了实践的"认识论"、"真理论"，"客观自在的辩证法"，"与人无关的自然界"，"脱离人的视界的世界观"，"对宗教的批判"，唯物与唯心孰是孰非等等。搁置的原因，在于抽象地讨论这些东西不仅不合理，不科学，而且与现实问题、与人和人类世界的问题没有关系。马克思明确表示："唯灵论和唯物主义过去在各个方面的对立已经在斗争中消除，并为费尔巴哈永远克服。"②这种克服就是抛弃抽象的物质与抽象的精神的对立，回到真实的自然界，回到具体的存在物世界。

马克思一方面批判与搁置传统哲学的主题，清扫出他的现代哲学新道路；另一方面以费尔巴哈的"克服"为起点，开辟出一个由真实的具体存在物展现出来的新的哲学天地。所以马克思哲学不是从普遍的抽象的"存在"、或普遍的抽象的"物质"出发，而是从具体的真实的自然事实

---

① 《马克思恩格斯全集》第1卷，人民出版社1995年版，第220页。
② ［德］马克思：《神圣家族》，人民出版社1962年版，第120页。

出发，从自然的、现实的、感性的、实在的、有限的、特殊的即具体的"自然存在物"① 出发从事哲学思考。因为费尔巴哈早就"扬弃了无限的东西，创立了现实的、感性的、实在的、有限的、特殊的东西"作为哲学的地平线②。而现代哲学的基本倾向，就是从"形而上"返回到"形而间"（姑且这样名之），即从无限的东西回归到有限的具体境域，在这个意义上，马克思的哲学方向是现代性的，从这里出发，也就是从现代哲学出发。

但是，马克思与费尔巴哈不同，他不是在人和自然存在物中寻找它们的共同本质，而是强调这种"自然存在物"是"互为对象"的即相互关联的存在物。在他眼里，任何存在物都不是孤立的存在物，都有它的对象性存在，都以某些存在物为对象，为其存在的条件，否则就不是自然的存在物，就不能参与自然界的生活。马克思强调："一个在自身之外没有对象的存在物，就不是对象性的存在物。一个本身不是第三者的对象的存在物，就没有任何存在物作为自己的对象，也就是说，它就不能作为对象来行动，它的存在就不是作为对象性的存在"，就是一个非存在物③。而"非对象的存在物是一种［根本不可能有的］怪物"④。他举太阳与植物这一明显的例子说："太阳是植物的对象，是植物所不可缺少的、保证它的生命的对象，正像植物作为太阳的唤醒生命的力量的表现，作为太阳的对象性的本质力量的表现是太阳的对象一样。"⑤ 这样，马克思就进入了自然界互为对象、互相联系的世界。

从自然存在物"互为对象"即相互依存、相互关联的具体联系世界出发，是马克思人类学—哲学的自然哲学基础。它是马克思新唯物主义的哲学地平线。正是这种存在物背后互为对象的相互依存的关联世界，才构成了真实的世界。在这里，既不能只要存在物而不要它背后的关联，也不能只要关联而不要存在物，只有它们的联结一体才是具体的真实的存在世界。这样，马克思就由"存在物"进展到了存在的互相关联的关联世界，由"在者"进展到了那决定"在""何以在"、"是""何以是"的"存

---

① ［德］马克思：《1844年经济学哲学手稿》，人民出版社1979年版，第121页。
② 同上书，第111页。
③ 同上书，第121页。
④ 同上。
⑤ 同上。

在因"。换言之，这种互为对象、互相依存正是一种规定着存在物因何存在、何以存在的"存在因"，这是具体的存在物的存在根据。这样，马克思就从抽象的形而上的普遍抽象领域，走向了具体世界的具体关联境遇，这是现代哲学摆脱形而上的抽象而回到具体真实世界的重要一步。仅从这一层次上看，我们也可称马克思哲学是从存在物互为对象出发而把握其相互关联的具体境遇的具体唯物主义，关系唯物主义。这是他的"新唯物主义"的第一层规定性。

确认马克思哲学的地平线是具体的存在境遇这一点非常重要，它表明马克思的新唯物主义之所以新，首先在于它扬弃了哲学两千年来的形而上的追求，由"形而上"而回归到我们所说的"形而间"的具体联系世界中来。从而为正确的哲学认识找到了实证的前提，创立了得以"实事求是"的哲学立场。这正是他借费尔巴哈的词语称之为"彻底的自然主义"①、"真正的唯物主义"② 的真切含义。是他的"既有别于唯心主义，也有别于唯物主义"的哲学新地基。他的哲学慧眼所看到的不是精神，不是物质，而是自然界相互联系的具体世界。从而开辟了现代哲学的新起点。

3. 马克思哲学创建的起点：从自然物互为对象到人的关系和联系世界

但是，马克思没有停滞在这里。他对思辨唯心主义和直观唯物主义进行批判的原因之一，就在于它们都疏远了具体的现实的人。他批判黑格尔忘记了人，"把人的一切活动消融在思辨辩证法中"③，也批评培根之后的"唯物主义变得敌视人了"④。有鉴于此，马克思从存在物互为对象出发，目的是为了以此来理解人类世界，进入人的关系领域。一个自然的推论就是：人与自然世界之间和人与人之间，也是互为对象的存在。这样，在马克思面前所展开的，不仅是一个互为对象的自然事物世界，更是一个互为对象的人和人类世界。马克思说，前者（存在物）是"作为客体的自然

---

① ［德］马克思：《1844年经济学哲学手稿》，人民出版社1979年版，第120页。
② 同上书，第111页。
③ ［德］马克思：《神圣家族》，人民出版社1962年版，第67页。
④ 同上书，第164页。

界"而存在着的；后者即人（存在者）是"作为主体的自然界"① 而存在着的，马克思在存在物及其相互关联的世界中所看重的，正是"作为主体的自然界"的互为对象的存在者世界，即人和人类世界，这是以复杂的相互依存关系联结起来的人的生存世界。这样，马克思就由物的关联世界上升到了人的关系世界，这是马克思哲学的第二重规定性。

这种上升的可能是由于，人作为存在者，像自然存在物一样，与其他的存在物、存在者处于不可分割的关系中，每个人都有它的生命性、主体性、能动性（有其"我"性、有其人性、精神性和具体性）。这样，马克思的哲学世界，就不再仅仅只是互为对象的"存在物"相互关联的世界，他以此为地平线，而进入了互为对象、结成关系和联系的具体地存在着、生活着的"存在者"的关系世界。即以个体的人为存在形式的结成关系和联系网络的"人的具体世界"。从物的存在关联出发而又超越于物的存在关联而进入人的关系和联系世界，是马克思所开拓的现代哲学的特质。

人的关系和联系既有客观的规定性（事物互为对象才能存在），又有主观的规定性，即它是由人的主客观规定性所决定的。人"作为自然存在物"的人，作为由自然界形成的生命，既有生命的"受动性"，又有生命的"能动性"：马克思在这里就把握住了人的生命的第一重矛盾，即人的能动性与受动性的矛盾，这是人和人类世界一切矛盾的最初矛盾：

> 人作为自然存在物，而且是有生命的自然存在物，人一方面赋有自然力、生命力，是能动的自然存在物，这些力量是作为秉赋和能力，作为情欲在他身上存在着的；另一方面，作为自然的、有形体的、感性的、对象性的存在物，人和动物一样是受动的、受制约的和受限制的存在物。②

这种能动性与其天然受动性之间，就形成了人之为人的、人的生存的初始矛盾。这种矛盾使人成为自觉的"有我"的存在物，成为一个存在者；成为一个主动的自为的主体。在这个意义上，人是"属人的自然存

---

① [德] 马克思：《1844年经济学哲学手稿》，人民出版社1979年版，第126页。
② 同上书，第120页。

在物"①。人天生就有"为了人的生存"的能动性，就是自觉地为了人的生存而活动的存在者。一个以人的生存、人的关系、人的人格而自为地生存着的存在者。这就站到了人和人类世界的大门内了。

二 从人的关系和联系到"人类社会或社会化的人类"

马克思的目的是要科学地把握人和人类世界。在这里，只有视野还不行，还必须有可靠的路径。这就是从人的关系和联系出发，由以下几个具体方面进入人和人类世界：

1. 由人自身的关系——个体与类的一体性关系深入到"真实的人"

我们知道，费尔巴哈哲学强调人的类本性，把类本性作为抽象的人来看待；而施蒂纳哲学则相反地强调人的个体性，把个体性强调成"唯一者"，这两种倾向都无法进入人的社会性中理解人，更无法把握人类世界。而马克思从一开始就超越了这两种片面倾向，他在二人之外，就已经从个体与类的一体性来理解人，马克思说：

> 人的个体生活和类的生活并不是各不相同的……因此，如果说人总是以他的特殊性使他成为一个现实的单个的社会存在物，那么，同样地他也是总体、观念的总体，可以被思考和被感知的社会之主体的、自为的存在，正如在现实中，他既作为社会存在的直观和对这种存在的现实享受而存在，又作为属人的生命表现的总体而存在一样②。

这表明，马克思所借以出发的，既不是孤立的个体存在，也不是没有个体的"类存在"，而是体现了类的本性的"个体存在"，是个体与类的同一性关系，这种个体与类的同一或统一，就是任何人自身借以存在的存在关系，把握了这种关系，也就把握住了真实地存在着的人，即马克思所说的"真实的人"。找到了真实的人，也就找到了马克思哲学的人的出发

---

① [德] 马克思：《1844年经济学哲学手稿》，人民出版社1979年版，第126页。
② 同上书，第76页。

点。马克思的彻底性，使他深入到了个体存在的更深入一层的规定性：个体与个体、个体与类的关系和联系世界。这样，马克思对个人的把握也就是对于人的关系的把握，人的类的把握；因而，在马克思面前展开的人的世界，就成了以个体与类的统一关系为体现的真实的人的世界。由这种个体与类的统一而形成的真实的人，就可以自然而然地进入人和人类世界。这是他的哲学第三层重要规定性。

2. 由人与人的关系深入到人的社会关系、社会世界

如前表明，马克思所说的存在物"互为对象"，即两个相互区别开来的存在物之间，有某种具体的同一性，并因这种同一性而互为存在的条件而相互依存。这就由存在的实物性而深入到了实物存在的关系性，人类社会更是这样。马克思指出："人是对象性地存在物"①，即以其他的存在物、存在者为自己的存在前提的存在物，这就总要与它们处于不可分割的关系和联系中。即任何个人都不能不与其他物、其他人结成形形色色的关系和联系。于是，人总是处在某种具体的关系和联系中的人。各方在这种关系和联系中相互中介，以某种方式交流着，交往着，从而成就双方的特质，实现双方的生存。而人的这种关系和联系不是别的，就是人的社会关系世界。马克思与一切其他人类学转向的哲学家不同的地方，就是他通过人的关系和联系进入了人的社会关系世界，从而能从人的社会关系理解和把握人和人类世界。对于马克思来说，人不再是孤立的人，而是由种种社会的关系和联系规定着的人。这就进入了人的社会世界。

3. 由人的社会关系、社会世界深入到"社会人"和"社会化的人类"

马克思的人的社会世界，不是形而上学的本体世界，而是由"互为对象"、相互中介的人组成的社会关系世界，是由具体的关系和联系规定着的、作为人的全部丰富性的人的社会世界，是个既包括物质活动又包括精神活动的丰富的人的社会世界。在这里，人不仅是物质的存在者，也是精神的存在者；人不仅是自然的存在者，更是社会的存在者；不仅是一种社会的存在者，还是政治的存在者，伦理的存在者，宗教的存在者，精神

---

① ［德］马克思：《1844年经济学哲学手稿》，人民出版社1979年版，第121页。

的存在者,艺术的存在者,乃至情感的、生活的、需要的存在者等等①,而所有这些存在都是由他的具体的关系和联系所规定的。人作为关系的存在物,他总是处在人与自然的、人与社会的、人与人的、人与物的、人与权的、个人与类群的种种关系之中。在马克思看来,"人跟世界的关系是一种合乎人的本性的关系"②。马克思表明,人凭借人的本性和世界之间发生"全面的关系"而成其为具体的人。正是这些关系和联系的规定,人才成为"现实的人"、"真实的人"、"从事实际活动的人",即"社会人"。换言之,马克思的人的社会世界,是由种种关系规定着的人的生命存在、社会物质存在的、包含了人的全部丰富性的活生生的人类的生命世界。是一个具体地、有机地相互关联地存在着的人的现实生活世界。这也就是马克思所说的"人类社会或社会化的人类"。到了这里,马克思实际形成了一种关于人和人类世界哲学思想。这就成了马克思哲学的第四层规定性。

马克思的深刻性还在于,他并没停留在人的一般的社会关系中,而是进一步由一般的社会关系进入特殊的支配一切的关系——生产关系中,由此导致了唯物主义历史观的发现,这是一方面,这方面这里不做研究。这里要指出的是:马克思指出了这种关系发生的根源,在于人的"生存需要":人感到在他之外存在着的"对象是他的需要的对象"③,正是这种生存需要,迫使人不能不与自然世界和社会世界发生种种生产的生存的"全面的关系",即物质的与精神的生存关系。由此导致了人对世界的生存掌握关系的发现,而这是人类学—哲学的理论支柱之一。

在《神圣家族》中,马克思把人与自然的与社会的这种生存关系,区分为"理论关系和实践关系"④,在《政治经济学批判》中,马克思进一步全面地把这种关系区分为"是思维着的头脑的产物,这个头脑用它所专有的方式掌握世界,而这种方式是不同于对于世界的艺术精神的,宗教精神的,实践精神的掌握的。"⑤ 四种生存掌握关系,即认识的、审美的、宗教信仰的、实践活动的掌握关系,这就概括了人对世界的最基本的

---

① [德] 马克思:《1844年经济学哲学手稿》,人民出版社1979年版,第126页。
② [德] 马克思:《神圣家族》,人民出版社1962年版,第52页。
③ [德] 马克思:《1844年经济学哲学手稿》,人民出版社1979年版,第121页。
④ [德] 马克思:《神圣家族》,人民出版社1962年版,第191页。
⑤ 《马克思恩格斯选集》第2卷,人民出版社1995年版,第19页。

生存关系。

更为重要的是,马克思在这里一反仅仅从认识关系上看待人与世界的哲学传统,而强调要从人对世界的物质生产实践关系出发看待人和世界的关系,这从马克思的下述批判可以看出:"在一个学究教授看来,人对自然的关系首先并不是实践的即以活动为基础的关系,而是理论的关系"①,在马克思看来,这两种关系是绝不能颠倒的。

把人对世界的生产实践关系看做人对世界的根本生存关系的意义是重大的,它表明,马克思所"唯"之"物"不是别的,而是人对自然、对世界的物质实践关系。因此,实践关系论是马克思人类学—哲学的又一重要支柱。在这里,马克思所看重的是作为自生产、自建构的、进行物质生产活动的人,这是马克思"唯物"含义的真实所在。马克思正是从人对世界的物质实践关系看待世界的。在这个意义上,又可以说马克思创立了实践世界观。于是,马克思就由人的自然存在关系的唯物主义,进展到了人的社会存在关系的唯物主义即"实践的唯物主义"的立场上来了,它以人的物质生产实践这种特殊存在为对象,为基础,这是马克思"新唯物主义"即人类学哲学的第五层规定性。从这种生产实践关系出发,既可以进入真实的人和人类世界,又可以进入人的社会历史世界,创立唯物主义历史观。这里要强调的是:找到了人对世界的生存掌握关系,找到了人的生产实践关系,也就找到了真实地存在着的"社会化的人类"。

4. 从"社会化的人类"上升到人和人类世界:人类学—哲学的确立

在《关于费尔巴哈的提纲》中,马克思明确地宣告:"新唯物主义的立脚点是人类社会或社会化的人类。"这表明,他直接宣布了他的"新唯物主义"是以"人类"为立脚点的人类学唯物主义。同时,马克思又是站在"人类的感性活动"的立场上看待实践,看待周围世界的。他要求新唯物主义把"对象、现实、感性",即人所面对的一切存在现象,当作"感性的人的活动"、"人类的感性活动"去理解。这里所谓"人的",也就是指"人类的",即从人类性、人类学的角度来理解"对象、现实、感性"。如前表明,马克思由此建立了人类学唯物主义的世界观。同时,这种站在社会化的人类的立场看世界,所看到的就会是人

---

① 《马克思恩格斯全集》第 19 卷,人民出版社 1965 年版,第 404 页。

和人类世界。这也就是说，到了这里，人类学—哲学的一系列理论前提都已形成，它所要研究的对象（人和人类世界）已经显现，从而以较为完整的形态出现了。

5. 马克思关于"人和人类世界"的哲学特征

在如何理解马克思哲学的特质问题上，有的同志说得很好，认为人在马克思哲学中占据中心地位："人是马克思历史观的价值辐辏，没有了人，这种本质上不过在于阐解'现实的人及其历史发展'的历史观，便既无从作意义的贞辨，也无从确定逻辑上的起始。"[①] 这里所说的人，根据前面的讨论，应当理解为人和人类世界。

但是，长期以来，人们为什么看不到或不愿意看到这一点呢？

看来，这里出现了颠倒：人们以"人类的历史"遮盖了"历史的人类"，从而以"历史唯物主义"遮盖了人类学唯物主义。事实上，马克思没有用过"历史唯物主义"这个词。他讲的只是关于"人类活动"的"唯物史观"，即唯物主义地看待的人类活动，以及从人类活动的视角观察世界，把它概括为人类学唯物主义更符合马克思原意。如果说，马克思当时的哲学思想还有所不成熟的话，那就在于他没有自觉认识到他的唯物主义的人类学特征，因而没有创立"人类学唯物主义"这一词，而只是含糊地说是"新唯物主义"。

进而，上节的讨论表明，马克思的"新唯物主义"，作为人类学唯物主义，它是包含了从人类存在的自然前提到人类历史的社会前提即物质生产实践在内的唯物主义，因为它是人类最基本的活动，包含着从人的视界来看的存在物世界、存在者世界和渗透于它们的关系规定性以及生产实践论、两种生产论于一身的人类学唯物主义哲学。他曾用费尔巴哈的词语不恰当地称之为"实证的人本主义"，"彻底的自然主义"。仅仅说马克思哲学是历史唯物主义，就既把上述丰富内容排挤在外，又遮蔽了它的人类性特征。因此，马克思的"新唯物主义"，用人类学唯物主义加以概括，会更符合它的实质，从此更可以发现马克思哲学许多新的特质。事实上，历史无非是人类的历史，"历史唯物主义"从更高层次看也就只能是人类学唯物主义。

---

① 黄克剑：《人韵》，东方出版社1997年版，第247页。

更进一步，确认马克思的哲学是人类学唯物主义，还应当强调如下方面：

（1）马克思的人类学唯物主义不是以自然界为基点，而是以作为自然界的一部分的人类为基点；不是以自然物质为基点，而是以人类的物质生产活动为基点；

（2）马克思人类学唯物主义决定性地使哲学由整个世界转向了人的生存世界，开创了哲学的人类学时代；

（3）马克思的人类学唯物主义哲学，立足于对人类的生存发展的关怀，这种关怀是宏观的，是对人类个体及其总和——全人类的关怀，以这一关怀为基础的哲学，只能是关于人类合理生存与健全发展的哲学，因而，只有用"人类学唯物主义"一词才能把握其特质。

通过以上几方面，马克思的"新唯物主义"哲学，就完全摆脱了空洞抽象的主观精神、漆黑一片的客观物质，而进入到了以人和人类世界为视点的互为对象、充满关系、生机勃勃地感性地活动着的自然存在与社会存在在"全面的关系"中交相辉映的世界。就其现实性上讲，这其实就是感性地、活生生地在人的实践面前展开来的自然世界和人的生存世界。而人，作为"属人的自然存在物"，就是这个世界的最有生机的活动者和创造者。这个包含着自觉的、能动的、富有创造精神的人在内的、有着种种关系和联系的，特别是包含着人与存在物之间的辩证法的关系世界，就是马克思所开创的哲学新天地。笔者认为，这只有以人类学唯物主义或都是一样——人类学—哲学一词，才能担当得起。因为在这里，即使自然界也是"人类学的自然界"。

最后，更为重要的是：马克思这一新唯物主义的主要思想，就是从"人类的感性活动"——人的物质生产实践及其对象化出发观察世界，把世界的意义看做是人的实践、人的创造的产物。特别重要的是，从生产实践的对象化、从人与对象世界的关系看待世界，看待一切存在物，也就是从人与世界的关系内部和这种关系的不断创生看待世界，而这也就是现代哲学所强调的从人与世界相互作用内部、从"场内"观察世界。这样一来，马克思的存在唯物主义、关系唯物主义、实践唯物主义、历史唯物主义，或概括这一切的人类学唯物主义，都是建立在人的实践眼界、实践棱镜这一视点之内的、在人与世界的关系场内的、以"合乎人的本性的"方式所把握的人类学—哲学世界。只有在这个意义上，我们才能合理地理解马克思的话:"整个所谓世界历史不外是人通过人的劳动而诞生的过程,是自然界对人说来的生成过程。"①

这样,马克思的人类学—哲学,就是一个多层次的理论建构。它需要从具体的存在物、存在者进入它们相互联系世界,认识到它们的关系规定性,以及具体的生产实践等等,才能把握它的特质。因为这些是它的坚实的哲学理论基础。它的基本理论逻辑是:现代哲学理念—存在物互为对象—人的关系和联系—人的社会关系—社会人,社会化的人类—人的生存关系与生产实践—人和人类世界—人类学—哲学的确立。它们是递进关系。

这一逻辑联系看似简单,但正如马克思所说:"只要这样按照事物的本来面目及其产生情况来理解事物,任何深奥的哲学问题……都会被简单地归结为某种经验的事实。"② 这"本来面目",就是存在物、存在者及其内部存在的关系世界,只有从这种关系的网络和层次中,马克思才把握了人和人类世界,成就了他的人类学—哲学。只有在这个哲学世界观的根基里,马克思才革除了"自我意识、宇宙精神或者某个形而上学怪影",代之以"可以通过经验确定的事实"③,实现了哲学的根本转变,创立了人类学—哲学。

三 人类学—哲学诞生的时序历程

概括前面的讨论,可以说,马克思的人类学—哲学,是直接建立在人的生产实践的基础上的。马克思对"实践"本身的解释,也是人类学意义的解释:他强调:实践不过是"感性的人的活动"而已。从实践出发,不过就是从"感性的人的活动"或者说感性地活动着的人出发。实践的本质在于人,它不过是人的特性而已。所以,马克思所讲的实践,本质上也是在讲感性的人的活动特性。即使马克思哲学以实践为对象,由于实践不能不以人为主体,它也就不能不归结到人的方面来。因而,他的哲学不是以实践为本的实践哲学或实践唯物主义哲学,而是以人类为本的关于人的生存世界的哲学。实践只是这一哲学把握人类问题的方法论原则,是一

---

① [德]马克思:《1844年经济学哲学手稿》,人民出版社1979年版,第84页。
② 《马克思恩格斯选集》第1卷,人民出版社1995年版,第76页。
③ 同上书,第89页。

种理解世界的思维方式。马克思要求把"对象、现实、感性"及一切对象世界,"当作感性的人的活动,当作实践去理解",最明显不过地表明他是把实践作为观察理解人和人类世界的思维方式来运用的。考虑到这一层,称之为实践人类学哲学也就显得更为准确。但这是笔者另一本书的主题。这里,我们不妨回顾一下马克思对人和人类世界的理解和把握的时序发展历程:

1841年在博士论文中,马克思对人的自由精神的自然本体论做了深层次的探讨(原子的偏斜)。

1842年,从对自由的追求到要求建立作为"世界公民"的"当代世界的哲学";这是积极干预人类现实生活并使它走向合理性发展道路的哲学。

1843年,从"人的自由"发展到"人的解放",初步构建了"无产阶级解放"和"全人类的解放"相结合的解放哲学,这就规定了人类学—哲学的哲学价值、哲学追求方向,是以人类学的解放论对人类学—哲学的最初表达。

1844年的《手稿》,被归结为"经济学—哲学"手稿,但从更深层次看,它也是"人类学—哲学"手稿。因为它对经济学—哲学的人类学基础做了深入的研究,从而完成了人类学—哲学的人本理性基础的构建,使人类学—哲学的诞生成为可能(详见其他书稿)。在这个意义上可以说,马克思为其前无古人的人类学—哲学奠定了广义人类学基础。而此后则是对这一哲学的深入理解和对其重大原理的不断揭示。

1845年在《关于费尔巴哈的提纲》中,以"人类的感性活动"理解《手稿》中的实践,以此为根基,把人类学—哲学建立在人类学实践论的基础之上。

1846年在《德意志意识形态》中,马克思强调了《手稿》中人的物质生产实践对人类生存发展的根本重要性,以此为基础构建了人类学—哲学的历史观,即人类学历史观(唯物史观),这是从历史维度进一步对人类学—哲学的深化和完善。

1847—1848年在《共产党宣言》中,发挥了《手稿》中的无产阶级解放包含全人类解放的思想,开创了以无产阶级解放实现全人类解放的人类学革命论的政治哲学构建;这是这一哲学的最重要的引申。

1857—1858年在《经济学手稿》中,把《手稿》中所说的人的自由本性，进一步以历史发展规律的形式总结出来，形成了人类走向自由解放的三阶段论，使这一哲学的自由解放理论有了规律性的概括。

1859年的《〈政治经济学批判〉导言》，对这一哲学有三大贡献：一是进一步揭示了《手稿》中的人类学辩证法和辩证方法的思想，建立了这一哲学的基本方法即辩证理论构建方法（从抽象上升到具体）（后来以这一方法形成了他的《资本论》的理论体系）；二是揭示了《手稿》中已露头角的人对世界的基本生存掌握关系；三是对人类世界的以生产力与生产关系的矛盾运动为基础的历史规律的揭示，完成了他的人类学历史观。

1867年在《资本论》中，进一步把《手稿》中的劳动创造价值原理，通过现代工业生产经济学的系统化，上升成为对劳动的价值创造与价值分配的合理性问题的哲学思考，创造了人类学的生存价值理论和其在资本统治下的不合理状态（剩余价值为资本独占），为价值的合理分配打开了道路。

1873—1883年的《人类学笔记》，表明了马克思整个理论的人类学复归，它是对《手稿》中的人类学—哲学思想的更深入的以实证人类学为基础的思考。马克思通过对实证人类学的研究，展开了对世界历史的深入把握和对人类自由解放多重道路的哲学探索。可以预想，马克思将会把人类学作为其哲学思想的终极根据。

这一系列的对《手稿》的人类学—哲学思想的进一步完善，表明马克思在他一生的主要时期，都没有放弃过人类学—哲学的哲学思考。并且都贯通了"自由—真理—正义—公平"这种他自己的也是人类学—哲学的价值追求精神。正是这种精神，推动马克思力图改变不合理的现实世界，消除对人的一切非人统治，推动人类走向自由解放。他一生的哲学构建，表现出他为人类的生存合理性而奋斗的伟大情怀。

第十章

马克思把握人和人类世界的四大基点

小引：在理论前提和理论逻辑的基础上，马克思如何把握人和人类世界，形成他的人类学—哲学呢？这体现在他的思考把握的立脚点、出发点、归宿点都是人，即以"现实的个人"为体现的"社会化的人类"，其最终指向是"每个人与一切人"的自由发展，而这也就是人类学—哲学的价值立场和制高点，是人类学—哲学的终极目的。这四大基点不仅是马克思理解把握人和人类世界的基本立场和方法，也使人类学—哲学得以确立。问题在于：由于人们没有人类学视野和对马克思哲学立场的人类学意识，既未能发现马克思对人类学—哲学的系统理论构建，也没有意识到马克思对人类学方法论的创立。

新词：立脚点、出发点、归宿点，制高点，"每个人"与"一切人"，人类学价值立场

马克思对于人类学—哲学创立，除了有他的理论前提和逻辑基础之外，还在于他创立了一整套人类学—哲学方法。他在1842年就提出要用"人类精神的更正的视野"观察人和人类世界，但是，究竟如何以这种人类学视野观察世界，则是在后来逐步表述出来的。这就是他实际观察把握人和人类世界的人本基点。孙正聿先生已经指出了马克思哲学思想的立脚点、出发点和归宿点①，这可以视为马克思构建其人类学—哲学的三大基点。而这三大基点，又是建立在人类学价值立场这一制高点之上的。人类

---

① 孙正聿：《思想中的时代》，北京师范大学出版社2005年版，第163页。

学价值立场是人类学视野的价值根据。马克思正是以这四大基点观察把握人和人类世界，才构建他的人类学—哲学。四大基点是马克思创立的经典的人类学—哲学方法，是其人类学思维范式的思维方法论基础。

一 把握人和人类世界的立足点：社会化的人类

马克思从他的探讨自由的本体论基础的博士论文开始，到指导社会解放运动的《共产党宣言》，其间既关注市民社会与法（国家）、旧世界及其对人的专制奴役、私有制、劳动与资本的对立、物质生产与社会历史、资本主义与无产阶级解放这些社会政治问题；又上升到人类学高度，关注人类这种特殊的社会存在物，关注它与动物的区别与联系，它与自然界的关系、它的自然性与社会性、它的存在和生成、它的生存基础与发展规律、它的劳动实践与生成历史、它的类特性与个体自由、人的异化及其克服、人的解放与全人类解放等等人类学问题。前者建立了无产阶级解放理论，后者建立了人类解放理论。这两者都是在人类学高度上立言的。因而他实际开辟了从人类学视野观察研究人和人类世界的人类学—哲学道路。只有在这种人类学高度上，才可能理解马克思所说的这样一句纲领性的话：

新唯物主义的立脚点是人类社会或社会化的人类。[1]

这就是说，马克思自觉地把他的哲学立足点，定位在"社会化的人类"之上，观察研究人类的生存发展和自由解放问题，这种立足点的建立，对形成人类学—哲学是非常重要的。

把立脚点建立在"社会化的人类"之上，是什么意思呢？马克思比较地说，旧唯物主义的立脚点是"市民社会"，即孤立的个人，看不到人的社会联系和整体，即整个人类世界，这只能是抽象的人的立场。而新唯物主义则是站立在"人类"这种"社会存在物"的立场上来看问题，这

---

[1] ［德］马克思、恩格斯：《德意志意识形态》（节选本），人民出版社2003年版，第8页。

就是一种更高的人类学立场。因此，马克思所说的"社会化的人类"，至少包含这样三个方面：

其一，立脚点就是立场，以"社会化的人类"为立脚点，就是站到人类这种社会存在物的人类性立场上来观察把握人和人类世界。从而为这一哲学奠定了基本立场。

其二，站在"社会化的人类"即人类学立场观察人和人类世界，就形成了这一哲学的人类学方法论，这是马克思几年哲学探索的一个结论，是马克思的"新唯物主义"赖以确立的基本方法。

其三，站在"社会化的人类"的立场上，看到的就是作为社会存在物的人和人类世界，他的种种社会性的矛盾和问题等等，这就进一步确立了人类学—哲学的对象。它表明了马克思哲学的对象，不是自然界，不是物质世界，不是自然性的人、类本性的人，而是以一定的社会关系、社会形式生存发展着的个人和由他们的社会集合而形成的人和人类世界。

二 把握人和人类世界的出发点：现实的人及其实践活动

哲学的人类学转向，哲学对人类问题的关怀，在它把立足点置于人类的社会性上之后，进而有个具体从哪里出发观察把握人类问题的问题。我们知道，在这个问题上，费尔巴哈是从想象出来的"类本质"即人的自然的一般本性出发，这显然是一种抽象；而施蒂纳是从他想象出来的单纯的孤立个体"唯一者"出发。马克思表明，这两者都不能进入人的真正的社会存在世界，从而不能把握人类的基本问题。马克思反对以"路·费尔巴哈和麦·施蒂纳使用的基本范畴如'类'、'惟一者'、'人'等等"[①] 出发把握人类问题。他与当时红极一时的这种观点不同。那么，马克思站在"社会化的人类"立场上观察把握人和人类世界，他会从哪里开始呢？在批判以上观点的《德意志意识形态》中，马克思进一步要求

---

① ［德］马克思、恩格斯：《德意志意识形态》（节选本），人民出版社2003年版，第8页。

第十章　马克思把握人和人类世界的四大基点 / 173

从具体的、实际存在的即"真实的人"、"现实的个人"出发。他反复指出："我们的出发点是从事实际活动的人"①，是"从现实的、有生命的个人本身出发"②。是"生存于一定关系中的一定的个人"③，即"从事实际活动的个人"，它包括这样三个方面。

其一，"我们的出发点是从事实际活动的人"。"它的前提是人……是处在现实的、可以通过经验观察到的、在一定条件下进行的发展过程中的人"④。其二，这种个人作为"一个特殊的个体……同时他也是总体、观念的总体、被思考和被感知的社会的主体的自为存在"，即具有其类本质的"现实的人"，"真实的人"。其三，所谓"从事实际活动的人"就是实践着的人，它作为"社会的主体"就是进行生存实践活动的主体。

这就是说，马克思人类学—哲学的出发点，是个体与"类"相统一的现实的真实的人及其实践活动。现实的人、真实的人，既超越了费尔巴哈想象出来的人的"类本质"，"类本性"，人的"自然本性"，又超越了施蒂纳和克尔凯郭尔所想象出来的孤立个体。从而找到了既不同于费尔巴哈的旧的自然人本主义、又不同于施蒂纳和克尔凯郭尔的"新人本主义"的新道路——就其注重人的社会性并借以深入人类社会而言，可称之为社会人本主义。它既扬弃了抽象的类，又扬弃了孤立的个体，而是通过个体与类相统一的实践主体，进入人类的社会存在世界，从而开辟了把握人类问题的社会人本主义的新的哲学道路。

说马克思开创了新的社会人本主义哲学道路，是由于马克思作为出发点的这种"从事实际活动的人"，即个体与"类"相统一的实践主体，有两大重要特性。

其一，他既是"每一个单独的个人"，又是"彼此相联系的个人"，因为任何正常的个人要"从事实际活动"，就得处在人与人相联系的社会关系中，而社会关系就是类的关系。因而，从"从事实际活动的人"出发，马克思就可以从个人与个人构建的社会关系中把握人，这就具体进入

---

① 《马克思恩格斯选集》第1卷，人民出版社1995年版，第73页。
② [德]马克思、恩格斯：《德意志意识形态》（节选本），人民出版社2003年版，第17页。
③ 《马克思恩格斯选集》第1卷，人民出版社1995年版，第123页。
④ [德]马克思、恩格斯：《德意志意识形态》（节选本），人民出版社2003年版，第17页。

到人的社会关系中来了。《手稿》所说的"个人是社会的存在物"就是这个意思。

其二，马克思这里所说的"从事实际活动"，以及在《手稿》中一再强调的人的"对象性的、感性的活动"，不能不是实践。作为主体的人不能不是实践的主体。这就开辟了从实践上理解人和人类世界的方法和道路。这种从实践上理解人和人类世界的思想，在马克思的许多著作特别是《1844年经济学哲学手稿》中是随处可见的，如"自然科学通过工业日益在实践上进入人的生活，改造人的生活，并为人的解放做好准备"①，人对世界的"实践的、现实的关系"② 等。而在《关于费尔巴哈的提纲》中，更把它当作了中心议题：《提纲》进一步把实践上升到观察理解人类和人类所面对的世界的人类学基点，建立了从实践上理解和把握世界的实践人类学哲学："从前的一切唯物主义（包括费尔巴哈的唯物主义）的主要缺点是：对对象、现实、感性，只是从客体的或者直观的形式去理解，而不是把它们当作人的感性活动，当作实践去理解，不是从主体方面去理解。"③ 他没有"把人的活动本身理解为对象性的活动"④。

这从直接性方面看，就是建立了从实践上理解和把握人和人类世界的实践人类观，实践世界观。但是，由于马克思把实践理解为"人的感性活动"，"人类的感性活动"，这样的实践就是人类学意义的实践，从而上升到了人类学高度，从深层上说也就是建立了人类学实践论，人类学世界观。所以，"现实的人及其实践活动"是一个人类学命题，从这个出发点观察理解人和人类世界，为观察把握人和人类世界确立了最为重要的人类学方法之一。

这些无不表明，马克思是从人类学的立场来看待人、研究人的。因而，他的思考，都是建立在"个人"基础上的对于"人类"问题的思考，即上升到人类学高度和人类学关怀上对于人和人类问题的哲学思考。而这，也就是人类学—哲学范式观察把握人和人类世界的问题的基本理论与方法。与其说马克思是"以人为本"，不如说是"以人类为本"，更能表

---

① ［德］马克思：《1844年经济学哲学手稿》，人民出版社1979年版，第81页。
② 同上书，第53页。
③ 《马克思恩格斯选集》第1卷，人民出版社1995年版，第58页。
④ 同上。

达马克思的哲学立场。

三 把握人和人类世界的归宿点:"每个人"与"一切人"的自由发展

为什么要研究人和人类世界？为什么要站到人类学高度观察研究人和人类世界的问题？无论从马克思青年时代的人类学志向来看，还是从他的人类学意义的自由、真理、正义、公平的人格理性精神来看，他都有一个强烈的价值追求目标或者说最高宗旨，并在《共产党宣言》中把他的哲学理论探索的最高宗旨表述出来，并作为《共产党宣言》的最高宗旨。孙正聿先生恰当地概括为马克思哲学的归宿点：

"在那里，每个人的自由发展是一切人的自由发展的条件。"[①] 即自由人的联合体。这也就是在《资本论》中所说的"人的自由而全面的发展"。

归宿点表明，马克思这一哲学的最高宗旨、全部目的，都是为了实现"每个人"与"一切人"的自由解放，是为人和人类世界走向自由人的联合体服务的。它表明了马克思的哲学就如他最初所说，是"为历史服务的哲学"，是为了"把人解放成为人"的哲学，即是为了人的合理生存与健全发展而奋斗的哲学。这种归宿点，表明了他研究人和人类世界的宗旨和目的。它为人类学—哲学规定了方向，也为其确立了价值选择的人类学目标。

这个归宿点的提出，表明了人类学—哲学的终极关怀，以及整个理论构建的目的。

马克思哲学的立脚点、出发点、归宿点，只有放在人类学高度上才能理解其哲学意义。它形成了人类学—哲学范式的基本立场和基本方法。它表明，马克思哲学是因人而起、为人而作、为人类的合理生存与自由解放开辟道路的哲学。

[①] 《马克思恩格斯选集》第1卷，人民出版社1995年版，第294页。

四 把握人和人类世界的制高点：
人类学价值立场

如果我们进一步追问：为什么马克思新唯物主义的立脚点、出发点和归宿点都是人呢？或者，立脚点、出发点和归宿点是不是本原性的立场和方法呢？这一追问可以看出，它们都不过是一种更高的价值立场的要求使然。这种更高的价值立场，可称为人类学价值立场，它是马克思从一开始走向哲学时就奠定的，它体现在诸如此类的话中："因为人而为了人"，"人是人的最高本质"，一切解放都是"把人的世界和人的关系还给人自己"，"把人解放成为人"，等等。这些话表明了马克思哲学思考的价值立场，是为了全人类的进步发展的人类学价值立场。马克思从一开始就是把这种人类学价值立场作为他观察把握人和人类世界的制高点的。这种制高点的核心，就是在《共产党宣言》中表述的"每个人"与"一切人"的自由发展，即全人类的合理生存、健全发展与走向自由解放这一价值立场。这是马克思伟大的人类学价值立场，因而也是他观察、把握和解决人和人类世界一切问题的根本性的价值立场和价值原则。它既是马克思观察分析人类一切问题的制高点，也是马克思人类学—哲学的制高点。马克思的人本哲学理念，他的人类学—哲学的价值视野，就是以这种制高点为根据的。这也就是说，正是由于马克思人类学—哲学的价值立场这一制高点的确立，才产生了马克思人类学—哲学的立脚点、出发点和归宿点。

马克思的人类学—哲学的方法论，就体现在他总是从这种价值高度观察把握人类问题。这四大基点的确立，表明从康德开始的西方哲学的人类学转向，至少从方法论上说，在马克思这里得到了完成。

从这四大基点可以看出，马克思在1843年的《论犹太人问题》、《〈黑格尔法哲学批判〉导言》中提出"政治解放"、"人的解放"、"无产阶级解放"和"全人类解放"，都是他站在人类学—哲学立场上或者说——人类学价值高度上提出来的。而在《1844年经济学哲学手稿》中，又自觉不自觉地从总体上研究把握了人和人类世界的人类学问题和种种社会问题。

这四大基点表明，马克思人类学—哲学的形成，除了上述的前提性理论之外，关键在于有一套观察、把握人和人类世界的、属于人类学性质的方式方法，才使人类学—哲学的建立成为可能。

　　说到这里，可以顺便回答这样一个问题：马克思的"新唯物主义"新在何处？有人说新在"物质"，有人说新在"辩证"，有人说新在"历史"或新在"实践"，这些当然都不无道理，但都未必符合马克思的原意。马克思自己就没有强调他的"新唯物主义"之"新"，在于物质、在于辩证或实践，那么，其新在何处呢？笔者认为，新就新在他的人类学价值立场和人类学视野，具体就体现在这四大基点的确立。因而，建立在这四大基点上的特别是人类学价值立场上的新唯物主义，就只能是人类学唯物主义，即人类学—哲学。因此，其"新"就新在它是建立在人类学高度上的对于全人类的哲学关怀。只有从"人类学"这个制高点出发，把"社会化的人类"作为主体，所谓"辩证"、"历史"、"实践"等等，就都自在其中，因为它们都不过是"社会化的人类"这一社会主体的人类学特性而已。

第十一章

马克思对旧哲学的否定与
对新哲学的创立

小引：马克思处在近代形而上学哲学向现代人类学的哲学转向的新旧交替时代。任何新哲学的创立，都既要批判否定传统哲学范式，又要创立它的一系列新的原则和原理，马克思不仅构建了人类学——哲学的理论前提和理论基点，更通过对旧哲学的否定与对新哲学的创立，构建了人类学——哲学的一系列的理论原理。问题是，在马克思构建的十大哲学原理中，只有少数几条（第3—5条）被片面地或突出地加以发挥。其他都沉没在历史背后不为人知。只有从人类学——哲学这一新范式出发，才能全面发现和理解马克思的人类学——哲学构建及其当代意义。

新词：对旧哲学的否定，对新哲学的创立，人和人类世界的哲学，人类学认识论，人类学历史观，社会人本论，关系分析法

马克思处在近代哲学向现代哲学转变的始发阶段。他本人就是这一转变的标志性哲学家。他从一开始就是站在反对近代传统哲学而要求构建"当代世界的哲学"这一分水岭之上，进行他的哲学探索的。由于黑格尔哲学是近代哲学发展的顶峰，现代哲学也就只能从否定黑格尔哲学开始，而马克思是最早出来否定黑格尔哲学的几个人[①]。马克思的否定不是站在意志主义、实证主义、存在主义立场上的否定，而是站在他的"真实的

[①] 在马克思稍前，通过否定黑格尔哲学而开创新哲学的，主要有叔本华的意志主义，孔德的实证主义，克尔凯郭尔的存在主义，以及费尔巴哈的自然人本主义，而马克思则是直接从否定黑格尔和费尔巴哈出发开辟他的新的哲学道路的。

人"的立场上的否定。他由此开创了现代哲学的一种最关心人类命运，也最能如实把握人和人类世界的哲学方向。这种开创，是通过对旧哲学的一系列的批判否定而实现的。因为，马克思对旧哲学的否定，同时就是他在哲学上的创新，这是同一个问题的两方面。

一 否定关于"整个世界"的形而上学哲学，创立了关于"人和人类世界"的新哲学

马克思对旧哲学的明确否定，是通过多方面进行的，主要体现在如下方面：

1. 马克思否定两千年来抽象的形而上学哲学，把哲学对象由抽象的整个世界，转向具体的人和人类世界，创立了以人和人类世界为对象的人类学唯物主义新哲学

马克思既否定黑格尔从客观精神、绝对理念视野解释世界的唯心主义形而上学哲学，也否定从抽象的普遍物质视野看世界的唯物主义形而上学哲学立场，这就否定了两千年来或以精神为本、或以物质为本的形而上学哲学。哲学不再是关于"一切存在"或"存在的存在"的哲学，也不是关于整个世界的哲学以及人对世界的认识的认识论哲学。这些都随着近代哲学的衰落而衰落了。如前表明，现代哲学转向了人类学方向，而马克思在这一现代哲学的转向中，创立了他的关于人和人类世界（当然包含人类学的自然界）的新哲学。这从对象方面说已经是全新的哲学。

马克思的哲学创新，首先是哲学对象上的创新。如前表明，马克思明确强调他的新唯物主义的立脚点是"人类社会或社会化的人类"，那么，站在这个立脚点上研究什么呢？这就只能是研究人和人类世界。用《德意志意识形态》的话来说，它的对象是"整个人类世界"[①]，这当然是历史地存在和发展着的人和人类世界。这，也就是他的"新唯物主义"哲学的对象。有了新的哲学对象，就会有新哲学的形成。因此，马克思开辟了从整体上把握人和人类世界的新哲学。

---

① ［德］马克思、恩格斯：《德意志意识形态》（节选本），人民出版社 2003 年版，第 21 页。

所谓人和人类世界，即"整个人类世界"、"整个人的生存世界"，它有非常丰富的内容，例如：

其一，是由自然界生长起来的以个人为实在体现的"人的个体生命存在"，这是前提；

其二，是人所面对的世界——作为人的对象的一切"对象、现实、感性"，包括人所面对的自然界；

其三，是人的生存发展活动——实践及其形成的"人类社会"，这是人的生存主体的生存方式；

其四，是人的这种实践活动在自然界基础上所创造的世界——人的生存价值世界，这是人所创造的对人的生存有利的有价世界，包括生态—技术世界、物质—财富世界、制度—权力世界和精神—规范世界等；

其五，是人的生存发展需要，包括物质的、制度的、精神的需要，这是人类生存发展的动力之根；

其六，是为满足人的种种不断增长的需要而进行的人的精神智力创造活动，科学的、工具的和生产的创造活动，这是人类生存发展的调控之源；

其七，是人的智理世界与其技术化、智力化活动（今日已发展成电脑、卫星和作为地球的信息圈、智力圈的网络世界）等等。

对这种人的生存世界，马克思是怎样把握的呢？他一方面在现实结构上从物质技术层面（经济基础）、制度权力层面（上层建筑）、精神意识层面（意识形态）这一立体结构把握它；另一方面从其内生矛盾（生产力与生产关系）的辩证法及其历史性发展把握它。这就从纵横立体结构的整体上把握了人和人类世界，创立了关于"整个人的生存世界"的哲学。

这一哲学的创立，使哲学由抽象的形而上的物质或抽象的形而上的精神，转向了具体的从事实际活动的个人和他们的集合——人类世界，从而完成了哲学史上的重大的人类学转向，一种以"整个人的生存世界"为对象的"新唯物主义"即人类学唯物主义哲学就由这里开始了。

2. 马克思否定从精神理念或客观物质的视野看世界的哲学立场，创立了从"人类精神的真正的视野"看世界的人类学视野和人类学立场

我们知道，西方传统哲学，就其哲学立场和哲学视野方面说，不外主观的或客观的唯心主义和唯物主义。唯心主义立场从主观的或客观的精神世界的视野看世界，而唯物主义则从客观物质的视野看世界。马克思明确地否定了这两种极端的立场和视野：

> 任何极端都是它自己的另一极端。抽象唯灵论是抽象唯物主义；抽象唯物主义是物质的抽象唯灵论。二者是同样的谬误①。

马克思对黑格尔哲学的否定，就是对客观精神视野的否定，而对旧唯物主义的否定，就是对客观物质视野的否定。马克思正是否定了这种极端对立的两"唯"视野，才创立了他自己的"人类精神的真正的视野"。这种人类精神的视野是什么视野？只能理解为人类学视野。哲学家只有站在"世界历史"发展和人类学高度，才能产生这种人类学视野，而从人类学高度和人类学视野看世界，就会形成人类学的世界观。

马克思的人类学视野的表现是多方面的。其中一个重要的方面，就是对"对象、现实、感性"，即人能感受到的一切存在，不再从直观的、纯客体的即主客对立的方面去理解，而是要从人的"主体方面去理解"②，即从人的人类学活动方面去理解。他的"新唯物主义"之"新"，就在于他反对旧唯物主义那种对待事物的纯客观的因而脱离人的眼界的二元论哲学视野。在他看来，真正的哲学只能是从人的眼界即"从主体方面去理解"世界的哲学。马克思表明，这是由于人不能摆脱其人类学性质和人类学眼界所决定的：

> 对我说来，任何一个对象的意义（它只是对那个与它相适应的感觉说来才有意义）都以我的感觉所能感知的程度为限。③

马克思在这里指出了人不能超越其人的感觉特质、人的人类学发展水平这种"主观方面"来理解对象世界的人类学的感性限定，表明传统唯物主义那种直观的、纯客体的即脱离人的立场来理解事物的虚假性，这在

---

① 《马克思恩格斯全集》第3卷，人民出版社2002年版，第111页。
② 《马克思恩格斯选集》第1卷，人民出版社1995年版，第54页。
③ [德] 马克思：《1844年经济学哲学手稿》，人民出版社1979年版，第79页。

一定程度上吸收了唯心主义那种重视人的因素的能动性与合理性，这是由于人不能不以人的人类学的性质来理解世界所决定的。马克思所说的"主观方面"，不是人的意识意志方面（否则就成了主观唯心主义），而是人的人类学性质方面、人的生存实践方面即人的人类学存在方面的规定性。这就是要求从一定历史发展阶段的人的活动场内、实践场内即以具体的历史的人的眼界、人的立场观察理解自然、观察理解社会、观察理解一切事物。另一方面，马克思特别要求把"实践"当作"感性的人的活动"来理解。这就进一步把哲学的立场由物质的立场或精神立场转向了人的感性生存活动的人本立场上来了。从这种立场看世界，就是人类学的立场和视野。再一方面，马克思的人类学视野还直接表现在他经常谈到"人类学的"、"人类性的"，关注着"整个人的生存世界"，把自然界也理解为"人类学的自然界"，从而形成人类性的、实践性的、历史性的、时代性的人类学的世界观。这就从多方面开辟了现代哲学的人类学视野和人类学立场，使唯物主义哲学由整个物质世界转向了人和人类的生存世界。他的所有哲学理论，都是关于人和人类世界的理论。

3. 马克思否定抽象性的或实体性的唯物主义，创立了立场性、态度性和方法性的"新唯物主义"

马克思否定了从客观的抽象物质的视野看世界，也就否定了抽象的唯物主义。马克思曾经说自己是唯物主义者，但是，马克思既否定了那种以客观物质世界为对象的法国抽象唯物主义，又否定了费尔巴哈的以实体性的自然事物为对象的实体性的直观性的唯物主义，那么，他的唯物主义体现在哪里呢？在马克思时代，物质世界或物质存在，已经开始成为自然科学的对象，哲学已没有必要去探讨。所以，马克思强调了他的"新唯物主义"的立脚点，不是精神，不是物质，不是自然界，而是"人类社会或社会化的人类"，这就明确否定了以客观物质或实体性的自然事物为立脚点的旧唯物主义。于是，一个没有了"物质实体"的唯物主义，那就只能是立场性、态度性和方法性的新唯物主义。即除了尊重客观事实的"实事求是"之外没有别的。这种解除了物质重负的唯物主义的立场、态度和方法，是马克思的重大哲学革命，也是马克思研究人和人类世界的最重要的立场、态度和方法。但是，由于旧哲学观的影响，人们一谈到马克思的唯物主义，就把它与抽象的"物质"联系起来，反而看不到马克思创立的立场、态度和方法的新唯物主义。

4. 马克思否定对世界的直观性的、纯客观的理解，创立了从人的生存实践这种主观方面来理解世界的新唯物主义哲学立场

马克思的立场性、态度性和方法性的新唯物主义不是空无内容，它也有它的物质性、客观性内容，这就是人的生存实践，人的感性的物质生产活动。马克思在哲学上的最重要理论命题，就是《关于费尔巴哈的提纲》的第一条：

> 从前的一切唯物主义——包括费尔巴哈的唯物主义——的主要缺点是：对事物、现实、感性，只是从客体的或者直观的形式去理解，而不是把它们当作感性的人的活动、当作实践去理解，不是从主体方面去理解。……他没有把人的活动本身理解为对象性的活动。①

这就否定了对事物、现实、感性即人所面对的世界的直观性的、纯客观的因而也是主客对立的理解，创立了从人的生存实践即人对世界的实践关系看世界的新立场。从人的生存实践关系看世界，也就是从人与世界的关系内部和这种关系的不断改变看待世界。现代哲学对世界的观察，都是从人与世界相互作用内部、从这种作用场内观察世界。这种立场在马克思这里早就产生了。由于马克思的"生存实践"不过就是"人类的感性活动"或"感性的人的活动"，这种生存实践论也就不能不是人类学的实践论。

值得注意的是，马克思从人的生存实践的立场观察世界，与后人所说的实践哲学、实践唯物主义或实践本体论是不同的。在《提纲》的 11 条中，有 7 条讲到实践。粗粗看来，这似乎是以实践为对象的哲学。但是，第一条、第五条、第九条②，都把实践定位成"感性的人的活动"、"人类感性的活动"，这显然是对实践的人类学视野的解释，它

---

① 《马克思恩格斯选集》第 1 卷，人民出版社 1995 年版，第 54 页。
② 第一条如前，第五条是："费尔巴哈不满意抽象的思维而诉诸感性的直观；但是他把感性不是看做实践的、人的感性的活动。"第九条是："直观的唯物主义，即不是把感性理解为实践活动的唯物主义，至多只能做到……对单个人和市民社会的直观。"

表明："实践"不过是人类生存的感性活动而已,因而只能是人类学意义的实践,人是实践的主体而不是相反。同时,第一条主要是要求以实践去理解世界,第三、四条①主要讲实践是改变人和环境、克服社会矛盾的手段,第二条和第八条②,主要讲实践是验证真理的标准,创立了实践认识论。这些都是把实践作为人们理解和把握"对象、现实、感性"的手段和视界来看待的,同样没有把实践当成对象。它们的目的都不是为了研究实践,而从实践的角度研究人类,是以实践为观察视界和理论手段来研究人和人类的生存世界。看不透这一层,就不能从实践哲学上升到人类学—哲学。在《提纲》中,马克思着意批判的,主要就是费尔巴哈没有正确的实践观点,不能以正确的"生存实践"观察理解人和人所面对的世界。所以,马克思的重大创新,就在于他把"实践"理解为人的生存实践手段,把人的生存实践理解为人观察把握世界的实践眼界、实践思维方式,正如高清海所认为的那样。这就建立一种人类学意义的实践观,以及从这一实践来看人看世界的人类学世界观。

同时,由于马克思把实践活动视同"人类的感性活动",因而,他的以上实践视界,实践立场,同时也就是人类学视界,人类学立场。它是马克思人类学—哲学立场的体现之一。

二 否定传统认识论与历史观,创立了人类学认识论和人类学历史观

在上述哲学变革的基础上,马克思进一步实现了对近代认识论与历史观的变革。主要有:

---

① 第三条:"环境正是由人来改变的。环境的改变和人的活动的改变手段一致,只能被看做是并合理地理解为革命的实践。"第四条:"对于这个世俗基础本身应当在自身中、从它的矛盾中去理解,并在实践中使之革命化。"

② 第二条:"人的思维是否具有客观的真理性,这并不是一个理论的问题,而是一个实践的问题。"第八条:"社会生活在本质上是实践的。"

第十一章　马克思对旧哲学的否定与对新哲学的创立 / 185

1. 马克思否定主客二元对立的认识论哲学，创立了以人对世界的实践关系为根基的实践认识论和实践真理论。从而把"解释世界"的思辨性的求真性理论，转化为"改变世界"的实践性的求善性理论。① **由于改变世界应当是站在人类学立场的改变，这种实践认识论也就是人类学认识论**

前面的讨论表明，马克思把实践理解为人们改变世界的基本手段和认知根据，这也就要求以人的实践眼界、实践棱镜看待一切。同时，马克思把实践理解为人对世界的生存实践，并从这一立场看世界，即从人与对象世界的实践关系看待世界，这种实践关系是把自然界、社会和人的能动活动融为一体的关系，这就否定了传统的以主客对立的二元论为根据的认识论哲学，而创立了从人与对象世界的实践关系看待世界的实践认识论②。一般讲来，从主客对立的认识关系出发只能解释世界，而从实践关系出发则通向改变世界的道路。"解释世界"是从客体的、事实的角度出发，是求真，而"改变"则是从主体出发，从人的价值要求出发，是求善。这就能把求真的认识论哲学，转化为求善的价值论哲学。不仅由主客对立的思辨认识论，转向了主客在实践中一体化的实践认识论，而且由于"善"是不断随着社会历史的变化而变化的，这就否定了一切理论的绝对性，转向实践的开拓进取和验证性。这也就是说，马克思否定了单纯以理论解释世界的旧的思辨认识论、真理论哲学，创立了以实践"改变世界"的求善的、价值论哲学。马克思的名言是："哲学家们只是用不同的方式解释世界，而问题在于改变世界。"③ 但是，这种改变世界的哲学，只能建立在对世界的正确的认识和理解的基础之上，因而，它也不能不包含解释世界的哲学。但理解和解释世界是为了改变世界，所以，马克思不要那种纯理论的哲学，而是要通过批判创立实践性的、行动性的、价值性的哲学。正是站在"改变世界"这一全新的哲学立场上，马克思创立了他的实践性的人类学—哲学。

但是，如果我们仅仅看到这里，那还没有透彻理解马克思。由于马

---

① 孙伟平：《价值论如何"改变"哲学》，《哲学动态》2003 年第 9 期，第 1—5 页。

② 苗启明：《论哲学思考重心的演变与马克思在哲学上的革命》，《云南社会科学》1986 年第 6 期。

③ 《马克思恩格斯选集》第 1 卷，人民出版社 1995 年版，第 61 页。

克思的实践是人类学的实践,由于"改变世界"是站在人类学立场上的改变,因而,马克思的认识论,实际上是上升到了人类学高度的人类学认识论,因为他是从人类对世界的实践掌握关系来理解世界、理解人类的认识活动的。这种人类学认识论与其人类学价值论是一脉相通的。

2. 马克思否定唯心主义历史观,创立了唯物主义人类学历史观,从而为人类学—哲学奠定了唯物主义的世界历史基础

马克思最被公认的创新之一,就是创立了他所说的"唯物史观",即从物质生产实践的立场和态度观察人类的社会历史,并研究了人类赖以生存、赖以发展的物质生产活动,以这一活动的力度(生产力与其交往水平)解释世界历史发展。从而,为社会主义要求提供了一种世界历史必然性的理论基础,因此备受重视。而唯物史观的创立,不仅可以从社会结构上,而且可以把整个社会关系置于历史发展中来观察,从而为深入地、科学地、立体地把握人的"整个生存世界"奠定了理论和方法论基础。也正由于这一点,马克思的唯物主义历史观,才成为现代哲学的历史观。它彻底否定了对人类历史的唯心主义理解。

但是,通常人们只是孤立地、表面地看待马克思的唯物史观,把它作为一种孤立的哲学体系,而没有注意到马克思是在全人类的生存发展这种人类学意义中构建他的唯物史观的。即他的唯物史观不是孤立的,而是以"人类精神的真正的视野"来观察人类世界的人类学—哲学的历史观,人类是历史的主体,是历史的主动者、创造者和体现者。只有在这个意义上,才能充分理解马克思这一哲学创造的人类学意义。这里应当注意到,马克思把它叫做"唯物史观",表明它是更大哲学体系中的一种关于历史的观点。所以,可以把它理解为其人类学—哲学这一新唯物主义的历史观。马克思在谈到唯物史观时说:"但是这些抽象与哲学不同,它们绝不提供可以适用于各个历史时代的药方或公式。"[①] 这就是说,马克思从来没把"唯物史观"当作独立的哲学体系来看待。即它不是历史哲学,更不是一般哲学,而不过是他的"新唯物主义"关于历史的唯物主义观点。由于新唯物主义的实质不外就是人类学唯物主义,人类学—哲学,因而,

---

① 《马克思恩格斯选集》第1卷,人民出版社1995年版,第74页。

马克思的唯物史观也就是人类学—哲学有人类学历史观。它建立在这样的人类学意义上:"整个所谓世界历史不外是人通过人的劳动而诞生的过程,是自然界对人说来的生成过程。"① 它彻底否定了对人类历史的唯心主义理解。

三 否定抽象人本论与其片面自然观,创立了社会人本论与人化自然观

1. 马克思否定从人的类本质或孤立个体看待人的立场,而创立了以个体与类群相统一的"真实的人"为根据理解人和人类世界的人类学立场;同时也否定以人的抽象本性为基础的哲学人性学和哲学人本学,创立了以"社会人"为本位的社会公共人本主义新哲学

哲学界对马克思哲学思想的最大误解,一是以西方传统的抽象人性论和人道主义、人本主义理解马克思早期的哲学思想;二是把它与费尔巴哈的人的类本质思想等同起来。事实上,马克思恰恰以自己的哲学创新否定了这些时髦思想。马克思在《手稿》中就强调人在本质上"是社会存在物",强调人的社会性和个体与类的统一,而在《形态》中,更把自己的哲学基点建立在"有生命的个人的存在"的基础上。有生命的个人,是活生生的完整的个人,马克思称之为"真实的人","社会人",其特征是个体性与类本性、个人与类群的统一。只有在这种逻辑基础上,他才会有他的人类性、社会性、时代性、历史性以及阶级性等等,才参与社会生活,成为人的真实的存在体。只有从这种"真实的人"出发,才能进入真实的人的生存世界。马克思的《德意志意识形态》,就其主要批判对象而言,就是以这种新的人的哲学理念,既反对费尔巴哈的抽象的自然人本论,又反对施蒂纳的孤立个体人本论。这两种理论各执一端:一个以类为本位,一个以孤立个体为本位,其共同错误,就在于它们都必然堵死进入"真实的人"的真实生活世界的通道。马克思的创造性就在于,他在逻辑基础上从个体与类群相统一的社会人出发,既在逻辑上超越了两大错误理论,又创造了以"社会人本论"为基础的、能够逻辑地进入人的生存世界、真实地把握人的社会生活的、并以其为对象的新哲学,从而开辟了正

---

① 《马克思恩格斯全集》第1卷,人民出版社1965年版,第591页。

确理解和把握人的生存世界的道路。不理解马克思在德国新兴哲学争论基础上的这一关键性创造，就不可能理解马克思理论的核心精神，就会把他与费尔巴哈旧人本主义混同起来，东西方的许多学者都是这样误解马克思的。

这里更应当深入看到：马克思所强调的个体与类的关系，实质上是人类世界最根本的社会公共价值关系：个体依赖于类群、类群依赖于个体的互相支持生存、互为生存前提的公共价值关系。这种关系是一切"社会关系"的基础，社会关系不过是公共价值关系在具体社会境遇中的体现。这样，以此为根基，马克思就创立了能够弘扬人的人类学价值的社会公共人本主义——即既考虑个体自由发展又考虑类群自由发展的社会公共价值新哲学，这也就是马克思在《共产党宣言》这样重要的著作中既强调"每个人"又强调"一切人"的内在原因。是马克思独创的前无古人的、又有未来意义的人类学价值哲学理念。这样的社会公共人本主义价值精神，是当代人类和其任何共同体都应当树立的新的时代精神。

2. 马克思否定了人与自然界相对立的征服自然观，创立了人与自然界的合理物质变换的生态和谐观，为生态文明开辟了道路

把哲学对象转移到人和人类世界，一个必然的问题是人与自然界的关系问题。要从人与自然界的关系讨论人类世界的问题。自近代工业技术产生以来，人们把自然界（资源环境等等）视为无限的、可以由人任意征服掠夺的对象，从而站到了与自然界相对立的掠夺自然的立场。不错，马克思承认"人对自然的能动关系"，但他认为人是自然界的一部分，"自然界是人的无机的身体"，这就开辟了人与自然相因相依的生态立场。他的基本要求，是针对人与自然的敌对而要求"人与自然界的和解"，是针对人对自然的掠夺而要求"合理地调节人与自然之间的物质变换"。这表明，马克思一方面从人类学立场出发观察自然界，另一方面又从自然界的立场观察人，创立了人与自然界互为对象、互相依存的生态和谐立场：

任何历史记载都应当从这些自然基础以及它们在历史进程中由于

人们的活动而发生的变更出发。①

他的这种人与自然相互依存的理论，成了他的生态哲学的核心，成了今日生态马克思主义的直接理论基础，也为解决今日的生态危机和人类未来的生态文明发展方向奠定了基础。

四 马克思开创的新哲学：关于人的生存合理性的新哲学

1. 马克思否定对不合理现实的非批判、非介入的姑息超然的哲学态度，创立了以人类学价值立场干预现实世界的不合理性的人类学—哲学态度，从而开创了为人的合理生存与走向自由解放而奋斗的新哲学

马克思秉承了康德以来的哲学理性批判传统，把它运用于对现实世界的批判，他为此直接否定那种对现实世界的不合理性抱姑息态度和超然立场的"孤寂冷漠"的思辨哲学，而从一开始就对现实的不合理性展开了无情的批判。诚如某位同志所说，他既批判了前现代（专制特权社会）的不合理性，也批判了现代性（资本统治）的不合理性。他的目的，是在人类被物化、被异化的社会历史发展中，规范人类未来的合理性发展。马克思进行这一批判的根据，则是他所创立的人类学价值原则和价值立场。马克思人类学—哲学的形成，关键在于其人类学的价值立场的形成，并以此作为批判世界的根据。马克思不仅创立了人类学的价值原则、价值立场，更创立了以此为根据的人类学方法和人类学思维范式等等。应当看到，以这样一种态度构建的关于人的生存世界的新哲学，当然要把"一个时代的迫切问题"即现实世界的不合理与非法性作为关注的中心，并站在人类学价值高度上批判分析这些问题，以图通过问题的不断解决而为人的生存合理性开辟道路。因而，从更深层次看，它应当是研究人类生存发展解放问题的新哲学；而人的生存发展解放的核心问题，不外是人们如何在新的世界历史形势下、新的生态环境中不断实现自身的合理生存与健全发展问题，因此，这一哲学就不能不是关于人类的合理生存、健全发展与走向自由解放的生存合理性哲学。

---

① 《马克思恩格斯选集》第1卷，人民出版社1995年版，第67页。

2. 马克思否定了实体本质观，创立了关系本原论和关系规定论，从而为新的哲学构建了关系分析方法论，而关系分析就是具体分析

许多西方现代哲人认为，马克思是本质主义者。但是，实际上，马克思把向来的对于事物本质的哲学探求，转向对于关系的探求，他由实体转向了关系。例如，马克思强调：人的本质不是抽象的固定物，而是"社会关系的总和"，开创了从关系上把握人的本质、人的生存世界的新哲学。从关系出发把握世界，哲学思维方式也就由实体思维方式转换为关系思维方式，从对实体本质的哲学追求，转向了对关系规定性的哲学追求。所以，他的新唯物主义走出了传统的实体唯物主义的阴影。辩证法就是讲关系的，他的辩证法也最早进入了人类的社会关系的辩证领域，构建了他的人类学辩证法（而不是物质世界、自然世界的辩证法）。他的认识论，也最早进入人的实践关系领域，成为实践关系的认识论。他总是在关系的前提下思考哲学问题。因而，他的哲学也就超越了那种从实体中概括"抽象性、一般性和绝对性"的本质主义哲学，建立了根据具体关系而具体分析的关系本原论。正是在这个意义上，马克思的本体论不是"人的存在"本体论，而是人的生命关系本体论。正是在人的生命关系本体论的基础上，马克思全面分析了人的生存世界的基本关系，为从关系上分析理解人和人类世界以及一切事物开辟了道路。他的《资本论》，就建立了一种以经济关系分析为主的经济关系哲学。马克思的关系分析，为列宁所重视，实际上开辟了"具体问题具体分析"的先河。同时，关系分析也是辩证分析和把握事物的辩证法的基础方法，因为辩证法主要就是对立面的辩证关系。

此外，马克思还有许多对旧哲学的否定和对新哲学的创立，这里无法穷尽。例如，马克思对黑格尔绝对理念辩证法的否定与对人类学辩证法的创立，为人类学—哲学奠定了辩证法基础。马克思否定绝对理念的存在，也不抽象地讨论物质世界或自然界的辩证法，但却大量地讨论了人的和人类世界的辩证法，这些我们已有专门研究，这里从略。

五 马克思的综合创新：改变不合理
世界的人类学—哲学的创立

由前面讨论的对旧哲学的十大否定和对新哲学的十大创新可以看出，马克思的人类学—哲学，完全摆脱了唯心抽象的主观精神和漆黑一片的客观物质，而进入到了人类的互为对象、充满关系、生机勃勃地感性地生活着的人的生存世界和生活世界。而人，作为"属人的自然存在物"，就是这个世界的最有生机的活动者和创造者。这个以自觉的、能动的、富有创造精神的人为基础的、有着各种关系和联系的、特别是包含着人与自然界之间的生存掌握关系的世界，就是马克思所开创的哲学新天地。

前已指出，自康德以来，哲学的人类学转向日趋兴旺，人的问题，人类的问题，在当时成了精神历史的重要问题，人类解放问题也已由先前的哲学家提出，马克思在学生时代作为激进的青年黑格尔派成员，不能不感受到这一时代精神。他在1842年就要求"真正的哲学"要成为"时代的精神上的精华"，其特点是：从内容到形式"同自己时代的现实世界接触并相互作用。……变成当代世界的哲学"①。1845年，他更表明这种哲学（新唯物主义）的立脚点是"人类社会或社会化的人类"等等，这些都是哲学的人类学转向在马克思这里的激进要求。它要求新的哲学要研究和解决人的生存世界的不合理问题，这是马克思不自觉的人类学—哲学宣言。他的全部理论著述和社会实践活动，都是为这一目的服务的。所以，马克思在西方哲学的人类学转向中，选择了最有社会历史发展意义的"人的整个生存世界"和其生存合理性问题作为他的哲学的关怀的中心，就是很自然的事了。这就不能不为他所开辟的哲学定了性。

从广义上看，现代哲学，基本上都是关于人和人的世界的哲学。例如，作为现代哲学的生命哲学的"生命"，意志哲学的"意志"，存在主义的"人的存在"和"生存"，实证主义、实用主义的"经验"，诠释学的"理解"，结构主义的"结构"，解构主义的"解构"，以及现象学的"现象"，过程哲学的"过程"等等，都是直接间接针对人和人的世界的。而马克思则首先开创了对人和人类世界进行总体性把握的前无古人的一种

---

① 《马克思恩格斯全集》第1卷，人民出版社1995年版，第220页。

新哲学。

马克思创立的这一前无古人的新哲学,作为一种新的哲学范式,包括这样三个层次的理论:第一层次,主要是关于"自然界的人和人类世界"的理论,如人的生存前提论、人的人类学规定性等。第二层次,主要是关于"人和人类世界的社会特性"的理论,如社会人本论、人类学实践论等等。第三层次,主要是针对"人类世界的不合理性及其实践改变"的理论,它以对现实问题的不合理、非法性的审思与批判为手段,提出了改变世界的根据、方式、方向等等。这是一种全面研究人和人类世界的新哲学。

总之,马克思的哲学开创,使传统的近代的"独立的哲学失去了生存环境",开辟了现代哲学对于人的生存世界的关怀。只有在这个人类学—哲学的世界里,马克思才革除了"自我意识、宇宙精神或者某个形而上学怪影",即传统物质概念这种哲学的"抽象行动",代之以"可以通过经验证明的行动"为出发点的新哲学①,实现了哲学根基、哲学方向上的革命性的现代转变。

总之,马克思通过对哲学的十大否定和十大创新所开辟的新哲学,从理论特征看,只能概括为人类学—哲学。但它是松散表述的、非决定论的、柔性的、开放性的理论。这是建立在现代性的社会基础、现代性的哲学倾向与现代性精神追求之上的新哲学。

---

① 《马克思恩格斯选集》第1卷,人民出版社1995年版,第89页。

第十二章

马克思人类学—哲学的存在论基础

小引：任何真正的哲学都不能没有它的存在论基础。马克思人类学—哲学的存在论基础，是人的个体生命存在：从人的自然存在、社会存在到人的关系存在，特别是人的生命的本在、通过劳动而转化为他在，又通过他人的占有而转化为异在，即劳动异化。这种存在论基础决定了马克思人类学—哲学从人类学到社会学的理论基础。

新词：人的关系存在，人的本在、他在与异在（劳动异化）

马克思开创的人类学—哲学，有没有它的存在论根基呢？哲学，从来都是关于存在的学说。在古代，哲学追求存在的存在，即一切存在的共同本质，这就形成了形而上的本体论。在近代，哲学追求人对存在的认识，但认识仍然是以存在为基础的，仍然要讲存在。现代哲学非常复杂，但也都不能不以某种存在为前提。有的研究存在何以存在，有的研究某种具体的存在。现代哲学虽然大都不再研究一切存在，但也总要以某种具体的存在为对象，为根基。其中人的存在，是现代哲学关注的重心。马克思走向理论前沿时，他没有去追问一切存在，领悟一切存在，也没去理解存在的存在或存在何以存在，而是以人的生命存在为前提，关注人的自然存在，人的社会存在，关注人的生命活动，人的感性物质实践活动，即人的社会存在，从而创立了"属人世界"的人类学—哲学。人的社会存在就是马克思哲学的存在论基础，因而也是进入马克思人类学—哲学的大门。但它是建立在人的自然存在的基础上的。

一　人的自然存在

人的存在首先是自然存在，是人的血肉之躯的生命的存在。人赖自然界的物质和能量而生存，人以自然存在物为自己的生存对象。马克思认为，一切自然存在物都是互为对象的存在物，没有对象的存在就是非存在。人更是这样。马克思确认："人直接地是自然存在物。人作为自然存在物……人作为自然的、肉体的、感性的、对象性的存在物，和动植物一样，是受动的、受制约的和受限制的存在物"，是以其他自然存在物为生存对象的自然存在物。这主要表现为人必须生存于一定的自然环境之中，并在环境中与自然进行物质和能量的变换交流而维持自身的生存。这种自然存在性，是人作为人的存在前提。它表明了人类生存对自然界的依赖性。但是，马克思更看到：人又是能思、能动的自然存在物。是"具有自然力、生命力的能动的自然存在物，这些力量作为天赋和才能、作为欲望存在于人身上"[①]。因此，人作为能思能动的自然存在物，就在于他可以而且必然要凭借自己的力量与自己所从出的自然界发生关系，这样，人就主动地自觉地以自然存在物为自己的生存对象，与它建立各种生存关系。因此，说人是一种"对象性的存在物"，人在对象中存在，凭借对象而存在，即是说人在与自然界的对象发生各种具体的关系中存在。用马克思的话说，动物不和什么发生关系，动物与对象的关系不是作为关系而存在的，人却凭借他的本质力量和对象世界发生各种生存关系而存在。这样，人的自然存在的意义就在于：人的自然性决定了人必须凭借与自然的关系而存在。人与自然的关系成了人类生存的最根本的关系。但是，马克思又表明，人的自然存在，人和自然界的关系，不是孤立发生的，它是通过社会、通过人的意识而发生的，即人的自然存在是通过人的种种社会性的关系而实现的。因为人是在各种关系中完成自身生命的生存和发展的。

二　人的社会存在

人的存在在本质上是人的社会存在，人的自然存在是通过人的社会存

---

① ［德］马克思：《1844年经济学哲学手稿》，人民出版社1979年版，第120页。

在则实现的,人首先是社会存在。人的社会存在,就是人在社会关系中的存在。马克思强调:"人是社会存在物。"马克思虽然直接讲到"人的存在","人的自然存在","人的类存在",但这些都不是马克思所要研究的。他关注的是人的"属人的存在",人是"对象性的存在",人和它的对象世界的互相依存等等,这些都可以概括在人的社会存在之中。在马克思看来,"人的自然存在"、"人的关系存在"只不过是"人的社会存在"的状态。马克思所强调的作为他的哲学出发点的"现实的人"、"具体的人"、"从事实际活动的人"等等,都不是抽象的人,而是处在具体的社会关系中的人,即都是在人的社会存在的意义下确认的人。马克思不是直接地、直观地像费尔巴哈那样自然主义地看待这些问题,而是从"人是社会存在物"的立场上立论的。在马克思看来,"社会是人同自然界的完成了的本质的统一,是自然界的真正的复活,是人的实现了的自然主义和自然界的实现了的人道主义"①。因此,人的社会存在,处在这样一个关节点:它既是自然的,又是人的;既是鲜活的人化的自然,又是自然的社会化了的人。从人的社会存在出发,同时也就是从自然和从关系出发,它包含了人的全部丰富内容的起点。这样,人的社会存在就是一个很丰富的概念。它是马克思"人"的和"人类的"概念的存在论基础。是人的一切规定性的起源,是马克思一切理论的存在论基础和借以出发的理论本源。

　　人的社会存在,首先在于人是生产的存在,关系的存在,这是由于:人作为自谋生存的存在物,人类要生存就要生产,要生产就要交往,而"交往"就是一种生产关系和社会关系,从而,以生产者之间、生产过程之间、劳动产品的交换之间为基础的人与人的社会关系就不能不产生了。因此,人的社会存在,既是人与自然之间的物质、能量、信息交换关系的必然产物。又是人的生产劳动的必然产物。人在本质上是一种社会存在。而所谓社会,就是人在与自然、与社会、与他人结合起来的关系的整体,"它是人们交互作用的产物"②,是一种集合性、关系性的类存在。这样,马克思从人的社会存在出发,也就是从人的类存在出发,这就表明马克思的哲学不能不是关于人类这种存在物的哲学,即人类学—哲学。

---

①　《马克思恩格斯全集》第42卷,人民出版社1979年版,第122页。
②　《马克思恩格斯选集》第4卷,人民出版社1966年版,第320页。

与费尔巴哈强调"类存在"、"类哲学"不同,马克思特别强调"人是社会存在物",他由"类"返回到"社会",认为人作为类存在就是社会的存在:"类生活的本身即社会"①,认为人的本质在于"人的社会特质"。这与他所说的新唯物主义的立脚点是"社会化的人类",是一脉相承的。

人的社会存在的总和就是社会关系的总和,就是社会生活。马克思对社会与人的关系做了最深刻的揭示:

> 社会是人同自然界的完成了的本质的统一,是自然界的真正的复活,是人的实现了的自然主义和自然界的实现了的人本主义。自然界的属人的本质只有对社会的人来说才是存在着的;因为只有在社会中,自然界才对人说来是人与人间联系的纽带……只有在社会中,自然界才表现为他自己的属人的存在的基础。只有在社会中,人的自然的存在才成为属人的存在,而自然界对人说来才成人。②

马克思的这些话表明:人通过自己的社会存在,把自然界的存在转化为人的存在,转化为人类学的存在,人通过自己的社会存在,在自然界中过着人的生活。因此,人的社会存在,是人的最根本的存在,是人之作为人的存在。

人的社会存在是马克思人类学—哲学真正的起点。是他的唯物主义态度的出发点。从人的社会存在出发,也就像科学一样是从客观的事实出发。由此可知,人的社会存在不是空洞的存在,不是黑格尔作为逻辑起点的"有"等于"无",而是体现在人的物质生产活动中对于自然界的改变,是通过人的关系来实现、来创造物的关系。从这里,马克思发现了人的社会存在的重要特质。

三　人的关系存在

无论是人的自然存在还是人的社会存在,都是在关系中的存在,所

---

① 《马克思恩格斯全集》第 1 卷,人民出版社 1956 年版,第 439 页。
② [德] 马克思:《1844 年经济学哲学手稿》,人民出版社 1979 年版,第 75 页。

以，人是关系的存在物。马克思对人的存在的关心，与现代哲学对人的各种片面的、孤立的关心不同，马克思抓住了人的存在的核心——人的关系，也就抓住了人的存在的纲，从而能全面地关心人的存在。对于马克思来说，人的存在首先是一种关系的存在。人是关系的存在物。人无定性，不同的关系就有不同的人，这一点表现出马克思人的存在论的特质。

首先，"人"在马克思那里，既是个体又是整体，既是个人又有人类性。马克思从费尔巴哈的"类哲学"中理解了个人与类的关系，所以，他所理解的人的存在，一开始就是个体与类的统一，而不像存在主义那样停留在"个人存在"的世界里。

第二，人作为个体存在与类存在的统一，决定了他的社会性。作为个体的存在，人在本性上是自由的，自由是他合理存在的前提；"自由自觉的活动"就是他的类特性；作为类存在，人要与自己的同类发生各种各样的社会关系，甚至人对自己本身的关系也要通过与他人的类的关系表现出来。"人同自己本身的关系，只有通过他同其他人的关系，才对他说来成为对象性的、现实的关系"①，例如爱，没有对象就没有爱的关系可以存在。这就使人不能不成为社会的存在，并通过类中的社会关系而和自然界发生生存关系。这样，马克思就为人的社会存在找到了直接的人自身的类根据。

第三，马克思表明，人作为人，是自己生产自己的生存资料即实践的存在物。马克思说，可以根据意识、理性什么的区别人与动物，但是，一当人们自己生产自己的物质需要时，人就与动物区别开来了。所以，人的存在是生产的存在，实践的存在。这是其他哲学不研究而马克思整个哲学特别关注的方面。以致可以说，人的存在是一种生产的存在，实践的存在，创造的存在，这是人的存在的本质。马克思通过关系，全面研究了人的存在，人作为自然存在物，和自然之间要发生关系，人作为社会的存在物，要和社会之间发生关系，作为一个个人，要同他人发生关系，人作为类存在物，他和自己的同类以及其他所有的物类也要发生关系。

第四，人的存在又是"属人的存在"，即为了人自身的生存的存在。马克思认为：人是属人的存在物，从而要为了人的生存而和世界之间发生各种关系。"人以一种全面的方式，也就是说，作为一个完整的人"，与

---

① ［德］马克思：《1844年经济学哲学手稿》，人民出版社1979年版，第53页。

世界发生各种各样的"属人的关系"(人同世界的一切关系都是属人的关系),从而借助这种关系而存在。这就决定了人和世界发生的各种关系的性质,即他们在本质上都应是为了人的生存的关系,这为理解人的社会存在、人的社会性设下了存在论基础。

第五,马克思把人的存在理解为二重性的存在:人是能动与受动的矛盾存在物:"人一方面赋有自然力,生命力,是能动的自然存在物……另一方面,作为自然的、感性的、对象性的存在物,人和动植物一样是受动的、受制约的和受限制的存在物,也就是说,他的情欲的对象是作为不依赖于他的对象而在他之外存在着的"①。在这里,马克思就把人类社会的辩证法奠定在人的能动与受动、主动与被动、受限与超越等人自身存在的辩证法之中了。奠定在人的生存需要与客观对象的矛盾之中了。这对理解马克思的人类学—哲学是极为重要的。

马克思是最早思考人的存在的人之一。在马克思看来,人作为存在物,处在与自然、与社会、与自身的关系中,所以,人的存在是关系中的存在,人是各种关系的总和:"在其现实性上,人是一切社会关系的总和。"但是人也是类的存在,马克思由人是"类存在物"而走向了对人类进行哲学思考;由人是实践的存在物,走向对实践的哲学思考。因此,人的存在,特别是人的社会存在,是马克思一切理论思考的前提。

在马克思看来,人首先是"自然存在物",又是"属人的"的自然存在物和社会存在物。人既是"个人的存在",又是"类存在"。与其他哲学家不同的是,马克思看到,人是在活动中存在,实践中存在,在感性物质活动中存在,在自由自觉中存在,在关系中存在。人类学—哲学以"人的存在"为前提,就是以人的这种种关系的存在为前提。重要的是,人的存在不是孤立的单子式的存在(近代哲学),而是在自然与社会、个体与类的交汇关系中的存在。这种关系产生新质:人的"生命的生产"、"生活资料的生产",都是在个人与类、自然与社会的复合关系中进行的。在这个基础上,人的存在要复杂得多,在马克思看来,人是这样的一种存在:他在创造自己的生存条件时,也用这种生存条件创造自身,生产"不仅为主体生产了对象,也为对象生产了主体"。人的本性既是人活动的结果,又是人活动的起点。人是自我塑造并自我完成的存在,即人是人

---

① [德]马克思:《1844年经济学哲学手稿》,人民出版社1979年版,第120页。

的历史运动的产物。人总是在一个历史的起点上运用历史准备好了的东西筹划未来，人的想象通过意志引导自己达到未来，人是一种通过创生自己的世界而创生自己的存在物，马克思由此找到了他的人类学—哲学的对象。

人的关系存在不仅为马克思的关系本原论和关系分析法奠定了基础，还是认识人的生产关系等等的前提。

人的关系存在中最重要的关系，是人的生产关系，劳动关系，通过这一关系，就出现了人的本在、他在与异在的人与价值世界的关系。

四　人的本在、他在与异在（劳动异化）

由于从人的社会存在、社会关系看问题，马克思与其他哲学家出现了不同：他不是孤立地即在关系之外看待人的存在，其他哲学家只看到人本身，马克思由于把人看做对象性的存在和社会关系中的存在，这就在人的存在中，看到人和他的对象世界通过社会关系而发生的改变，从而涉及人的整个世界的深层特质。

首先，人通过实践创造了他的世界。马克思在谈到人的社会存在时，强调人是实践的存在物，人通过劳动、通过生产实践创造人造物而满足自己的生存需要。这是人作为人的本质之所在。从这种观点看，"整个所谓世界历史不外是人通过人的劳动而诞生的过程，是自然界对人说来的生成过程"①。它表明，人在生产实践中与自然对象相互作用，把自己的本质力量外化到自然物上，从而创造和生产出人化的物质、制度和精神财富。此即所谓"人的本质力量对象化"。从马克思哲学思路上看，这些"人的造物"，作为人的本质力量的直接体现，是人创造的在自己之外的存在，正例如"自然是人的无机的身体"那样，这些人的造物也是人本身的力量转化而成的无机的存在，是无机地存在着的人自身。因此，相对于人本身的存在——人的本在，可称为由人的外化而形成人的他在。这就出现了人的本在与他在的关系，即人和人的创造物的人性关系。马克思对这一点说得很明确："劳动在改变对象的同时，改变了它本身的形式"，"劳动从

---

① 《马克思恩格斯全集》第42卷，人民出版社1979年版，第131页。

活动的形式转入存在的形式，转入物的形式"①，即成为人的他在。这种他在包括人化的自然界。这样一来，通常所说的相互分离的主观世界与客观世界，就可以用人的本在与他在关联起来。

在马克思看来，不仅本在的人（人）与他在的"人"（物）的关系，是人的关系，而且他在的"人"（即人的造物）与他在的"人"（亦人的造物）的关系，也是人的关系。这就是马克思在别人只看到物与物的关系的地方，看到人与人的关系的原因。这是由于，人的本质力量通过外化而形成财富的过程，不是在人的社会关系之外进行的，恰恰相反，它只能通过人的社会关系而进行，这样，人的社会关系就在这些财富中划界和关联，使各色财富之间的关系也成为人的社会关系的体现。了解这一点是了解马克思异化论的前提。

重要的是，这一人的力量从"人的本在"向"人的他在"的转化，是通过人的"劳动能力"和"劳动过程"物化于对象而实现的。马克思指出："当劳动在劳动对象中物化时，它就变成了这个对象的形式"②。这种外化出去的作为人的外在存在的财富，一旦生产出来，就作为物，与人区别开来，成为人的外在或他在（物在，即财富）；如果这种"他在"被别人占有，不再属于他，甚至与他相对立，就成为他的"异在"。这就形成了人的本在与他在之间的人的生存依赖关系，生存依赖链。因此，它对于人的存在是至关重要的。异化和它导致的异在，使人的类存在即人类世界分化为剥削与被剥削、压迫与被压迫的对抗状态，成了"非人的世界"。这就出现了人的合理生存、健康发展这一人类学—哲学的关键问题。

在这里，所谓本在，根据马克思的逻辑来理解，就是包含着"人的本质力量"在内的人本身的存在，是一切存在于人自身中的东西。人的身体、生命、情感、意志、才华、感觉、思想是人的直接的本在；人的认识、知识、技术、能力、私人交往关系等等是人所获得的本在；而人的权力、财富、力量、可控制的人力物力等，则是人所占有的通过社会手段而可支配的本在，这是建立在"他在"基础上的本在。相反地，一切由人创造而又脱离开人而成为社会中存在着的东西，一切人造的器物、技术、

---

① 《马克思恩格斯全集》第47卷，人民出版社1979年版，第60页。
② 同上。

科学、思想等已转化成为客观的东西，都是人的外在或他在。本在是在人的灵魂之内的或直辖能力之内的东西，外在、他在是人在生产和创造中对象化、外化出去而客观存在的东西，是人的能力的对象化、外化的结果，即人的本质力量的物质财富和精神财富的体现（包括科学技术、文学艺术、思想观念等）。

人和人的本质力量这种既是物质的又是精神的本在，通过劳动而外化，与自然物结合而转化为他在、共在乃至异在，这既是一种物质的存在，也是一种精神的存在，更是一种社会的存在，因而是人的社会存在的基础。马克思通过"人的本质力量的对象化"、"自然界的人化"、"外化"、"劳动的异化"、"对象化"等概念所要表达的，笔者认为，不过就是这里所说的以本在、他在与异在为基础的人的社会存在。上述在生产劳动中、社会实践中所产生的人与人、人与物、物与物之间的本在与外在、他在的关系，本在与共在、异在的关系，外化与异化的关系，是人和人的世界的最基本的社会存在，或者说，是一切社会存在、社会关系的存在论基础，因而也是理解马克思人类学—哲学的基础。因为在这里，就产生了作为马克思人类学—哲学的核心理念——人的合理生存的理念。

还可说明的是：人的二重存在，决定了人也有二重本质。这种二重存在的最显眼的表现，如前所说，是人的本在与异在。本在通过创生成为外在，外在通过（人的对立关系的作用而产生的）异化而成为异在。由于物是人的本质的外化，所以物的异化就转化成了人的异化：使有的人的本在（由于其外在被夺去而）大大缩小，成为非人；有的人的本在由于占有别人的他在而大大扩大，成为权人，物人，超人——更正确些说是"异人"，即处在权力崇拜和金钱崇拜中的非正常的人。按马克思的理解，非人和"异人"都是异化的产物。社会革命的任务，就在于扬弃人的这种异化，人就能"以一种全面的方式，也就是说，作为一个完整的人，占有自己全面的本质"[1]。人的合理生存，就人的方面说，就在于把人从这两种异化状态下解放出来。"而任何一种解放都是把人的世界和人的关系还给人自己。"[2] 这样，马克思由人的合理生存问题出发，就必然要建立关于人的自由解放的"解放哲学"。这是真正的"人的高度的革命"的

---

[1] 《马克思恩格斯全集》第42卷，人民出版社1979年版，第123页。
[2] 《马克思恩格斯全集》第1卷，人民出版社1956年版，第443页。

哲学。

在这里，关键是异在。异在可以进一步区分为协同的异在（共在）、对抗的异在——通过异化而生成的异在——否在等形式。否在就是马克思所说的异化劳动的结果。共产主义就是要消灭否在，把否在变为、转化为他在与共在，这就是要消灭在利益上的否定性关系，消灭人对人的本在或他在的占有，消灭人的存在中由于利益对抗而导致的绝对的间际（鸿沟）。注意本在与他在、与共在、本在与异在、与否在的关系，它们的社会历史性等等，是非常重要的。

马克思的"异化劳动"，是对于否定性的异在（否在）的伟大发现。这是他从哲学上所发现的人的社会存在中的最大的不合理性。这一发现，与他在政治范畴上发现的无产阶级与资产阶级的对立，在经济范畴中发现的无产阶级创造"剩余价值"和"不拥有"生存资料，促使他走上了伟大的改变不合理世界的革命道路。马克思的革命态度所针对的，就是当时社会存在中的这种最大的不合理、不合法的存在。马克思由此得出了一个震惊世界的、以广大劳动者的解放为体现的人类解放的结论："社会从私有财产等等的解放，从奴役制的解放，表现为劳动者的解放这样一种政治的形式，而且——不仅仅在于劳动者的解放，因为劳动者的解放包含全人类的解放"[①]，这是马克思从人类学上得出的哲学结论。所以我们把以人的本在、他在与异在即异化为内容的人的社会存在，视作马克思人类学—哲学的存在论基础。

问题是，这种植于社会深处的不合理不合法的根子，在今天依然以新的面目存在着。

---

① ［德］马克思：《1844年经济学哲学手稿》，人民出版社1979年版，第55页。

第三篇

马克思人类学—哲学开辟的
哲学新天地

第十三章

马克思人本理性哲学的本体论
——人的个体生命本体论

小引：本章在对马克思主义哲学的诸多本体论观点的基础上提出，马克思人本理性哲学的本体论，是人的个体生命本体论。人的个体生命不是单子，而是以个体性与类本性的辩证关系为根基的一系列辩证本性。并根据这种个体生命本体论推出人本理性哲学的基本理论，从而为笔者提出的对马克思哲学的"人本理性哲学"的理解奠定了理论基础。

新词：人的个体生命本体论，人本理性哲学，人的个体生命的辩证本性，逻辑原点

马克思哲学以及马克思主义哲学有没有自己的本体论？如果有，这本体论是何？在前些年，这是一个众说纷纭的问题。对马克思哲学本体论之多种主张，恰恰表明马克思自己没有明确提出过自己的"新唯物主义"哲学的本体论。马克思虽然在肯定意义上运用过本体论一词，但基本没有对本体论问题进行思考，只是指出了一些人性事实属于人的"本体论存在"。同时，他也没对本体论进行批判，他批判的只是形而上学哲学。但是，形而上学的基础和主要构成部分却是本体论。这就是说，马克思通过否定传统形而上学哲学而否定了传统意义的形而上学本体论。但是，这并不是说，马克思哲学没有自己的本体论。

一 对马克思主义哲学"本体论问题"的多种主张

不论古代哲学还是近代哲学，其根本问题都是本体论问题。因为本体

论问题体现了哲学对其思考对象、对存在的本原问题的最根本的追究。用中国哲学家的话说,"本体概念是由'原始'与'本质'两概念混合抽绎而成"(张东荪)。"在宇宙论中,赅万物而言其本原,则云本体。"(熊十力)这种对世界的本体论追求,一直延续到费尔巴哈。但是,他的本体论不再是形而上学的万事万物的共同本原的本体论,而是感性的实在的自然事物的实物本体论,是人的感性存在的本体论。人们之所以不把他视作现代哲学家,原因之一,就在于他所追究的仍然是这种传统意义上的客观实在性的本体论。

这就是说,传统意义的本体论,即作为世界的"终极存在、终极解释、终极价值"① 意义上的本体论,在现代非形而上学哲学、在马克思那里是终止了的。那么,马克思哲学有没有自己的本体论呢?他的本体论是什么呢?

对于现代哲学来说,奎因指出,任何一个哲学理论体系,即使不研究本体问题,也都有它的"本体论承诺"。这也就是说,一个哲学把什么作为它的研究对象,即使它只字不提本体论问题,它也总是自觉不自觉地承认它所研究的对象是存在的,这种存在中的基础部分,作为他的哲学理论的本原性因素,就是他的哲学的"本体论承诺"。在这个意义上,马克思的哲学理论当然是有它的本体论的。学者们也正是在这个现代意义上探讨马克思的"本体论革命"的。

对马克思主义哲学的本体论,除了原来的"物质本体论"属于传统意义的形而上学本体论外,在现代,对马克思哲学的本体论研究,主要有:拉布里奥拉和葛兰西主张马克思哲学的本体论是"实践本体论";卢卡奇晚年以人的社会劳动为核心范畴,提出了"社会存在本体论";古尔德提出了"社会本体论";日本马克思主义哲学家广松涉,提出了"关系本体论"等。在中国,除了对"实践本体论"的大力赞同和讨论外,近年又提出了不少新的理解。如:中国人民大学陈先达先生的辩证唯物主义本体论;中国社会科学院吴元梁先生的自然存在与社会存在在实践上的统一论;中央党校韩庆祥先生的感性实践活动本体论;黑龙江大学衣俊卿先生提出的"开放的生存论本体论";华中科技大学邹诗鹏先生提出的"实践生存本体论";复旦大学俞吾金先生提出的"生产关系本体论","广义

---

① 孙正聿:《思想中的时代》,北京师范大学出版社2004年版,第51页。

生产本体论"；欧阳康、张明仓先生提出的"人的社会存在的本体论"，"人的生命存在本体论"等。其他还有自然本体论、感性本体论、政治本体论、文化本体论、创造本体论、生产力本体论等，这些大都属于对哲学的"本体论承诺"意义上的本体论。粗粗一看就会感到，除了物质本体论、辩证唯物主义本体论外，它们大都与"人"有关。

事实上，如何把握一种哲学理论的"本体论承诺"，不能不依存于对该哲学的理解。对马克思主义哲学的多种本体论的提出就是这样。理解为辩证唯物主义，就是物质本体论。理解为实践哲学或实践唯物主义，就是实践本体论。理解为历史唯物主义，就是历史本体论，生产关系本体论，或社会存在本体论，等等。对马克思哲学的不同理解和不同组织，就会有不同的本原。在这个意义下，有人回答物质，有人回答实践，有人回答社会存在，有人回答生产关系，当然都是对的。我们也曾一度认为，传统哲学从人对世界的认识关系出发寻求对世界的解释，而马克思哲学则从实践关系出发寻求对人的生存世界的把握，因而认为马克思哲学是实践关系本体论。这些都有一定的道理。

这就是说，只要对马克思哲学在本质上有不同的理解，就会提出不同的本体论。在本体论问题上莫衷一是，主要是对马克思哲学的理解不同所致。

二 马克思人本理性哲学的本体论：人的个体生命本体论

1. 本体论追究：探求马克思哲学理论的逻辑原点

对一个哲学体系的本体论问题的讨论不是孤立的。在对马克思主义哲学的本体论讨论已经沉寂多年之后，我们重新提起这一问题，在于我们对马克思哲学乃至整个马克思主义哲学有了新的理解。研究马克思哲学，提出对它的新的理解范式，不把握它所承诺的本体论问题，也就不可能正确把握它的基本理论。在这里，所谓"本体论"，不过是该哲学理论所从出的存在论根据和理论上的出发点。是这种哲学的最原初的理论，由它可以推导出整个理论的框架。它既是一种哲学所研究的本原意义的存在，又是该哲学理论体系的本原，即它在其理论体系中具有本原意义。就这一点说，现代意义的本体论实际上也就是该哲学的理论本原论。它是指存在上的可靠，逻辑上的在先，时间上的始发，构成方面的基元性；是一种存在性、逻辑性、始起性，出发性即本原性的理论要素，它总是一定理论中的基元性、规定性的东西。

那么，我们对马克思哲学有什么新的理解呢？这些年，我们一直在强调：马克思在早年就创立了一种人类学唯物主义哲学，简称人类学—哲学——或者更明白地称之为人本理性哲学①，这是关于人和人的生存世界的哲学。应当肯定，马克思主要是受黑格尔和费尔巴哈哲学的影响并在对他们的批判中开辟自己的哲学道路的。他通过对这两位先贤的肯定和否定，吸收了前者的辩证理论精神和后者的人本价值态度，开始了自己的新的人本理性哲学创造，形成了一整套包括人本实践论、人本历史观和人的辩证法等等在内的理论体系。虽然这一理解的合法性还有待于大家的理解，但这并不妨碍对这一哲学的本体论探究——更准确些说——我们想通过对这一哲学的本体论的揭示，为新的人本理性哲学的理解范式奠定理论基础。

把马克思哲学理解为人本理性哲学，那就应当有他的本体论。在这个意义下，我们只能进而追问：在马克思的人本理性哲学理论中，有哪些具有根本意义的理论范畴，成了他所创立的哲学理论的根据？也就是说，在他所创立的人本理论中，哪些可能属于具有本体论意义的论述？但这样一来，我们就不是在追求本来意义的本体论，而是在寻求何者是马克思哲学的基元性、根据性的东西，即他的哲学思想的理论本原问题。

2. 人的个体生命本体论的产生

从理论本原论意义上理解本体论，就是要找到该理论中的最简单的、在该理论中无须再分解的存在要素，并且是整个理论立论的基础。这种对理论原点的追究，可以通过深层分析法即层层分析而达到。因此，深层分析法也可称为本原追究法。用这种本原追究法可以追究到马克思哲学的本体论。

本来意义的本体论，总是针对"一切存在"和"整个世界"的，马克思不研究一切存在和整个世界，他关心的是人类世界，具体地说是人和人的生存世界。因而，马克思既没有像黑格尔那样追究整个世界的精神理

---

① 《马克思人类学哲学构建管窥》，云南民族出版社2008年版，等。

念本体论,也没有像费尔巴哈那样追究整个人类的共同本质,即"类本质"的本体论。研究人和人的生存世界,就不能不从人的存在、人类的存在出发。而人类总是"社会化了的人类",人类的存在总是社会性的,从其"存在论"考虑,那就只能是"社会存在"。但是,"人的社会存在",无论在性质上还是在内容上都是复杂的,人的生存世界的一切——人、物、关系等等,几乎都是人的社会存在。因而,它不是该理论的元要素,也就不能作为该理论的本体论,这是其一。其二,由于人的社会存在主要是由人的"社会关系"规定的,人的"社会关系"比社会存在更根本。但是,"社会关系"中也包含有各种各样的丰富复杂的关系,因而,"社会关系"也不能作为本体论。其三,马克思自己表明,"社会关系"中最重要的是"生产关系"。他的唯物史观的核心概念之一就是生产关系。那么,"生产关系"是不是本体论呢?由于"生产关系"是以生产和生产力为前提的,而且它本身也是一种复合的构成,自然也不是该理论的本原,因而也不能作为本体论看待。其四,由于"生产关系"是"人的"生产关系,是由"人"通过对"物"的占有而在生产中构成的人与人的相互关系,这就不能不追究到人。"人"又包括"个人"和他们的总合——"人类",哪个更根本呢?由于人类不过是"个人"的集合体,这就只能追究到"个人"。马克思自己就曾强调:"我们的出发点是从事实际活动的人。"[①] 到了这一步,是不是追究到了马克思哲学的本原意义的本体论了呢?

一个哲学理论的本体论,只能是那个理论中的最基本的可以推出整个理论的基元性的存在因素。北京大学丰子义先生指出:马克思的本体论革命变革(或如已故的高清海教授所说,本体论思维方式的变革),在于马克思是从关系看待本体问题,从活动、过程看待本体问题,从生成论研究本体问题,从"人"的观点看本体问题的。稍加分析就可看出:关系的本原是人,活动及其过程的主体是人,人类社会的一切"生成"的根源也是人,不仅要从"人"的观点看本体,而且"人"就是一切社会存在的本体。这就是说,前面所讨论的种种本体论,除了物质本体论外,它们的最终根基都是人。初步地说,这至少表明,马克思的本体论是以人为本的人本本体论。

[①] [德]马克思、恩格斯:《德意志意识形态》(节选本),人民出版社2003年版,第17页。

不过，马克思本体论虽然以人为根基，但既不是费尔巴哈的以自然性的人为根基，也不是抽象的一般性的人，而是以人的个体生命为根的"个人"。马克思正是这样强调的："全部人类历史的第一个前提无疑是有生命的个人的存在。"因而，我们是"从现实的有生命的个人本身出发"①。

由此可以看出，马克思直接表明了他的全部哲学理论的逻辑起点，是从有生命的个人出发，是"有生命的个人的存在"。这当然就是马克思直接表述出来的他的哲学的本原性的本体论：以人的个体生命为本的本体论。这就是说，马克思哲学的本体论不仅仅是人，不仅仅是以人为本，而且更彻底：是以"人的个体生命的存在"为本。马克思人本理性哲学的本体论，就是人的个体生命本体论。

在对马克思哲学的本体论的主张中，"人的个体生命本体论"是不是最简单、最基本的呢？从如下的推出关系可以说它是最基本的：例如，首先有了人的个体生命，才可能有"人的生命存在本体论"；首先有了人的个体生命，才可能有人的关系，这才能出现"关系本体论"；首先有了人的个体生命，才可能有人的生产和生产关系，这才能出现"生产本体论"、"生产关系本体论"、"广义生产本体论"；首先有了人的个体生命，才可能有人类社会，这才能有"社会本体论"、"社会存在本体论"；首先有了人的个体生命，才可能有人的生存，人的实践，才能建立"实践生存本体论"、"开放的生存论本体论"；首先有了人的个体生命，才可能有人的实践，才能谈到"实践本体论"和实践论；首先有了人的个体生命的存在，才能有人的历史性活动，才能有历史本体论和唯物史观；等等。这些，都要这样那样地首先承认"人的个体生命"逻辑上的在先，是它的基元性规定。从而，它们所表达的，从逻辑上看，都不外是以人的个体生命为本体、为基础的更为复杂的环节，是人的个体生命在更复杂的条件下的复杂规定的体现，因而，都不能视为本原意义的本体论。

但是，"人的个体生命"，在其社会性的结合上虽然是最基本的环节，但它本身并不是单子，即使从哲学上说，它自身内部也有复杂的规定性。这就仍然需要深入分析。

---

① [德]马克思、恩格斯：《德意志意识形态》（节选本），人民出版社2003年版，第11、17页。

三 人的个体生命的辩证本性与
人本理性哲学的基本理论

1. 人的个体生命：个体性与类本性的统一

如果我们把马克思的本体论仅仅归结于人的个体生命的存在，虽然走到了人本论，但是，如果我们不揭示人的个体生命的内在特性，就无法把这一人本本体论与马克思的全部理论在逻辑上联系起来。要突破这一步，就要追寻到人的个体生命内部最根本的关系中去。

人作为自然界的最高产物，作为一种最具灵性的存在物，在人的个体生命之间，在不同的个体之间，总有它的个体差异性。因为，人的个体生命总是在一定时空、一定境遇中生存的，如他出生在什么种族、氏族中，生活在什么时代、什么阶层、什么地域里，进入怎样的文化领域和过怎样的生活等等，这就决定了个体生命存在的特殊性和具体性，否则，它们就不是不同的个体。但是，人的个体生命又有同一性，否则它们就不能构成同一类生命。这种生命自身的个体差异性与类群的同一性的关系，就是个体性与类本性的对立统一关系，这是人的生命存在中的最基本的关系。这就是说，在马克思看来，人的个体生命，在存在上既是一种无限丰富的个性存在，有它特殊的个性；而同时，人的个体生命又集中体现着人的类群本性。由于任何"类群本性"都不能不依存于个体，任何个体都不能没有它的类群本性，这两者既不相同又共同规定着同一个个体生命的存在，二者之间就共同形成人的个体生命存在中的二重性关系。这就是人的个体生命本性的存在关系。它表明，马克思的"人本依据"，既不同于费尔巴哈的单纯的"类本质"，也不同于施蒂纳的"唯一者"，而是扬弃二者的作为个体与类群相统一的具体的人。没有这种关系，也就没有人的个体生命的存在。

个体与群、与类，个别性与一般性，特殊性与普遍性，这是一切实体性的存在物的本体性的存在关系，一切生物甚至无机物概莫能外。因而更是人这种生命体的存在论的辩证本性。不同的是，这一辩证本性在人这里得到了高度的发扬。马克思在1844年《手稿》中对这一点讲得很清楚：

> 人是一个特殊的个体，并且正是他的特殊性使他成为一个个体，

成为一个现实的、单个的社会存在物,同样,他也是总体,观念的总体,被思考和被感知的社会的自为的主体存在,正如他在现实中既作为对社会存在的直观和现实享受而存在,又作为人的生命表现的总体而存在一样。①

这种个体—类群的二重性的辩证关系,是人的最基本的本体性关系。是人的个体生命本体论中的本原性关系,个体生命本体论就是包含这种个体与类的本原性关系的本体论。这是马克思理解和把握人的生存世界的最根本的人本依据。

可以强调的是,由于人的个体生命本体论就在于生命本性中的个体性与类群性的辩证统一,因而,从这种本原性关系出发加以概括,也可以概括为人本关系本体论。这种二重性的本体性关系,是人的一切关系的本原。说人的个体生命本体论或者说人本关系本体论,这两个说法是等价的。马克思把握住了这种人本关系,也就从根基层次把握住了人类本性和人的生存世界,为他的人本理性哲学奠定了人本理论基础。

重要的是,作为人的个体生命本体论的个体性与类本性的关系,成了人的一切关系的发源地。它既规定了人的生命的辩证性,也规定了人的社会性,人的社会关系(个体与类群的关系就是社会关系),使人成为"社会人"。马克思以社会人、以"人的社会性"来理解人与人的生存世界,就形成了马克思的社会人本论。社会人本论是理解马克思人本理性哲学诸多基本范畴的理论原点。

2. 人的个体生命的辩证本性

人的个体生命的个体性与类本性的关系,是人的一切关系的逻辑本原,它形成了人的关系本原论。在这个基础上,人的生命还有一系列的辩证关系,它们形成相互联系、共同作用的人的生命的辩证本性。对此,这里只能简单一提。

(1) 就人的个体生命的存在方面说,体现为个体性与类本性的对立与统一的二重性关系,这是人的生命的辩证本性的起点;也是一切人本关系的起点;是真实的人的关系的起点,因而它是人的个体生命本体论的自

---

① 《马克思恩格斯全集》第 3 卷,人民出版社 2002 年版,第 302 页。

身关系.

（2）就人的个体生命的构成方面说，体现为自然物质性与社会意识性的对立统一的二重性关系，这是由人的类本性所决定的一切人都不能不具有的构成性关系，由此进入了人的生存世界的自然性与社会性、物质性与精神性的双重世界。它决定了人类生存发展的双向依存性。

（3）就人的个体生命的功能方面说，体现为自主性与受动性的对立统一的二重性关系，它形成了人在其一切活动中的矛盾，因而也是人的实践活动、历史活动与解放活动中的矛盾。

（4）就人的个体生命的特性方面说，体现为对象性与属人性的对立统一的二重性关系，所谓对象性，就是依赖对象而生存，所谓属人性，为自身而活动，它是人对世界的生存关系的起点，并规定了人的实践、历史、解放等活动的对象性和属人性特性。

（5）就人的个体生命的活动方面说，体现为内在本质力量与外在感性活动的对立统一的二重性关系，内在本质力量就是人的知、行、情、意、念等人的本质规定性，外在感性活动就是凭借这些本质力量在外在世界中为自己的生存而活动，它是人的实践活动的本质性特征。

（6）就人的个体生命的创造性方面说，体现为人的本质力量的对象化与自然界的人化的对立统一的二重性关系。所谓自然界的人化，就是人对自然界的人性化的改变，它是人类生产、人类创造发展活动的本质性特征，是人的各种生命本性的最高体现。正是凭借这种生产创造，人才有自己的历史发展和不断走向自由解放。

这些辩证关系，都是人的个体生命存在中的本原性关系，而它们的综合与统一，就形成人的生命的辩证本性：它们是人的生命中的需要、意识、意志、行动等等中的支配性关系，是人的生命的本质性关系。因此，当我们强调马克思人本理性哲学的本体论是人的个体生命本体论时，它包含着这些辩证本性在内。

这也就是说，对于人的个体生命来说，这六种本原性关系都是同时存在的，它们共同构成了个体生命的生命本性。即人首先有它的个体生命，这种个体生命就其健全形态来说，就具有它的如上辩证本性。正由于人有这种辩证的生命本性，人才形成其为人，才形成为人类社会，它是人的一切存在的依据。如前表明，人的一切关系，人的生存世界的一切规定性，人本理性哲学所讨论的种种范畴和原理，都建立在这种人的个体生命的本原性关系的基础之上,都可以由这种人的个体生命的辩证本性中推导出来。

3. 人的个体生命本体论与人本理性哲学基本理论的关系

人的个体生命,包括人的生命的内在规定和辩证本性,是人的实实在在的具体存在,是人类世界一切复杂存在的根据,是人本理性哲学一切复合范畴的根据。这就是说,由它应当可以推出人本理性哲学的基本范畴和基本理论。

人本理性哲学,它的基本理论,如我们在别处所讨论,主要有：作为人的人类学特性的人的人类学存在与人类学关系；人的生存前提与人的生存活动；人的社会本质和社会人本论；以及作为人的社会特性的人的社会存在与人的劳动生产、作为人的生存方式的人本实践论、作为人的发展方式的人本历史观、作为人的存在与运动特性的人本辩证法、作为人类生存发展的本质性要求的人本解放论等等。它们都可以由个体生命本体论推出。

其一,从人的个体生命的内在规定性即知、行、情、意、念来说,人由此建立了人对世界的基本生存掌握关系：即人对世界的认识的、实践的、(交往的)、审美的、宗教信仰的和评价的生存掌握关系,从而开辟了人的生存世界。

其二,由人的个体生命本体论,可以进入人的生命存在,发现人的人类学规定性。如：人既是一种自然存在物,又是一种社会存在物；既是个体存在物,又是类存在物；既是物质的存在物,又是精神的存在物；既是客观的存在物,又是主观的存在物；既是被制约的存在物,又是自由的存在物等等,这是由它的辩证本性所规定的人的人类学存在。

其三,由人的个体生命本体论,可以进入人所构建的关系,发现人的人类学关系,如人依据他的本质力量建立与世界的认识的、实践的、审美的等生存掌握关系；再如,由于人的个体生命同时不能没有它的类群本性,这就出现了与生俱来的个体与其"类群"的关系：对于主动构建的个体来说,"类"并不站在他面前,他不能直接与"类"发生关系,而是只能通过他与别人、与某种组织即群体中的人的关系来实现他与类的关系,这就具体生成和展现为人与人、人与社会、人与其共同体、人与自身以及由此生发的人与自然的种种关系,从而进入了人的关系世界。这就形成了人的关系本原论。

其四，由人的个体生命本体论及其关系构建，可以发现人的本质。人是关系的存在物，他既有他作为人类学的存在物所要建立的关系，又有他历史地继承下来的关系，更有他在其社会存在中所构建的种种社会关系，这些关系的总和，就形成人的本质。马克思指出：

> 人的本质并不是单个人所固有的抽象物。在其现实性上，它是一切社会关系的总和①。

这就是说，马克思在人的个体生命本体论、人的关系本原性的辩证法的基础上，形成了他的人的本质论。它表明，所谓"人的本质"，不过是人的个体生命在他的类本性和历史继承性的基础上，通过他在现实中所构建的具体社会关系的总和而形成的。

其五，以人的个体生命为根据，可以深入人的个体生命的生存活动，以及所有个体生命即全人类的生存活动。因为生命的本性在于生存。这种生存是在一定的自然环境中的生存，这就进入了人的生存前提论和人的生存活动论；这种生存是依赖人自己的劳动而实现的，这就进入了人的劳动生产论。

其六，人的个体生命的生存活动，是一种感性活动，而人的感性活动就是实践，这就进入了作为人的生存方式的人本实践论。

其七，人的个体生命的生存活动，作为劳动生产活动，作为实践活动，都是发展的，都会形成自己的发展历史，这就进入了人的社会历史领域，从而进入了作为人的发展方式的人本历史观。

其八，由人的生命的辩证本性，可以推出人类世界的辩证法，即人类学辩证法。它包括人与自然界的辩证法，人的社会结构的辩证法，人的社会历史的辩证法、人的社会活动的辩证法等等。特别是人的本质力量的对象化与自然界的人化，它在人的自然生态家园中开创了人的文化家园，从而使人得以文化的形式在自然界中生存；人与自然、人与社会、人与人的关系，也都有一种辩证法存在。我们在人本理性哲学中所讨论的人的感性活动（实践）论、人的社会历史论、人的生存发展论、人的解放论等等，

---

① [德] 马克思：《1844 年经济学哲学手稿》，人民出版社 1979 年版，第 18 页。

仔细究之,都包含着一种辩证特性在内。

　　总之,人的个体生命本体论,它作为马克思哲学的理论本原,可以直接间接推出马克思人本理性哲学的基本理论。

第十四章

"真实的人"：马克思人类学—哲学的人本基础

小引：人类学—哲学与哲学人本学以及哲学人类学的根本区别，在于它们的人本基础有本质的不同：后者是以人的自然本性或人的抽象本性作为其人本基础的，而马克思在《手稿》、《提纲》和《形态》中，反复强调他对人的不同理解，即他是从真实的人、现实的人、社会人、从事实际活动的有血有肉有生命的个人，作为他的哲学的人本基础的。马克思之所以要这样强调，就在于只有以这种真实的社会人为基础，才能通过人的社会性、人的社会关系进入人和人类世界，发现和解决人类的社会问题，推动人和人类世界的健康发展。人类学—哲学，就建立在这种社会人本论的基础上。然而，问题是，始终有一种意见，把马克思与费尔巴哈人本论混淆起来而加以否定，这就无形中阻止了对人类学—哲学的理解道路，人类学—哲学也就无从出场。

新词：人类学—哲学，哲学人类学，哲学人本学，真实的人，社会人，社会人本论

马克思人类学—哲学能不能成立，核心问题还不在于它确立了人和人类世界的存在前提以及理论上逻辑上的构建，核心问题是如何理解人，这个问题也是马克思当时的哲学理论界的焦点问题。马克思的人的概念，是在与费尔巴哈的人的自然本性、施蒂纳的孤立个体的理论交锋中形成的。而这个问题的解决，是科学地构建关于人和人类世界的哲学的理论前提。

一　从批判费尔巴哈与施蒂纳的人本论开始

在马克思之前，路·费尔巴哈和麦·施蒂纳，创立了互相对立的哲学人本学。费尔巴哈创立的是以人的自然的"类本性"为本位的人本学，而克尔凯郭尔、施蒂纳创立的则是以人的孤立个体为本位的人本学。费尔巴哈把一般的"人"作为哲学的对象，以自然存在的人既反对宗教神学、又反对黑格尔的抽象的绝对理念和自我意识，他从哲学上既把人从宗教中解放出来，又把人从抽象的绝对理念中解放出来，而回归到自然的作为类的存在的类本性之中。这是他的一大进步。但是，这同时也是一种抽象的不食人间烟火的像神一样的自然的一般的人。他以人的"类本质"和一般的自然本性，遮盖人的个体性和具体的社会存在。他对人的探索还带着追求抽象本质的形而上学思考特征，因而并不能真正认识真实的人。马克思从一开始就没有走这条路，他提出了以"真实的人"来理解人和人类世界方向。这特别表现在《关于费尔巴哈的提纲》中对费尔巴哈的批判：

> 费尔巴哈把人的本质理解为"类"，理解为一种内在的、无声的、把许多个人纯粹自然地联系起来的普遍性。[1]

所以，马克思从一开始就不能不与费尔巴哈有本质的不同。另一方面，施蒂纳从与费尔巴哈完全相反的方向反对他的人本哲学，强调他所说的抽象的"人"，仍然不过是"神"。施蒂纳完全否定人的抽象共性，提出"唯一者"即绝对孤立的个体反对费尔巴哈。但是，这种非社会的孤立个体同样是一种抽象的不存在，它更无法进入人的具体世界。所以，马克思以更激烈的态度反对施蒂纳，他力图寻找一种既与费尔巴哈的非社会的"类本性"相区别，又与施蒂纳的反社会的"唯一者"相区别的新的哲学出发点，走向新的人本哲学理论的构建。如前表明，马克思的这一努力从1842年一直坚持到1846年的《德意志意识形态》。

马克思对于费尔巴哈和施蒂纳的超越是多方面的，从哲学理念上说，一是以人的社会性为根基的"社会人本论"反对以上错误理论，这一层

---

[1] 《马克思恩格斯选集》第1卷，人民出版社1995年版，第60页。

我们在其他地方已做了研究；二是以"真实的人"，即作为个体与类相统一的实际存在的人，既反对费尔巴哈想象出来的"类本质"；又反对施蒂纳幻想出来的单纯的个体即"唯一者"。他明确反对以"路·费尔巴哈和麦·施蒂纳使用的基本范畴如'类'、'惟一者'、'人'等等"①为依据把握人类问题，力图以"真实的人"作为他的哲学思考的人本立场，他指出："人是一个特殊的个体，并且正是他的特殊性使他成为一个个体，成为一个现实的、单个的社会存在物。"②这就确立了"个体"、"个人"在人的社会存在中的地位。但是同时，"人是类存在物……人把自己本身当作现有的、活生生的类来对待，当作普遍的因而也是自由的存在物来对待"③，人的"生命活动的性质包含着一个物种的全部特性，它的类的特性"④。

因而，对于"真实的人"来说，他首先是个体与类的辩证统一：人这种"单个的社会存在物"，同时又是"使自身作为现实的类的存在物……实际表现出来"⑤，因为，"人的个体生活和类的生活并不是各不相同的，尽管个人生活的存在方式必然地是类的生活的较为特殊的表现或者较为一般的表现，而类的生活必然地是较为特殊的个人生活或者较为一般的个人生活"⑥。

这表明，在人的问题上，马克思从一开始就站在个体生命的基础上强调个体与类的统一。他既在个体中理解类，认为"类本质"存在于个体之中；又在类的基础上理解个体，人的个体不同于动物的个体，他同时是具有"类特性"的个体。这就找到了人的真实生命。从而，在人的问题上，马克思就既与费尔巴哈单纯的"类本性"相对立，又与取相反立场的施蒂纳的"唯一者"相对立。或者说，马克思既扬弃了费尔巴哈的类本位，又扬弃了施蒂纳的孤立个体本位，创立了把个体与类在社会中统一起来的新的辩证的人本哲学立场。

---

① [德]马克思、恩格斯：《德意志意识形态》（节选本），人民出版社2003年版，第8页。
② [德]马克思：《1844年经济学哲学手稿》，人民出版社1979年版，第76页。
③ 同上书，第48—49页。
④ 同上书，第50页。
⑤ 同上书，第116页。
⑥ 同上书，第76页。

二 "真实的人"：在具体社会关系中生活着的"社会人"

马克思对费尔巴哈与施蒂纳的批判是必然的，因为他从一开始就站在与二者都相反的立场上来看待人。还在 1843 年，即马克思还没有受到费尔巴哈影响而考虑人的本质时，就强调人的本质在于"人的社会特质"。立足于人的社会特质，就既能反对费尔巴哈，又能反对施蒂纳。在《1844 年经济学哲学手稿》中，马克思一方面赞扬费尔巴哈的自然主义和人本主义对于"神本主义"和非人哲学的超越，另一方面则直接强调了与其自然人本论相反的人的社会性。他既注意到"人是自然存在物"，但他更强调"人是社会存在物"：人的"活动及其成果的享受，无论就其内容或就其存在方式来说，都具有社会的性质：是社会的活动和社会的享受"①。又说："人是最名副其实的政治动物，不仅是一种合群的动物，而且是只有在社会中才能独立的动物。"② 在马克思看来，"自然界的属人的本质只有对社会的人来说才是存在着的；因为只有在社会中，自然界才对人说来是人与人之间联系的纽带……只有在社会中，自然界才表现为他自己的属人的存在的基础。只有在社会中，人的自然的存在才成为属人的存在，而自然界对人说来才成人"③。

这些话深刻地表明：人的本质不在于他的自然性，而在于他的社会性。社会是人的自然性与自然的人类性在人的活动中的统一，是人的本性的自然实现，也是自然本性的人类学实现，二者统一成为人的社会性。在社会中，自然成了人与人联系的纽带，具有社会的性质，人则在社会化的自然界中实现自己。人通过自己的在社会中的对象性活动，把自然界的存在，转化为人的存在，转化为人类学的存在。人与自然的关系，也是以社会为中介的。因此，社会是人的基本生存方式，是人之作为人的生活方式。人通过自己的社会存在形式，具体地在自然界中过着人的生活。就这方面说，马克思就是在赞扬费尔巴哈时也已超越了费尔巴哈，他从一开始

---

① ［德］马克思：《1844 年经济学哲学手稿》，人民出版社 1979 年版，第 72—76 页。
② 《马克思恩格斯选集》第 2 卷，人民出版社 1995 年版，第 2 页。
③ ［德］马克思：《1844 年经济学哲学手稿》，人民出版社 1979 年版，第 75 页。

就开辟了与费尔巴哈相反的对于人的理解。

同时，马克思指明了他所说的社会性，不过就是人的关系和联系的总和：

> 社会不是由个人构成，而是表明这些个人彼此发生的那些联系和关系的总和。①

社会是一定人群的复杂的关系和联系的组织体系，是他们为了生存发展而在一定物质基础上结成的关系和联系体系。正是处在这种具体的社会的关系和联系中的人，才是真实的人。所以，在《形态》中，马克思就进一步提出和定义了这种"真实的人"："真实的人"是"现实中的个人"，"是处在现实的、可以通过经验观察到的、在一定条件下进行的发展过程中的人"②。

更为重要的是，马克思所说的"真实的人"，也就是"社会人"。他把人的社会规定性，视为个人在实现自己的生存时的必然产物：

> 因为人的本质是人的真正的社会联系，所以人在积极实现自己本质的过程中创造、生产人的社会联系、社会本质。……因此，上面提到的真正的社会联系并不是由反思产生的，它是由于有了个人的需要和利己主义才出现的，也就是个人在积极实现其生存时的直接产物。③

> 人的本质不是单个人所固有的抽象物，在其现实性上，它是一切社会关系的总和。④

这样，马克思就把由各种关系和联系的总和构成的社会性，作为人的社会本质、社会规定性看待。从这种人的社会存在出发理解把握人和人类世界，就形成了马克思实际构建而又没有说出的社会人本论。

---

① 《马克思恩格斯全集》第 30 卷，人民出版社 1995 年版，第 221 页。
② [德] 马克思、恩格斯：《德意志意识形态》（节选本），人民出版社 2003 年版，第 17 页。
③ 《马克思恩格斯全集》第 42 卷，人民出版社 1956 年版，第 124 页。
④ 《马克思恩格斯选集》第 1 卷，人民出版社 1995 年版，第 56 页。

说马克思创立了社会人和社会人本论的基本思想，还可以从马克思自己的直接强调中看出来。马克思在晚年直接强调了他在青年时代欲说而未说出来的"社会人"一词：他在晚年的《评阿·瓦格纳的〈经济学教程〉》中指出："人？如果这里指的是'一般的人'这个范畴，那么，他根本没有'任何'需要（反对费尔巴哈的自然人和类本性——引者注）；如果指的是孤立站在自然面前的人，那么他应该被看做是一种非群居的动物（反对施蒂纳的唯一者——引者注）；如果这是一个生活在不论哪种社会形式中的人……那么出发点是，应该具有社会人的一定性质，即他所生活的那个社会的一定性质。"① 因为，马克思在早年就认为：人的"本质不是它的胡子、它的血液、它的抽象的肉体，而是它的社会特质"②。"社会人"这一范畴就是对这些思想的概括。

所以，马克思这时所说的社会人，就是对"真实的人"的注解。因此，马克思的"真实的人"，不是费尔巴哈的"自然人"、"类本质"，不是施蒂纳的"孤立人"、"唯一者"，不是人性论者、人道主义者的"抽象人"、"一般人"、"本质人"，而是以人的个体生命存在为本体、并以其社会性的关系和联系为根据的"社会人"。

重要的是，这种以社会人为本对于人和人类世界的考察，就形成了非常重要的"社会人本论"思想的创立，它为马克思人类学—哲学的形成奠定了社会人本论的理论基础。其特征，如前表明，一是体现在马克思把人视为社会存在物，人只有在社会中才能生存；二是把社会人视为个体与类的统一，个体与类的关系是社会关系，公共关系；三是把人的现实本质视为其"一切社会关系的总和"。从而，马克思从以上三个方面进入了真实的人和人类世界。

以社会人本论为中介，人的各种人类学规定都会走向具体化。例如，正是在社会人本论的基础上，马克思具体研究了人的社会生产、人的社会实践、人的社会历史、人类社会的辩证法、人的社会解放论等等人的社会性规定。这些是马克思人类学—哲学的奠基性理论。

---

① 《马克思恩格斯全集》第19卷，人民出版社1963年版，第404页。
② 《马克思恩格斯全集》第3卷，人民出版社2002年版，第29页。

三 从"真实的人"走向人的真实关系世界

马克思与一切"人类学转向"的哲学家不同的是,他既不仅仅从抽象的普遍的人的人类学规定把握人和人类世界,也不仅仅从孤立个体看待人和人类世界。而是通过社会人的中介,把人的普遍的人类学规定、人的特殊的社会规定性与人的个体生命存在渗合起来。"社会人",不仅仅是指人的人类学规定,也不仅仅指人的社会本质,人的社会规定性,而且是指具体的个人存在,即与"从事实际活动的个人"的个人生活、个人规定性(个体、个性、个人的时空存在等等)相统一的存在。这样,社会人就是人的人类学规定、人的社会性规定与人的个体性规定这三重规定性的渗合,并且正是在这种三重渗合的意义上,构成了马克思关于人和人类世界的人本基点,马克思唯物主义的人类学—哲学范式才找到了它的人本基础。

具体地说,在"社会人"中,既包含着人的"类的生活",即人的人类学存在、人类学关系和人类学的生产与实践这些人类学规定,又包含着人的具体的社会关系,社会规定性,以及它们具体地通过人的"个体生活"而具体地实现出来。马克思明确指出:人的人类学规定都不是独立存在的,它们都是通过"从事实际的个人"的"个人生活"而存在,它们作为一种本质的东西具体地存在于人的"较为特殊的个人生活"之中,即普遍、一般只能存在于具体的个别、个体之中。一般来说,马克思正是在"人的社会性规定"中来理解人的人类学规定和个体性规定的,这就是说,在马克思那里,包含着这样的一组哲学理念:

(1) 人的存在论 = 人的个体生命存在论 + 人的社会存在论 + 人的人类学存在论;

(2) 人的关系论 = 人的个体关系论 + 人的社会关系论 + 人的人类学关系论;

(3) 人的生产论 = 人的个体生产活动论 + 人的社会生产论 + 人的人类学生产论;

(4) 人的实践论 = 人的个体生活实践论 + 人的社会实践论 + 人的人类学实践论;

(5) 人的历史论 = 人的个体生活历史论 + 人的社会历史论 + 人的人

类学历史论;

（6）人的辩证法＝人的个体生命辩证法＋人的社会辩证法＋人的人类学辩证法;

（7）人的解放论＝人的个体解放论＋人的社会解放论＋人的人类学解放论，等。

这里的＋，既表示它们的逻辑进展和层次深入，又表示它们之间在个体的实存中互相套叠、互相渗合的同一性。这就是说，马克思的人类学—哲学的基本理论，可以用把人的个体性的、社会性的和人类性的三重规定叠合一体的人的存在论、人的关系论、人的生产论、人的实践论、人的历史论、人的辩证法、人的解放论来概括。例如，在"人的存在论"中，包含着人的个体生命存在、人的社会性存在和人的人类学存在的统一，如此等等。并且，这种统一可以理解为个体性、特殊性与普遍性的三层叠合，也可以更恰当地理解为三个层次的互通互涵、互相渗合，共同形成了一种合构式的层次套叠体。可以看出，这样的社会人本论，既与费尔巴哈的抽象的自然人本论的普遍本性相对立，又与施蒂纳的孤立个体"唯一者"相对立，但是，却又能把二者的合理性包含于一身。这是马克思的重大的哲学创造[①]。但是，在通常的理论中，人们往往只看到中间的"社会性"那一项，而将个体性与普遍性忘掉了，这就不能不形成其狭义的理论：它只能把握人的社会性而不能把握人的以个体生命为根基的人的人类学特征。相反地，人类学—哲学，作为广义的理论体系，则同时注重人的这三层规定性，并在个体性上把这三重规定性统一于一身。

总之，"社会人"，使上述作为"人的类的生活"的人类学规定以及人的社会本质，获得"个人生活的存在方式"，在人的具体的个体存在中获得现实的生命。而以这种社会人为本理解人和人类世界，就形成社会人本论。它表明马克思对这些问题的把握，既上升到了人类学高度，又深入到了人的具体社会存在的个人生命层次，使马克思人类学—哲学，既避开了哲学人本学和哲学人类学的抽象的类的平台，又避免跌落到孤立个体及

[①] 人的社会存在强调人是社会人。社会人是个体与类统一，这就在哲学立场上既超越了作为人的自然本性的类本质，又超越了与它对立的唯一者，克服了二者的对立，通过个体与类的关系而进入人的社会生活、社会世界和社会问题，从而使马克思的哲学思考全然超越了哲学人本学和新、旧人本主义的抽象性和片面性，把哲学推进到了人的真实生活领域，发现了新的哲学问题域。

其内心世界的鸿沟,而创立了具体的"人的社会存在"这一人类学—哲学平台。正是在此基础上,马克思展开了对人和人类世界的一系列的哲学探讨和社会政治理性批判。

第十五章

人类学—哲学的使命:"在批判不合理旧世界中创建合理新世界"

小引:马克思对人类学—哲学的本体论和基本理论的确定,在基本框架上就完成了这一哲学的理论构建。现在要进而追问的是:马克思为什么要构建这一"真正的哲学","作为世界公民的哲学"?这就涉及这一哲学的哲学使命问题。马克思对此也早有回答:其使命就在于"在批判不合理旧世界中创建合理新世界"。试问:有哪一种对马克思的哲学理解范式,能够担当如此重任呢?非人类学—哲学莫属。所以,马克思的人类学—哲学,既是批判的哲学,又是消解的哲学,更是改变不合理世界的哲学。凭借这一批判战斗精神,它会永远战斗在一切不合理时代和不合理社会的最前线。这才真正能发挥马克思哲学的现实革命意义。

新词:人类学—哲学,批判的哲学,消解的哲学,改变世界的哲学

自康德的三大批判问世以来,哲学中的批判思潮就成了辨别真理、寻求正义、探索合理性、审度合法性的基本方法。马克思作为开创人类学—哲学这一新哲学的大师,他更是要在对社会不合理现象和不合理观念的理论批判中为自己开辟道路。所以,马克思不是正面提出人类生存的本质性要求,而是在批判不合理的旧世界中,把人类的生存合理性要求突出出来,从而创建了他的人类学—哲学的批判主旨。

要理解马克思的批判主旨,首先要理解马克思的核心理念与现实策略。他热爱哲学,为什么又主攻经济学呢?他的终极目的与在现实斗争中

的展开方式有何不同？等等。"在批判不合理旧世界中创建合理新世界"这句话，最能代表马克思的立于人类学价值立场的现实批判精神。

马克思要解决的根本问题，也就是当时世界的根本问题，这些问题归结到一点就是：不合理、非法性问题的产生根源与铲除道路何在？马克思提出了解决问题的基本方式：（1）对一切进行合理性、合法性的审视和批判；（2）从科学上寻找不合理非法性问题的根源和解决方式，他由此走上了经济科学的探索道路，并且发现了剩余价值及其归宿问题是一切问题的总根源；（3）寻找能历史地解决问题的现实力量，这就是无产阶级；（4）马克思站在人类学高度上要求无产阶级超越其狭隘的阶级性（如对英国工联主义的批评）而上升到人类学高度，即首先解放全人类才能解放自己。当然，由于历史的原因，无产阶级未能达到这一高度，革命并未能在西欧发生。但是，马克思的人类学高度的批判，是从历史中被压抑、被遗弃的深层即不能合理生存的劳动者的立场吼发出来的，因为只有被压抑被遗弃一方的解放，才有全人类的解放。正是这种含阶级性于自身的人类学价值高度，规定了马克思哲学批判的特征。

一 人类学—哲学：作为"批判"的哲学
（在批判不合理旧世界中创建合理新世界）

马克思生在封建专制主义在德国的余威以及资本主义矛盾尖锐突出的时代。所以，他一走进社会，就是以批判开辟道路的。他早年创办《德法年鉴》的宗旨就是："我们必须彻底揭露旧世界，并积极建立新世界。"[1]"历史的任务就是确立此岸世界的真理，揭露具有非神圣形象的自我异化"，展开"……对尘世的批判……对法的批判……对政治的批判"[2]。因为，"落后于世界水平的"德国"可恶至极的专制制度已赤裸裸地呈现在全世界面前"[3]。

马克思也正是在批判不合理的非人旧世界中开始他追求社会正义的生涯的。正是专制政治的现实存在，使马克思的政治批判主要集中在如下几

---

[1] 《马克思恩格斯全集》第47卷，人民出版社2004年版，第3、63页。
[2] 《马克思恩格斯全集》第3卷，人民出版社2002年版，第200页。
[3] 《马克思恩格斯全集》第47卷，人民出版社2004年版，第55页。

方面：

第一，马克思从批判不合理的封建专制制度开始他的理论斗争。他站在个体自由和广大民众的立场上，把批判对准反民主的"专制政体"和不平等的"等级制度"，指向"自由主义的反对派"，指向"等级议会"、"贵族等级"、"特权者"和其"专横"，指向"牺牲人的权利"、"任意破坏人格原则"、压制精神自由的专制制度。他把这种世界叫做"非人世界"或"动物世界"，指出专制制度是"被分裂的人的生存世界"。他认为：像在"专制政体下面人人一律平等一样，虽然不是在价值上平等，但是在无价值上是平等的"①，搞专制制度就是搞人民对统治者的"动物崇拜"，"它和有区别的人类世界相反，因为后者的不平等现象不过是平等的色彩折射而已"②。

他认为，对当时德国政治的批判，对维护专制制度的法的批判，即反对专制制度，是政治解放的首要任务。这表明，马克思对专制制度深恶痛绝，初出茅庐就把主要精力用于反对德国的专制特权等级制度。

需要强调的是，有人认为马克思对专制制度的批判，表明他是站在资产阶级民主主义立场上的，好像无产阶级就不需要民主。他们不知道，马克思从来就没有站在资产阶级立场上说话。他是站在"全人类解放"这种人类学价值高度上反对专制特权制度对人的奴役的。这与他青年时代就立志为"全人类的幸福"而斗争这种人类学价值立场是一致的。因而是他从一开始就抱定的人类学价值立场在专制环境中的必然体现。

第二，批判资本主义对于无产阶级的经济剥削与政治压迫。马克思终其一生，都在反对资本主义，传统马克思主义理论在这方面有重要论述，如资本主义的基本矛盾等等，这里不再论及。这里要强调的是：马克思批判的资本主义，是包含了许多近代奴役制度的资本主义，如资本对劳动的奴役，特权对平民的奴役，国家对民众的奴役，民主的有限性、自由的虚假性、平等的空洞性等等，他对这些方面展开了无情的批判。他之所以认为并强调阶级斗争必然要导致无产阶级专政，在于他根据原始积累时期剥削的残酷性，不相信生产的发展能改善无产阶级的生存条件。所以，他号召进行无产阶级革命，通过实现下层群众的合理生存与自由解放而实现全

---

① 《马克思恩格斯全集》第1卷，人民出版社1995年版，第195页。
② 同上书，第248页。

人类解放。这对于当时的世界历史形势来说是一种必然，所以马克思把它放在首要地位。

第三，马克思批判虚假民主制度，批判国家与人民的对立。他批判当时由"政治解放"所形成的国家是虚假的"民主国家"：它们同样没有摆脱物对人的统治和政治异化，同样处在国家与社会、国家与人民、法与人民的对立之中。他指出：国家与社会的对立在于：国家以代表"共同利益"自居，但实际上所代表的不过是统治阶级的"特殊利益"，这种"特殊利益"不能不与所有互相交往的个人的"共同利益"之间存在矛盾对立。正是这种在行动中互相结成的特殊利益，把国家变成实现其特殊利益的工具，迫使人们不得不在与自己相矛盾的这种国家的限定范围中活动，从而使这种活动对人来说成为一种对立的、异己的力量："这种力量压迫着人，而不是人驾驭着这种力量"①，所以，它同样是人的"彼岸世界"，它与人的"此岸世界"相对立。

在这里，马克思是从政治统治的合法性范畴上看问题的。马克思对资本主义的民主、自由、平等、博爱、人权等等都有分析，有批判，但他主要在于指出它的不彻底性，虚假性，这在当时广大无产者都还处在食不果腹的时代，是完全正确的。事实上，马克思的这些批判，是要在一个更彻底的惠及全民的意义上，把这些历史进步性成果上升到人类学意义上的全面实现。

第四，马克思呼唤政治民主、个体自由、人人平等。马克思不仅身体力行争取自由，不仅亲自参与了当时广泛的民主运动，还曾出任德国"民主派兄弟协会"的副主席（1847年），他在1848年创办的《新莱茵报》，也以"民主派机关报"命名。在理论上广泛批判了专制政治对于精神自由的压抑，关心人的思想自由、精神自由（他所捍卫的出版自由是其集中体现），关心人民的、社会的、普遍的自由和国家的民主理性精神。他曾说："自由确实是人的本质，因此就连自由的反对者在反对自由的现实的同时也实现着自由"②，"没有一个人反对自由，如果有的话，最多也只是反对别人的自由。可见，各种自由向来就是存在的，不过有时表

---

① 《马克思恩格斯选集》第1卷，人民出版社1995年版，第85页。
② 同上书，第167页。

现为特殊的特权，有时表现为普遍的权利而已"①。"对人说来，只有是自由的实现的东西，才是好的。"②

由此可以看出，马克思反对把自由变成特权者的特权而要求把自由变成人民的普遍权利。自由，在马克思看来，是人作为人的本质存在的天然要求，是实现人的潜能、创造和发展人类事业的人性前提，是马克思倡导"思想解放"、"政治解放"的核心。它和马克思呼唤真正的民主、平等是一致的。他要求把从人民那里异化出去的权力复归于人民。他对卢梭的"人民主权"、"主权在民"也是完全赞同的。自由，是马克思人类学—哲学的核心精神，而自由作为一种普遍性权利，则以人人平等为前提，不允许有经济政治特权存在；而自由、平等的政治要求就是民主，这是现代社会的三位一体的普遍性价值。

二 人类学—哲学：作为"消解"的哲学
（消除对人的一切非人统治，把人的关系还给人自己）

批判的目的全在于消解。马克思的批判所向，主要在于消除一切非人的东西对人的非法统治，特别是专制政体和资本。它突出表现在如下三方面：

其一，消除对人的一切非人统治。马克思的批判，是站在人类合理生存的立场上对不合理世界的批判。这种批判，旨在消解一切落在历史之后的因而是不合理、不合法的东西对人的统治。特别是力图消解专制制度、私有制和劳动异化对人的统治，力图消解无产阶级的非人境遇，消除一切受屈辱、被奴役的人的非人生存状态。他把"推翻那些使人成为被侮辱、被奴役、被遗弃和被蔑视的东西的一切关系"视为"绝对命令"，最足以表明马克思站到了至高无上的人类正义立场，力图消解一切非人性的东西对人和人类世界的统治，"把人解放成为人"。除此之外，马克思也力图消解一切不合理理论对人的精神统治。如黑格尔的宇宙精神，费尔巴哈以人的自然本性代替真实的人，国民经济学不把工人当作人，青年黑格尔派以自我意识代替人和人类世界的问题，以及历史唯心论的不合理性等等。

---

① 《马克思恩格斯选集》第1卷，人民出版社1995年版，第167页。
② 同上书，第177页。

第十五章 人类学—哲学的使命:"在批判不合理旧世界中创建合理新世界" / 231

他们的共同问题在于不关心人和人类世界的问题。他把这些对不合理的精神性、哲学性的意识形态与社会物质状况、制度状况的不合理性的消解结合起来。这是一种全面的力图从社会的物质状况、制度状况和精神状况的立体性的彻底的批判消解精神,没有人能达到他的这种消解一切对人的非法性统治的高度。而从事这一切批判消解的,是马克思对人类的伟大的人类学关怀精神,即人类学—哲学精神。这就是"不容许任何东西走向独断与专制,成为束缚人、统治人的异化力量,包括理性和人的主体性在内"(衣俊卿语)。

其二,通过对不合理世界的消解,实现人的合理生存。马克思从一开始就不能容忍的是,广大劳苦大众的非人境遇和劳动异化导致的贫困现象。马克思的人类学视野和人类学情怀,使他在社会中首先关注的,是当时广大"无产者"不能合理生存:"一无所有的等级"①,"政治上和社会上一无所有的贫苦群众的利益"②,"整个贫民阶级"的生存③,"贫困状况的普遍性以及产生这种贫困状况的总的原因"④。他站在社会正义的立场上,不能容忍"资本与劳动的对立",不能容忍"物的世界的增值与人的世界的贬值成正比"的不合理社会现实⑤,反对把工人"变成没有感觉和没有需要的存在物"⑥,这和他反对把人变成物、把人的关系异化为物的关系这种人类学精神是一致的。

马克思伟大的正义精神使他不能容忍种种非正义现象,力图消除这种现象。为此他探索了导致这一切的根源:私有制和劳动异化。由于私有制和劳动异化,才使劳动者"不拥有"(蒲鲁东语)任何财富:

> 不拥有不只是一个范畴,而且是最悲惨的现实。……等于人完全脱离了他的实物性……不拥有是最令人绝望的唯灵论,是人的最完全的非现实,人的非人生活的最完全的现实,是极其实际的拥有,即饥饿、寒冷、疾病、罪恶、屈辱、愚钝以及种种违反人性的和违反自然

---

① 《马克思恩格斯全集》第 1 卷,人民出版社 1995 年版,第 340、343 页。
② 同上书,第 7 页。
③ 同上书,第 146 页。
④ 同上书,第 216、223 页。
⑤ 《马克思恩格斯全集》第 3 卷,人民出版社 2002 年版,第 728、267 页。
⑥ 同上书,第 342 页。

的现象的拥有。①

这是马克思所说的非人世界的最非人的方面，它是马克思一切愤怒的根由，使马克思坚定地站到了无产阶级这一最广大的人民群众的合理生存利益这一边。消除人类世界的这种触目惊心的不合理现象，是马克思追求人的合理生存、健康发展与自由解放的人类学价值目标的组成部分。

其三，"把人的世界和人的关系还给人自己"。马克思在批判中强调要消除对人的非人统治，"把人的世界的人的关系还给人自己"。这里，就有个如何理解"非人统治"和"人的关系"的问题。所谓"非人统治"，就是"使人成为受屈辱、被奴役、被遗弃和被蔑视的东西的一切关系"的统治；所谓"人的关系"，就是人与人的平等、自由、尊严、互利、协同的合理生存关系，也就是不受屈辱、不被奴役、不被遗弃和不被蔑视的维护人的人格尊严的政治关系，是"己所不欲，勿施于人"的人与人的人性关系。马克思相关的几组话是：

> 人的解放，是以宣布人是人的最高本质这个理论为立足点的解放②。
> 人就是人，而人跟世界的关系是一种合乎人的本性的关系。③
> 平等，表明人的本质的统一……表明人对人的社会关系或人的关系。④
> 人的本性是"自由自觉的活动"，"自由是全部精神存在的类本质"⑤，即自由是人类精神中的最根本的东西。

这就是说，马克思所说的"人的世界"，就是人的人格尊严，人的自由平等，就是人作为人的"最高本质"。自由是人的本性的合理要求，"平等"体现了人在本质上的统一，人与人没有天然的本质的不同，人人在其人类学本质上都是一样的，在此基础上建立的世界就是人

---

① [德] 马克思：《神圣家族》，人民出版社1962年版，第52页。
② 《马克思恩格斯全集》第3卷，人民出版社2002年版，第214页。
③ [德] 马克思：《1844年经济学哲学手稿》，人民出版社1979年版，第108页。
④ [德] 马克思：《神圣家族》，人民出版社1962年版，第48页。
⑤ 《马克思恩格斯全集》第1卷，人民出版社1995年版，第171页。

的世界。显然，这是针对专制制度、等级制度的统治关系而言的。这些论述表明，"人的关系"就是人人自由、人人平等的关系，人人就是"每个人"与"一切人"。就是把人的自由本性、平等要求和人格尊严置于最高地位的人与人的社会关系，是人不被经济异化、不被政治异化，也不被宗教异化所统治的社会和谐关系。由此可知，所谓"人的最高本质"，所谓"人的关系"，就是人人都可以自由自觉地进行活动特别是进行创造性活动的社会关系。它首先就表现为个体自由、社会民主、人格平等以及人的权利、人的机会平等多方面。这既要求解构导致整个社会异化的专制统治、阶级统治，又要求消除一部分人不拥有物质生活资料、不拥有自由和人格尊严的非人生存状况。这些是人进行自由自觉的活动的前提，是人人都不受屈辱、不被奴役、不被遗弃和不被蔑视的社会关系产生的前提。在此基础上，才有可能走向"以每个人的全面而自由的发展为基本原则的社会形式"①，这在本质上可以概括为社会公共关系人本主义或人本社会主义。

这也就是说，"人的关系"首先就是对异己的、异化的、非人性的关系的消除。马克思深刻地揭示了劳动异化所导致的劳动者的悲剧。这里当然包括政治异化、人的异化等等。在马克思看来，人类社会只要有严重的异化存在，就不可能有人的合理生存与社会的健全发展。

其四，马克思还提出了消除异化的、能实现"人的关系"的社会组织体系，这就是"社会所有制"、"真正的集体"、"真正的共同体"、"自由人的联合体"等。

总之，马克思的全部理论上活动就在于消除"动物世界"对人的统治，"把人的关系还给人自己"。它表明：维护特殊集团的利益，压制人民的政治民主和精神自由，把世界历史发展进步的精华即最广泛的"人民主权"变成少数人的特权、专权，是对人的生存世界进行"动物统治"的典型体现，是马克思深恶痛绝的。按马克思的理解，这里不是改革就是革命。

---

① ［德］马克思：《资本论》，人民出版社1972年版，第649页。

三 人类学—哲学：作为"改变世界"的哲学
（改变一切不合理、非法性关系）

马克思对旧世界的批判和消解，最后都寄希望于实践，因为只有实践才能"改变世界"。它包括这样的连递环节：

其一，人类学—哲学是以实践为手段改变一切不合理关系的哲学。实践作为人从主观上推动的活动，作为人的感性活动和客观地进行的活动，它的根本功能，就是能够实实在在地改变世界。所以，马克思不仅要求以实践为根基解释人的生存世界，还更要求以实践为手段改变人的生存世界。马克思强调：

> 哲学家们只是用不同的方式解释世界，而问题在于改变世界。①

怎样改变呢？这就是对人类的现实世界本身，"首先应当从它的矛盾中去理解，然后用排除矛盾的方法在实践中使之革命化"②。"新唯物主义"就是以发现和解决人的生存世界的基本矛盾而实际地改变世界的哲学。一句有名的但是常被曲解的话是：

> 对于实践的唯物主义者即共产主义者说来，全部问题都在于使现存世界革命化，实际地反对并改变事物的现状。③

马克思这里不是提出了"实践唯物主义"这一哲学，而是对力图通过实际活动以改变不合理世界的革命行动者来说，就在于正视社会的不合理性，并以实践的手段改变非人世界的现状。另一方面，这种对世界的改变，显然只能建立在对世界的正确的理解和解释的基础上，否则只能是盲目的改变。因此，它同时也不能不以解释世界为前提。这种解释，当然也只能是以实践为根基、为目的的解释。因而，马克思实际上通过实践创立

---

① 《马克思恩格斯选集》第1卷，人民出版社1995年版，第61页。
② 同上书，第59页。
③ 同上书，第75页。

了既能解释不合理世界、又能改变不合理世界的哲学。

其二,实践改变:以人类学价值为本的人与其社会环境的双重改变。马克思强调以"革命的实践"为手段改变世界,但是,这种改变不是片面地改变客观世界,他强调:这种改变是环境与人的活动的双重改变:"环境的改变和人的活动或自我改变的一致,只能被看做是并合理地理解为革命的实践。"① 正是实践的这种双重改变性,使人类的生存发展和走向自由解放不能不在客观方面与主观方面同时展开。这种双重改变,就自然的一面说,就在于改变与人在生态上对立的自然环境,在自然界中创造"属人的"即有利于人类生存发展的生存价值世界,这在今天就是追求人与自然界的协调一致的改变。就人的主观的方面说,就是改变人自身的那种无知、无能和无独立性的状态,使作为主体的人,在这种改变世界的过程中走向自由、丰富、发展,走向"全面的关系和多方面的能力"的实现,即实现人本身的"自由而全面的发展"。就作为自然与人的统一的社会方面说,主要是改变那种压抑人的关系和秩序,阻碍人的自由和创造性发展的非人性的东西,"使人的世界和人的关系回归于人自身"②。创造人性得以自由实现的世界,这同样是以人类为本的改变。我们可以看到,这三方面改变,都不能不是以人类学价值为目标的改变。而只有以人类学价值为目标改变世界,才能走向每个人与一切人的自由解放。

其三,"改变世界"的方向:逐步实现人的自由解放。马克思对人有深切的独到的认识。他的两句名言是:

  人的本质不是单个人所固有的抽象物,在其现实性上,是一切社会关系的总和③。
  自由自觉的活动恰恰就是人的类的特性。④

前一句话是对于人的个体本质的揭示,它要求从人的具体的社会关系中把握现实的人。后一句话是对于人性、人类性、人类本性的揭示,它表

---

① 《马克思恩格斯选集》第1卷,人民出版社1995年版,第55页。
② 《马克思恩格斯全集》第3卷,人民出版社2002年版,第189页。
③ 《马克思恩格斯选集》第1卷,人民出版社1995年版,第56页。
④ [德]马克思:《1844年经济学哲学手稿》,人民出版社1979年版,第50页。

明，对自由解放的追求是人的本性。把这两句话结合起来进一步表明：人的自由解放要通过人的社会关系逐步转变为"人的关系"、"人性关系"才能实现，表明了人类解放的基本道路，在于对非人的、压制人的自由本性的不合理社会关系的改变。也就是说，改变世界要以实现人的"自由自觉的活动"为本，即走向自由解放。这也就是要求在任何情况下，都要坚持改变不合理性对人的统治，"把人的世界和人的关系还给人自己"，逐步实现人的解放。

从客观上说，人的生存世界本身是复杂的，矛盾的，二重性的，它既有符合历史发展、符合人性即合理性的一面，又有不符合历史发展、不符合人性要求的即不合理的一面。改变世界，在任何时候都只能是对世界、对人本身的非人性、不合理性的改变，从而在一定历史条件下"把人解放成为人"。在这里，"任何解放都是把人的世界和人的关系还给人自己"这句话，最足以表明马克思创立的"改变世界"的哲学是人类解放哲学。它为"改变世界"找到了正确的实践方向。

说马克思"改变世界"的方向在于人的自由解放，与他当时的思想是相一致的。在19世纪40年代初中期，马克思最关心的是"全人类的解放"问题，他的《〈黑格尔法哲学批判〉导言》就是强调这一问题的。他要求"哲学把无产阶级当作自己的物质武器，同样，无产阶级也把哲学当作自己的精神武器"[①]，实现"全人类的解放"。"改变世界"不过是对这一精神的再肯定，它代表了马克思当时的全新哲学理念。在1848年前后的阶级斗争激烈时代，马克思转而把无产阶级解放作为当时的首要问题，力图通过无产阶级解放开辟人类解放的道路。但历史发展的辩证法是：无产阶级并未能实现这一任务，相反，科学技术所推动的经济发展，反倒走上了解放无产阶级的道路，也使人类解放在今天有了更为现实的意义。

总之，马克思强调的"新唯物主义"，就是以实事求是的立场、态度和方法，以实践为基础，研究分析人的生存世界的发展规律和解放途径，并指导人们改变世界的哲学。它的基本问题是人类解放问题，而不是研究物质世界或整个世界的问题，"物质"或"整个世界"早就进入自然科学的怀抱里了。由于它以人的生存世界为对象，以人类问题为己任，因而是

---

① 《马克思恩格斯选集》第1卷，人民出版社1995年版，第15页。

一种人本理性主义哲学。由于以人类解放为目的，因而也可概括为是以人类性为根基的人类解放哲学。它是整个广义马克思主义的哲学基础。

其四，可以说，人类学—哲学是为人类的合理生存与自由解放而奋斗的哲学。马克思之所以终其一生都在反对资本主义制度，在于在他那个时代，资本主义是人类合理生存、健全发展与走向自由解放必须克服的障碍。因为，资本对劳动的剥削，劳动异化，无产阶级每日劳作14个小时而仍然"不拥有"必要的生活资料，以及由此导致的整个无产阶级的非人生存状态，直接破坏着人的合理生存，直接阻碍着社会的健全发展和人对自由解放的追求。所以，在当时，不革命就没有出路。正是在这一现实意义下，马克思强调：对于实践的唯物主义者即共产主义者说来，全部问题都在于使现存世界革命化，实际地反对并改变事物的现状，即为全人类的合理生存、健全发展与自由解放而斗争。而任何人要为这一方向而斗争，他的现实任务就在于以实践的方式"使现存世界革命化"，即以革命斗争反对和改变不合理的现状，实现人的合理生存。这里，首要的问题是合理性问题。

"合理性"是个社会历史性概念，根据马克思的理解，它指的是人既符合历史发展的规定性，又符合社会的普遍性价值要求的人性化的生存方式。这一理念的产生，首先是针对当时社会的各种不合理状态的，这从马克思的各种批判中就可以看出来。所谓解放，就是要把人类从这种不合理的生存状态下解放出来。马克思批判德国封建专制制度，就是由于它落在已经发生了政治革命、政治解放的世界历史的后面，因而它的存在成了不合理、不合法的。马克思批判资本主义私有制，就是因为劳动者的巨大财富创造，通过私有制被异化出去，反过来统治着劳动者本身，从而造成了劳动者的赤贫与所有者的暴富这种两极分化的社会不合理状态。马克思强调把人的关系还给人自己，在于他认为人的本性是追求自由、追求平等的，但这种平等自由的人的关系却不能在现实社会中实现，社会本身为种种非人关系所支配，如等级的、金钱的、意识形态的等神化的、物化的东西所统治，因而是不合理非法性的。总之，不合理可以从各个视域去描述。从马克思对这些不合理东西的批判可以看出，合理性的基础，是人自身在一定社会历史环境中的对所有人都最有利的生存发展。这主要体现在人与自然、人与社会、人与他人、人与自身四大基本关系方面。在社会关系中，又体现在人与人的、人与类的、人与物的、人与精神文化的、人与组织的、人与政治的、经济的等种种关系方面。马克思要求在这些方面都出现一种为历史发展所应然的关系，从而使所有的人都可以合理生存和合理发展，走向自由解放。

在第六章我们论述了马克思人类学—哲学的"六大范畴、十二大话题"，它概括了马克思对人类社会的多重关心和多重奋斗方向。这里要突出的是马克思如下方面的斗争。马克思一生的斗争，一是为消灭专制、特权即为实现民主自由平等而斗争，这属于为权力公有制的斗争；二是为消解现实社会的不平等、为社会正义、为劳动者的现实权益而斗争，这属于为劳动者从而也是为全体人民的合理生存权即人权而斗争；三是为消灭导致劳动异化的私有制、为创建社会的产权公有制而斗争，这是马克思直接的奋斗目标，阶级斗争是其手段；四是为人的自由特别是精神自由、个人自由发展解放、为走向自由人的联合体——即人类解放而斗争，这属于为普遍自由而斗争；五是为现实地进行的无产阶级解放而斗争，它实际上包含了上述各个方面的要求于其中。所有这些都可以用一句话来概括：为人类的合理生存、健全发展与自由解放而斗争。从实质上看，它建立在每个人都合理地占有上述三大权力（公权、人权、产权）的基础之上。马克思的一生都在为这一方向而奋斗。

这里应强调的是：马克思的生存合理性的最高理念，就是全体人民的"个人自由发展"：他认为，之所以要为共产主义奋斗，就在于：共产主义"本身就是个人自由发展的共同条件"，只有它才是"个人的独创的和自由的发展不再是一句空话的唯一的社会"①。

从这里可以看出，马克思把"个人自由发展"看做是人的合理生存的最高理想。它是消除了上述三大社会权力对人的种种奴役、消除了它所导致的人的异化状态的结果。因此，包括所有成员的"个人自由发展"，就是人的合理生存与自由解放的核心。所以他把共产主义定义为"自由人的联合体"。

以上，是从社会政治方面而言的对生存合理性的追求。从哲学上看，马克思所关注的合理性也是多方面的，诸如：生产关系适合生产力；上层建筑适应经济基础，异化劳动的扬弃；私有制的克服；无产阶级的解放，人的关系还归人自己；自由的复归，人性的复归；人的自由自觉的活动，

---

① 《马克思恩格斯选集》第3卷，人民出版社1960年版，第516页。

自由人的联合体,共产主义,等等。他在这些方面要求社会的合理性,人的合理生存,人的自由解放。当然,所谓合理,既要合乎关系依存之理,又要合乎价值选择之理,更要合乎时代可能性之理,符合物质条件、生产力条件的可能性之理。脱离开历史具体性和时代可能性,也就无合理性可言。

从今日的视角看,人的合理生存,还要和全球的合理生产、合理交往、合理的经济政治关系相联系;和现代政治理性的合理性、合法性相联系;和思想的精神的合理性、合法性相联系;更要与生态关系的合理性、合法性相联系,把人类内部的合理性建立在人与自然界的合理生态关系之上,等等。

只要人们能合理生存,他们就会健全发展,就会走向自由解放。换言之,只有人们在每一时代首先争取历史准备好了的合理生存,才能走向健全发展。而健全发展是走向自由解放的前提。

以上,我们在历史发展的线索中对马克思实际的哲学创造做了简要的分析概括。这些分析概括建立在人类学视野的基础上,而这是过去中外理论界一直难以做到的。要从人类学视野分析马克思的哲学理论,就要突破对马克思的狭义的阶级性的理解,而转向马克思的另一个更伟大的方面:人类性方面。而要站在人类性立场上理解马克思,就要看到马克思所面对的社会,是近代性与现代性双重性质并存的社会:面对近代性的一个阶级压迫另一个阶级的经济政治奴役制度,马克思诉诸无产阶级的阶级性和阶级斗争;而面对现代性的政治经济科技发展,马克思诉诸全人类的合理生存而斗争。理解马克思的这种双重历史任务,就会自然而然地看到在马克思的理论探索里,存在着狭义马克思主义与广义马克思主义两大理论体系。当然,要能这样理解,首先要真正解放思想,从传统理解中解放出来。一旦能达到这一步,就会把人类学—哲学视为广义马克思主义的哲学理论。

综合前述精神,可以说,马克思所创生的哲学,是一种以社会化了的人类为对象,以人是人的最高本质为真理,以批判"不合理不公平"的"非人世界"、"非人关系"为己任,以把人的世界和人的关系还给人自己为宗旨的,即追求全人类的合理生存、健全发展与自由解放的人类学—哲学。

第十六章

马克思人类学—哲学开辟的
哲学新世界

小引：马克思在人的个体生命本体论和人的社会性（社会人）的基础上，形成了他的社会人本论，以社会人本论理解人类的实践和历史，就形成人类学实践论和人类学历史观；以社会人本论理解辩证法和解放论，就形成了人类学辩证法和人类学解放论；以社会人本论理解人的生存发展，就建立了人类学生存论，等等。这些范畴，都是对人和人类世界的基本方面的界说，是人类学—哲学的协同一致的理论主体，是马克思关于人和人类世界的哲学的基本理论构建。问题在于，过去由于没有从马克思的人类学立场和社会人本论出发，就未能发现这些理论构建的人类学特性，从而也不能发现它们内在的统一性生命。相反地，而是分别构建了以唯物性和辩证法为据点的辩证唯物主义，以历史观为据点的历史唯物主义，以实践论为据点的实践哲学或实践唯物主义，以解放论为据点的解放哲学，以及当前的以生存为据点的生存论等等不同的互相对立的哲学体系从而使马克思主义哲学界陷入几十年的论争之中而不能自拔。

新词：社会人本论，人类学实践论，人类学历史观，人类学辩证法，人类学解放论，人类学生存论

从19世纪40年代初期起，当马克思把他的哲学思考对象锁定在人和人类世界时，他就在不自觉地逐步开辟他的这一新哲学。这些开辟大体可以区分为：1842—1844年的社会人本论的哲学观念开辟；1844—1845年的人类学实践论的哲学观念开辟；1845—1846年的人类学历史观的哲学

观念开辟；1844年的《手稿》、1859年的《〈政治经济学批判〉导言》和1867年的《资本论》的"跋"等文献关于人类学辩证法的哲学观念开辟；从1843年到1873—1883年的以《人类学笔记》为突出表现的人类学解放论的哲学开辟；在早期就提出的而作为整个理论的价值目标的追求中对人类学生存论的哲学开辟等等。而所有这些开辟，就形成了他对人和人类世界的总体看法，形成了他的人类学—哲学范式。可以说，在实事求是这一"新唯物主义"前提下，马克思从哲学上对人和人类世界做了深刻的研究，提出了一系列的表明他的人类学—哲学范式的基本理论体系。以下对此略加讨论。

一 对社会人本论的哲学开辟

马克思对人类学—哲学范式的开辟，首先在于社会人本论的形成。所谓社会人本论，就是以"社会人"为本来理解人和人类世界的一切问题的理论。而马克思所说的"社会人"，与他所说的"真实的人"是同一个概念。马克思在1842年、1843年就开始了这种以人本论为基础的理论开辟。这时的"社会人本论"，以"人是人的最高本质"为特征，在理论基础上还带有较多费尔巴哈哲学人类学的色彩。1844年左右，马克思特别强调人的社会性（"人是社会存在物"），提出人的社会性与费氏的人的自然性相对立。在此基础上，马克思从"有生命的个人"出发考察人类世界，并把对人类幸福和人类命运的关怀作为自己关注的焦点，把人的自由解放作为自己的价值选择，在社会性的基础上形成了一系列的以人为本的人类学原理和人类学精神，从而形成了他的以人为本的社会人本论哲学。"人是一切社会关系的总和"，是社会人本论完成的标志。

社会人本论的理论前提，一是"有生命的个人的存在"，即它是建立在"人的个体生命存在"这种人类学本体论之上的；二是建立在人与自然界的关系、人与人的关系即人的关系规定性之上的；三是建立在"真实的人"即个体与类群本性相统一之上的；四是建立在"从事实际活动的个人"之上的；五是建立在人的社会历史性之上的；等等。这些都远远超过了费尔巴哈和当时一切关于人的哲学研究。费尔巴哈是以人为本的，他在理论上把人从宗教、从神对人的统治下解放出来，这是反对以虚幻的"神的世界"、以"神本论"统治人的人本论的产生。但是，他的

"人"是建立在人的自然本性（类本质）基础上的自然人本论。马克思对旧哲学的唯一肯定，就是对在费尔巴哈哲学人类学中表现出来的人本主义精神的批判肯定。在此基础上，马克思一方面强调"人是人的最高本质"、"人的本质就是人本身"这些人类学理念；另一方面强调人在本质上是"社会存在物"，在"社会人"立场上树立人的尊严，以进一步反对专制特权和私有制对人的奴役，反对一切不合理存在。这种人本论力图进一步把人从专制统治、从私有制、从劳动异化和绝对贫困等等不合理的现实状态中解放出来，这是反对不合理、非法性东西对人的统治的真正的人本论，而不是在人与自然界关系上的人本论。所以，马克思在新的"社会人"的意义上重建了人类学理论。至于它的具体内容，本书在前几章已经做了初步研究。

毫无疑问，社会人本论是马克思为自己的"新唯物主义"所开辟的第一哲学理念。马克思关于人的理论（如人是自然存在物，社会存在物）、关于"人的本质力量的对象化"和"自然界的人化"这些涉及人与世界的辩证关系的哲学理论，都不能不建立在社会人本论的基础之上。没有了人和对人的理解，这一切都不可能存在。而其他进一步规定，都不过是这一规定性在不同的问题域中的进一步体现。马克思的这种社会人本论，是他的一切理论开辟的人本基础。

需要注意的是，马克思的社会人本论是很丰富的，诸如人的自然基础论（人与自然的关系等）、人的人类学特性论（人的自由自觉的活动）等等，这些对今天都有重要意义。

二　对人类学实践论和人类学历史观的哲学开辟

1. 对人类学实践论的哲学开辟

马克思人类学—哲学范式的另一种重要开辟，是在社会人本论基础上对于新的实践观的哲学开辟，即对人类学实践论的创立。

马克思社会人本论中所指的人，不是指抽象的一般的人，而是指"有生命的个人"，有生命的个人的生命活动，它的感性生活活动，就是人的实践。因为实践——马克思强调——就是"人的感性活动"，"人类感性的活动"，它就是人的生命的生存活动方式。它表明，马克思看到的实践论是人类学意义的实践。它在《1844年经济学哲学手稿》中与社会人本论一同形成，而在1845年的《关于费尔巴哈的提纲》中全面完成。对人类世界的"新唯物主义"考察，使马克思发现，人的幸福生活，人的合理生存，不是依靠空想、不是依靠思想和想象来实现，而是要诉诸人的行动、人的实践来实现。所以，人类学实践论的开辟，在马克思那里是必然的发展。马克思的社会人本论——在生存方式的意义上，促使了他的人类学实践论的生成。

马克思的人类学实践论，同样体现在本体论层面、认识论层面、方法论层面和创生论层面。这四方面，使马克思的人类学实践论成了完整的实践论。

其一，实践是人的人类学生存方式。马克思不仅把实践理解为"人的感性活动"，还把人的社会生活理解为实践的生活，强调人的"社会生活在本质上是实践的"。马克思以"人的感性活动"定义了"实践"的性质，它实际上包括了人的除了心理活动和理论思考之外的一切活动，因为没有哪种人的活动不是感性的和以感性为基础的。甚至理论思考和想象也不能不建立在人的心理感性的基础上。实践作为"人类的感性活动"，具有人类学的性质，是人因其本性的生存活动方式，是人类的一般的生存方式。用"人类的感性活动"来定义实践，实际上是把实践纳入到了社会人本论的理解范围，而且只有这种人类学化的理解，才是最真实的理解。所以，我们称马克思的实践论是人类学的实践论。

其二，实践是人的人类学认识论。马克思要求把"对象、现实、感性"即人所面对的一切存在，当作人的实践去理解。实践成了人们认识、理解和把握事物的主观方式。自然界对人来说不能不以人的历史性的实践为中介进入人的眼界（自然界在不同时代不同文化的眼里是不同的等等）。它不仅是观察把握人类生活、人类世界的根据，也是观察人的对象世界即作为客体存在的一切"对象、现实、感性"的根据。马克思要求："对对象、现实、感性"，要"把它们当作人的感性活动、当作实践去理解……从主体方面去理解"[①]。这就创立了以人为本的（主观方面）、从人的活动出发观察理解人和人的对象世界的实践认识论和实践世界观。这是马克思在社会人本论基础上，对于实践在人的认识中的重大作用的发现，

---

① 《马克思恩格斯选集》第1卷，人民出版社1995年版，第58页。

它建立了人类学的实践认识论依据。

其三,实践是一种人类学方法论和人类学真理观。马克思要求"人应该在实践中证明自己思维的真理性,即自己思维的现实性和力量,自己思维的此岸性"[①]。实践成了人们认识和改变世界的根据和手段,成了改变世界的方法论。在这个意义上,它也是检验真理的依据,创立了实践真理观。

其四,实践是一种人类学改变论和人类学创生论。马克思的实践论,是人改变自在自然、改变不合理社会的"改变世界"的活动,这一点人所共识。同时,它也是创造和生成人类世界的实践创生论:"全部所谓世界历史不外是人通过人的劳动的诞生,是自然界对人说来的生成。"[②] 这就把人类学实践当成了人的生成的本体论,世界历史生成的本体论。而这种生成主要就是人的生存价值世界的创生。从而在根本上指出了人类实践对于人和人类世界的创生作用。正由于实践的这种创生作用的存在,马克思把实践作为人改变世界的基本方式来运用。所以他强调:对人和环境的改变只有通过"革命的实践"才能完成,而这也就是他的实践改变论。它产生了马克思对不合理世界的基本态度:以"批判的武器"对一切进行合法性批判。由此产生了马克思的批判辩证法。

要强调的是,马克思的人类学实践论,从时间上和从逻辑上看都诞生在社会人本论之后,因为实践作为人的自由自觉的感性活动,它就是人的本性,因而,对实践的理解是建立在对人的理解的基础之上的,它并没有否定社会人本论这种人类学立场,而是对马克思社会人本论的深化,其实质只能用"人类学实践论"来概括。那种把实践理解为独立于人之外的、抽象的实践,本体论的实践,没有人的实践,是不符合马克思的本意的。

2. 对人类学历史观的哲学开辟

马克思哲学开辟的第三个方面,是在社会人本论、人类学实践论基础上形成的人类学历史观。

当人的实践是为了人的生命生存生活"即生产物质生活本身"时,当人们为了物质生产实践而发展自己的生产力并组织自己的社会关系即生

---

① 《马克思恩格斯选集》第1卷,人民出版社1995年版,第79页。
② [德] 马克思:《1844年经济学哲学手稿》,人民出版社1979年版,第84页。

第十六章 马克思人类学—哲学开辟的哲学新世界 / 245

产关系时，就形成人的历史性活动，并以生产力与生产关系的矛盾运动展开，马克思对人类历史的这一本质的发现，就开辟了人类学的历史观。人类学历史观的根基是人和人类世界，而不是抽象的"历史"。

马克思在 1844 年、1845 年间奠定的社会人本论、人类学辩证法与人类学实践论，他的"全部所谓世界历史不外是人通过人的劳动的诞生"①的命题，正是他的人类学历史观的基础。1846 年，马克思和恩格斯在《德意志意识形态》中全面开辟了他们的唯物主义人类学历史观，并以此批判了当时德国在社会历史领域占统治地位的唯心主义历史观。在与这种倾向对立的意义上，马克思名之为"唯物史观"，这成了马克思最重要、最具体、最有现实战斗意义的哲学开辟。

这里应当注意到：马克思恩格斯在强调自己的历史观时，处处把人放在第一位，即它是建立在社会人本论的基础上的：

>人把自己和动物区别开来的第一个历史行动不在于他们有思想，而在于他们开始生产自己的生活资料。②
>
>人们为了能够"创造历史"，必须能够生活。……因此第一个历史活动就是生产满足这些需要的资料，即生产物质生活本身。③
>
>所谓历史，不过是追求着自己目的的人的活动而已。④

这种处处以人为本的唯物史观，如果仅仅在"历史"的眼界之下，就不能理解它的人类学意义。如果在人类学的眼界之下来理解，那就更能把握它的历史意义。同样地，马克思如下论断也是在人类生存、人类发展这种人类学意义下来讲的：

>一个人的发展取决于和他直接和间接进行交往的其他一切人的发展，后代继承着前代积累起来的生产和交往形式，这就决定了他们这一代的相互关系。总之我们可以看到，发展不断进行着，单个人的历

---

① [德] 马克思：《1844 年经济学哲学手稿》，人民出版社 1979 年版，第 84 页。
② [德] 马克思、恩格斯：《德意志意识形态》（节选本），人民出版社 2003 年版，第 11 页。
③ 《马克思恩格斯选集》第 1 卷，人民出版社 1995 年版，第 79 页。
④ 《马克思恩格斯选集》第 2 卷，人民出版社 1966 年版，第 118 页。

史决不能脱离他从前或同时代的个人的历史,而是由这种历史决定的。①

"只有随着生产力的这种普遍的发展","人们的普遍交往才能建立起来",于是,"狭隘地域性的个人"才能在交往中成为"世界历史性的个人"②。

这是在"历史"的时态框架中发现的人的人类学的发展规律,即个人发展与类群发展的一致性规律。这种人类学历史观不仅是对社会人本论的深入,也是对人类学实践论的深入。这是对人类世界的历史性理解和历史地理解的人类世界,因而是对人类学—哲学范式的深入开辟,并因这一开创而走向成功。

马克思对人类世界的历史性把握,在于以物质生产及其历史发展为根据,这就有了生产力与生产关系的提出,以及在这种矛盾推动下的社会历史发展等等。这种历史发展固然不能没有人的精神意识和文化政治的作用,但使它成为一种客观历史过程的——马克思强调——主要是生产力的发展以及它所引起的生产关系的矛盾变化,以及由此引起的进一步的社会形态的更替。马克思由此揭示了人类历史的一般发展规律。马克思表明,这是既由人的精神意识参与、又归根结底不受精神意识直接控制的客观历史过程。这样一来,人类学历史观的开辟,就最终超越了费尔巴哈等的"对抽象的人的崇拜"以及唯心史观,从而在人类学高度上创立了"关于现实的人及其历史发展的科学"③。这是从历史维度中所揭示的关于人和人类世界的理论。

历史视野下的人类世界,是发展变化的人类世界,而历史视野下的自然界,也是在历史发展中被理解、被把握的即"人类学的自然界"。

总之,最初被定名为"唯物史观"的理论,应当随着历史的变化发展而拓朴出其新的内涵,即它应当随着人类历史由民族性、阶级性主导的时代转向由人类性主导的时代这一转化,从唯物主义历史观拓展出其人类学历史观。如果说,马克思社会历史发展的五阶段论,既是阶级性历史

---

① 《马克思恩格斯全集》第3卷,人民出版社1960年版,第515页。
② 《马克思恩格斯选集》第1卷,人民出版社1995年版,第86页。
③ 《马克思恩格斯选集》第4卷,人民出版社1995年版,第241页。

观，也是人类性、人类学历史观的话，那么，马克思提出的人的发展的三阶段论（人的依赖性，物的依赖性，自由个性），则完全属于人类学历史观。

三 对人类学辩证法、人类学解放论和人类学生存论的哲学构建

1. 对人类学辩证法的哲学开辟

马克思的社会人本论，强调人是个体与类群的统一，因为个体与类的关系是一切社会关系的基础。同时，由于个体与类的关系是辩证关系，它也是人自身的一切辩证法的基础，因此，它同时也就进入了对人类学辩证法的哲学开辟。

如果说，人的生命关系本体论就已经使马克思把握住人的生命存在中的个体与类的辩证法的话，那么，马克思对人和人类世界的辩证思考，就进一步使马克思能在人类的生存发展中把握住人类的辩证本性。人的生命的内在矛盾，人的生命的主动性与受动性的矛盾，在他的生活实践活动中展开为丰富的辩证法。这种辩证法，不是客观的自然辩证法，不是物质世界的辩证法，而是以人为根的人和人类世界的辩证法，故称之为人类学辩证法。人类学辩证法的动力来源于人的生命能动性，来源于人对生存合理的无尽追求。马克思在他的各种理论的开辟中，都这样那样地涉及人类世界的辩证法问题。他不仅从社会范畴关注着"立法权自身的矛盾……政治国家的矛盾……市民社会同自身的矛盾"等现实社会政治领域的矛盾，他也关心事物的"现象中的矛盾"，人的"本能中的矛盾"[1]，社会历史中的矛盾，人与自然的辩证关系等等。它们的总和就形成了马克思的以人为根据的人类学辩证法。人类学辩证法是马克思独特的哲学发现和哲学新世界。

辩证法，"作为推动原则和创造原则的否定的辩证法"[2]，在黑格尔和马克思那里都是一样的。但是，在黑格尔那里，它是作为整个世界的精神实体的辩证生命力。而在马克思那里，则转换成了人和人类世界自身的内

---

[1] 《马克思恩格斯全集》第3卷，人民出版社2002年版，第114页。
[2] ［德］马克思：《1844年经济学哲学手稿》，人民出版社1979年版，第116页。

在生命力，这是马克思对黑格尔辩证法的根本性的人类学化的批判改造。他把黑格尔辩证法从"天上的"、"抽象的"即无人身的精神理念的生命动力中解救出来，返回为"地上的"、"具体的"在人的生存发展活动中的人的生命本性及其社会历史之中。即从理性的、"神"的辩证生命，返回为现实之"人"的辩证生命，把辩证法确立在人的生命本性和其社会生活实践的本性之中，确立在人类世界之中。他1844年的《对黑格尔辩证法和一般哲学的批判》，就已完成了辩证法的这一从天上向人间的转换使命，创立了人类学辩证法。而在《资本论》中，马克思则进一步把人类学辩证法作为辩证方法运用于他的理论体系。

说马克思的辩证法是人类学辩证法，不仅在于它的内容都是关于人和人类世界的，还在于他对辩证法的三大人类学理解：

（1）对辩证法的人类学本体论的理解。对辩证法的人类学本体论理解，与通常所谓的"唯物辩证法"是不同的。的确，无论马克思本人还是自恩格斯以来的马克思主义者，都很强调马克思的辩证法。辩证法是马克思哲学的一种基本理念，这一点是毋庸置疑的。但是，它是唯物辩证法还是人类学辩证法？的确，马克思承认辩证法的客观性，表现在他承认自然界和人类社会中对立面的存在："北极和南极同样是极……是同一种本质的两种对立的规定，是同一种本质在高级发展阶段上的差别。"但是，马克思并没有去研究客观物质世界的辩证法。他的社会人本论哲学，使他关注的只是人类世界的辩证法。人们通常所说的马克思的"唯物辩证法"，与马克思自己的思想大相径庭：因为马克思不研究物质世界或整个世界，当然也就没有关注物质世界、整个世界的辩证法（如果存在这样的辩证法的话），所以，"唯物辩证法"的提法不适合马克思。

马克思的人类学辩证法，如前所表明，就其主体而言，属于具体的人和其生活实践过程中的本体性辩证法。例如，人既是个体存在又是类存在的辩证法；既是能动的又是受动的辩证法；既是自然存在物又是社会存在物的辩证法；既是物质存在又是精神存在的辩证法；等等。同时，人自身的辩证法在人的生活实践中就转化为人类社会、人类世界的辩证法，如人与人的、人与自然的矛盾，人类社会物质生产中的生产力与生产关系的矛盾，经济基础与上层建筑的矛盾。辩证法从来不是静止的，它总是在"运动的流中"即在人的生活实践活动中展开其丰富性的。如人在实践中的自我创造与自我生成的辩证法，人的生成史，人的生存发展史，人的自我解放史,内为都有丰富的辩证法存在。对人类世界的这种辩证法的客观存在的确信,形成对辩证法的人类学本体论的理解,即把辩证法理解为人类世界自身具有的、自己存在的辩证性质。在这个意义上它具有"客观"的性质,是"客观"辩证法。一般人类事物在它的深层次、整体性上,都具有由于对立面的相互作用而产生的自身否定性,形成否定自身现实存在状况的否定性辩证法。它通过"否定"为自己开辟前进的道路。这一层也只适应于人类世界。所以,马克思的人类学辩证法是他自己的独特创造,是辩证法史上的新开辟。

(2) 对辩证法的思想认识论的理解。人们依据事物的辩证本性而形成种种不同的主观的思想信念,其相互交锋之间就形成了人的思想认识的辩证法,人的个体生命特征和社会特征成了它的前提。这是人们自觉运用的具有认识性、思想性的辩证法,是人们理解世界的辩证法。马克思强调的就是它的这种思想性和认识性:

> 辩证法……在它的合理(理解)形式上……却引起了资产阶级和他们的夸夸其谈的代言人的烦恼和恐怖,因为它在现存事物的肯定的理解中,同时包含有它的否定的理解,它的必然灭亡的理解;它对每一个已经生成的形态,都是在运动的流中,从它的暂时经过的方面去理解,它不会屈服在任何事物面前,就它的本质说,它就是批判的,革命的。[1]

这里所谓的"理解",显然指的是人们的思想认识中的辩证法,"主观辩证法",即人类世界的辩证法。这里所谓的"事物",当然不是指自然界,而是指形形色色的社会事物。当然,这种理解是建立在人自身的生命本性和社会运动之中的。

作为思想认识的即主观性辩证法,它是人的主观的辩证法精神。这一精神与一切绝对的东西、绝对的理论、绝对的思想观念相对立,是一种反对绝对性、反对永恒不变性的革命批判精神。在这种辩证思想看来,没有什么是绝对的永恒的东西,一切"都是在运动的流中",因而要"从它的

---

[1] [德] 马克思:《资本论》,人民出版社 1963 年版。

暂时经过的方面去理解"①，并于流变中发现它的新形态。而这也就是要在事物的辩证生命中发现应然的新东西，站在新的应然的立场上，从而面向未来，增强信心，不断推动人类世界向人的合理生存与自由解放方向发展。由此产生了马克思的革命批判精神："在批判旧世界中发现新世界。"它表明，马克思的批判，是根据人类学辩证法的否定精神进行的批判，是从历史生成性和现实应当性对事物展开的合法性批判。揭露现实对象的不合理与非法性，彰显和支持对象在历史发展中应当现实地生成的东西，以推进历史的发展，是马克思人类学辩证法的使命。

（3）对辩证法的方法论理解。人的本体论意义的辩证法，思想认识意义的辩证法，在对事物本身的整体性的理解中，在思考和行动中，就转化为辩证方法，转化为理解的、理论的、态度的、行为的辩证方法。马克思所说的辩证法，除了社会本身的、思想认识的辩证法之外，一般还指他的辩证方法。他称之为"我的辩证法方法"。马克思的整个《资本论》，都是以辩证法的方法构成的、以概念的逻辑体系再现资本主义生产的辩证本性的辩证理论体系，即所谓"从抽象上升到具体"。这样，马克思就在本体论意义、认识论意义和方法论意义上，全面地建立了他的人类学辩证法。

作为方法论的辩证法，在理论上，具有解释世界的功能；在实践上，有改变世界的功能。或者说，它是辩证地解释世界和辩证地改变世界的方法。具体说，辩证方法论，一是认识上的，即对事物进行辩证的分析。二是理论上的，即形成辩证概念的辩证运动，如从抽象上升到具体等等。三是态度上的，就是要关注到事物的两面性乃至多面性，能够客观地看待事物的现实状况，理解它的合理性与不合理性。这表现在要有一种辩证精神对事对人，处事待物，特别是如何对待自己。四是行为上的，即在涉及自身的思想和利益时，能够客观地从他人他事的立场看待之，处置之，不要斤斤于一己之利，一孔之得，即有一种客观精神对己待人。五是思维方式上的，即由上面多种辩证精神形成的辩证思维方式（详见拙作《辩证思维方式论》，高等教育出版社 1990 年版。云南大学出版社作为"学术名家文丛"在 2012 年再版）。人作为人，就应当有这种高深的辩证精神修养。马克思就是这样的人。

---

① ［德］马克思：《资本论》，人民出版社 1963 年版。

最后，还须强调的是，马克思所说的辩证法，实际上是一种辩证关系，一种在事物的整体存在中的二重性因素之间的矛盾关系辩证法。因此，辩证法只是关系论中的特例。如果说马克思是位辩证法论者，那么，他首先是位关系论论者。是现代哲学的关系规定论的开拓者。只重视他的辩证法而不重视他的关系论，显然没有全面理解马克思。

马克思对辩证法的以上三种理解，都只适应于人类世界，因而属于对人类学辩证法的开辟范围。

2. 对人类学解放论的哲学开辟

在人类学历史观和人类学实践论的基础上，马克思哲学进一步开辟了它第五个方面，即通过社会历史实践而逐步实现的人类学解放论。当马克思说："自然科学通过工业日益在实践上进入人的生活，改造人的生活，并为人的解放做好准备"[①] 时，他强调的就是人类通过科学技术（工业）的实践对于"人的解放"的推动作用。马克思的"全人类解放"思想，就是建立在这种人类学实践基础上的人类学解放论。虽然他强调生产力的解放，社会的解放，思想的解放等等，但都是以人为本的解放，都是人类学解放论的不同表现。

人的自由解放理论，贯穿马克思理论活动的始终，从博士论文到《人类学笔记》，都把人的自由解放作为宗旨，并集中凝结为"自由人的联合体"，他从经济学角度概括为共产主义。

人的生存的"对象性"与"属人性"，"人的本质力量的对象化"与"自然界的人类学化"，使人的实践活动不能不向人的解放方向增长，当然，这是在自然界与人的合理的和谐关系的条件下来讲的。

马克思的人类学解放论，包括他明确提出"人的解放"、"无产阶级解放"（劳动者的解放）和"全人类解放"三大概念。这三大概念，都是建立在思想解放、政治解放、经济解放、阶级解放这些概念之上并把它们包含在内的。

"人的解放"，是就每一个人来说的一般意义的自由解放，它是个以个体为依据而又适应于全体的概念，是一切解放的目的和归宿，也体现为各个历史阶段里的人从各种非人关系中的解放。正是通过各种不同程度的

---

① [德] 马克思：《1844年经济学哲学手稿》，人民出版社1979年版，第81页。

人的解放的积累和历史飞跃，才会有"无产阶级解放"和"全人类解放"的逐步实现。而通常讲的"人类解放"这一概念，是把这三种解放笼统在一起讲的。由于这三大解放的基础都是人，都建立在马克思的社会人本论的基础上，都是人的人类学发展规律，故在本质上应称之为人类学解放论。而一切解放，都以人的现实的合理生存与健全发展为前提。

马克思的人类学解放论，是在全人类历史发展的意义上来讲的。马克思的人的解放三阶段论表明，人的自由解放有它的全人类性的社会历史进程：在人从自然界的统治下相对解放出来建立了人的社会制度之后，第一步要从人对人的依赖（如个人依赖于氏族）中解放出来，这也就是从人对人的统治中解放出来，取得人的相对独立性。不用说，贵族统治、阶级统治、特权统治、霸权政治统治等都是人统治人的典型表现。第二步，在人借助于物而有了人的独立性的基础上，要从物对人的统治中解放出来，人的发展不再受限于物，这也就是要从自然界对人的统治、从所有制（私有制与公有制）与贫困对人的统治中解放出来，从人的无知无能状态中解放出来。第三步，是在人的独立性和社会共同占有社会财富（共有制）的基础上，实现自由个性，即个人在知识上的、人格上的、精神上的、能力上的"全面发展"（健全发展），即真正的自由解放的实现。这样一种个人和其世界的共同发展解放过程，也就是马克思所说的人从"自然必然性王国"向"自由王国"的发展历程。

但是，这种"人的解放"的实现，从马克思当时的现实道路上说，则要通过"无产阶级解放"而达于"全人类解放"。这两大解放都是在"人的解放"的意义上来讲的，因而都是人类学解放论。二者并提，显然是首先要通过社会下层的劳动群众的解放斗争而实现全社会的解放，通过物质生产、阶级解放和社会的全面进步而达于全人类解放。它当然包括了民族解放、国家间的平等发展和国家对于民众的解放。在马克思那里，他总是把"无产阶级解放"和"全人类解放"联系在一起讲，显然是在追求各阶级的解放，即向消灭阶级统治、走向人民自治的方向发展。只讲"无产阶级解放"这种狭义的解放而不讲全人类解放这种广义解放，是不符合马克思的精神的。

解放理论虽然是马克思人类学—哲学范式的深层开辟，但是，它也渗透在他的各个理论开辟之中，在各个理论开辟中都体现出来。即同时可以理解为实践解放论、辩证解放论和历史解放论等等。

3. 对人的人类学生存论即人的生存合理性的哲学开辟

马克思哲学开辟的第六个方面也是它的总体特征，是对人的生存论或者说人类学生存论的开辟。人的人类学生存论，就是建立在人人（每个人与一切人）对生存合理性的要求之上的人的合理生存逻辑的实现。它是通过人类学实践论和人类学解放论而展示自己的合理性道路的。因为人的历史性的自由解放，不能不以人的现实性的合理生存为前提，这就形成了人的不断追求合理生存与自由解放的社会历史运动，而这一历史运动的内在逻辑就是人的生存合理性的不断实现。它包括前此诸论于一身，是马克思对人的人类学生存论的哲学开辟。

如果说，马克思哲学的实践论、历史观是人们普遍都注意到的话，那么，很少有人注意到马克思哲学开辟了人的人类学生存论。马克思的人类学生存论，不是一般的生存论，而是对人的生存合理性的关怀：即对每个人与一切人的合理生存、健全发展与走向自由解放的强烈关怀，是追求合理性的生存理论。马克思的人类学—哲学范式，最终可以归结为是对人的生存合理性追求的哲学。

马克思在《手稿》中就批判资产阶级国民经济学"把人的生存这一重要问题"放逐不管，从而开始了他对人类生存特别是无产者的合理生存的经济学、哲学思考。他对私有制、异化劳动和剩余价值的批判，都是在以无产者为基础的全人类合理生存这一人学高度上的批判，从而创立了他的人类学生存论。马克思的社会公共人本主义精神，作为人类正义精神，首先是力求在每个时代中反观现实、批判丑恶、调整关系、追究根源、引导变革的精神，是在具体的时代境遇中寻求整个社会以及全人类的合理生存的理论。

马克思的人类学生存论，首先在于反对使不能合理生存的现实世界，它集中体现在对现实社会中非人境况的关心与对不合理世界的批判和改变要求。他的基本要求是："消灭一切奴役制"，"从社会自由这一必要前提出发，创造人类存在的一切条件"①。这就"必须推翻那些使人成为受侮辱、被奴役、被遗弃和被蔑视的东西的一切关系"②，"使人的世界和人的

---

① 《马克思恩格斯全集》第3卷，人民出版社2002年版，第212页。
② 同上书，第207、208页。

关系回归于人自身"①。由此建立了马克思反剥削、反奴役、反特权、争自由、要平等的实现人的合理生存的哲学精神，而这是一向被我们所忽视的马克思的最根本、最重要的哲学精神。

马克思从早年对无产者非人的生存境遇的关切，呼吁"把人的世界和人的关系还给人自己"，到晚年的《人类学笔记》关心人类如何走出卡夫丁峡谷，表明他一生都在关切人类的合理生存、关切人类的健康发展和走向自由解放。人们公认：他对俄国和东方跨越"卡夫丁峡谷"的可能性的关切，在于力求使一部分人能够避免"遭受资本主义制度所带来的一切灾难性的波折"，而这正是一种革命的社会人类学精神的关怀。它表明马克思"存在着一种强烈的人类学倾向"，这就是对人的生存合理性的追求。

马克思的社会人本论、人类学实践论、人类学历史观，人类学辩证法、人类学解放论，在根本上都是关于人类应当如何生存发展的理论，从终极目的上说也都是为人类的生存合理性而奋斗的理论。马克思的人类学—哲学范式，说到底，不外是关于人们在自己的不同历史时代中如何走向合理生存、健全发展与自由解放的理论。而人的自由解放，没有绝对的标准，它以每个时代的亿万大众的合理生存与健全发展为前提。各个阶级、各个阶层和全体民众的劳动分配的合理性，发展机会的合理性、消费合理性，以及人与人，人与自然、人与社会的关系和行为的合理性等等，是人的生存发展的现实合理性。以这种历史所提供的合理生存为前提的发展，就形成人的健全发展或者说健康发展。只有以每个时代的人的合理生存与健全发展为前提，才会有人类总体的自由解放的不断实现。这是马克思通过他的各个理论所体现出来的核心精神：对人的生存合理性——人的合理生存、健全发展与自由解放——的价值追求。而这就是马克思人类学生存论的核心精神。

四 马克思哲学开辟的丰富性与系统性联系

由前面的讨论可以看出，马克思的这六大哲学开辟不是没有联系的，不是各自孤立的，它们作为在"新唯物主义"前提下的哲学开辟，形成

---

① 《马克思恩格斯全集》第3卷，人民出版社2002年版，第189页。

第十六章 马克思人类学—哲学开辟的哲学新世界 / 255

为一种系统性的内在联系：社会人本论是马克思人类学—哲学范式的最基础的哲学开辟。在社会人本论基础上，生展出了他的人类学实践论和人类学历史观；又在这两者的基础上，生展出人类学辩证法和人类学解放论；同时，在这些观念的前提下，形成了他的人类学生存论，即全部理论都是为了人类的合理生存、健全发展与走向自由解放服务的。

在这六大哲学开辟中，显然，唯物性主要是前提性的立场性、态度性和方法性要求，可以不包括在人类学—哲学的主要理论环节之内。"社会人本论"是总的基础；"人类学实践论"是对人类生存活动的根本特征的概括，又是观察和理解世界的眼界，因而是一种世界观和思维范式；"人类学历史观"是深入人类社会的生存发展的历时态的考察，是从历史视域、历史活动来看的人类；"人类学辩证法"是对于人类生存发展的辩证规律的把握，是社会人本论在辩证法方面的体现；"人类学解放论"主要是目标，宗旨；"人类学生存论"则是归宿，也是历史论、解放论乃至实践论、社会人本论的价值追求。显然，这几个范畴的每一个，都只表达出马克思哲学的局部性质，都不足以概括马克思的总体特征。只有社会人本论能渗透全体，它规定了马克思新唯物论的考察范围，即在自然界里的人和人类世界，又规定了其他各论的人类学特性，成了实践论、历史论、辩证论、解放论的人类学基础，形成人类学实践论、人类学历史论、人类学辩证法、人类学解放论。更是人的人类学生存论的理论根据。因而，社会人本论有统摄全局的意义。所以，只有社会人本论及其目的表现——人类学生存论，可以概括马克思人类学—哲学范式的特质。而人类学生存论的核心，不外就是追求"每个人与一切人"的合理生存、健全发展与走向自由解放。这六大理论，相互之间形成一种系统性结构，可见图16—1。

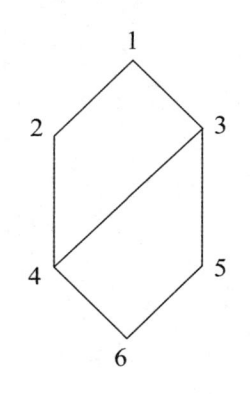

图16—1 六大理论系统性结构

在这里，"1"是社会人本论，"2"是人的人类学实践论，"3"是人的人类学历史观，"4"是人类学辩证法，"5"是人类学解放论，"6"是人类学生存论。这就是马克思对人类学—哲学范式的基本理论开创及其系统性联系。这就是马克思关于人类社会的基本理论开创及其系统性联系。即 1 是出发点，2、3 是 1 的展开，4 是 2、3 的归结和深入，5 是 3 的深入，6 是 4 和 5 的归结，也是以上各环节的总括。

这种理论的导出关系，不是任意安排的，而是它的理论内容的内在的结构秩序即其实际联系的理论表现。它属于系统论所强调的一种理论优化结构，是艾什比在其《控制论导论》中所推荐的理论的系统结构方法。也是我们概括马克思关于人和人类世界的各种理论的综合图式。当然，实际上，由于要强调的重点不同等等原因，有些不能不有所勉强。

这就是说，这六大哲学开辟是一个整体，其每一个环节都不可少。"连线"表明了各环节之间的直接联系。孤立任何一环，都不能不肢解马克思的哲学思想。

但是，马克思没有系统总结过他的这些哲学开辟。他的一些开辟只是在手稿中并且是在他去世很久以后才陆续被发现（也许还有未被发现的）。这就使后来的马克思主义者不可能完整地从整体上掌握他的哲学思想，而只能从自己的片面理解和时代需要出发，来构造马克思主义哲学，从而不能不有所局限。

第十七章

当代世界的社会基本问题与
马克思的人类学—哲学

小引：当代世界的社会基本问题，是人类与自然的生存冲突、人类内部的利益冲突导致的全球范围的自然生态和人类生态的危机化，特别是全球化的巨大复杂性及各种当代基本问题的集合，与人类走向和平、民主、平等、协调即逐步实现合理生存与自由解放的时代要求、时代精神相矛盾。当代世界的基本问题需要一种广义的人类学—哲学的议题，而从哲学的发展史、马克思哲学的内涵以及对马克思的多重理解中，也可以透析出马克思哲学中的人类学—哲学渊源。广义的人类学哲学，需要直面当代全球论理价值尺度的增长，研究和解决人类在不同时代的社会基本问题，研究人与自然以及人类内部的合理性原则并且力图以实践的方式解决这些问题，推进人类的合理生存、健康发展与自由解放。

新词：社会基本问题，哲学的人类学转向，全球伦理价值尺度，人类学—哲学，马克思理论的二重目标，合理性原则

今日的世界，已进入知识经济和所谓"全球化"时代。对于全球化，人们本来所期望的愿景，应当是伴随着全球化的科技发达、知识丰富和文化进步等前提所带来的理想红利，步入一个全球各国、各地区、各方面的利益进入协调发展的时代：国与国的利益合理化；民族与民族的文化、意识、宗教、制度等社会历史存在的合理化；人类与自然、人类与人类在存在与发展上的协调化；全球走向和平、民主、平等、富足的社会，即以人类的合理生存与健康发展目标，并一步步走向自由解放。

一 当代世界的社会基本问题

1. 全球化的复杂性

然而，基于科技进步的全球化给当代世界所带来的，却是巨大的现实复杂性：

一方面，发展是当代世界的主题，但是当发展主义成为当代的超级意识形态之后，马克思指出的人类内部的问题在一定程度上依然存在：如资本主义生产资料私有制在广大地区依然存在；绝对贫困和劳动异化现象在部分地区依然存在；专制制度、集权制度在部分地区依然存在。当然，这种依然存在，在质和量两方面，都与当初有所区别，但问题并没有根本解决，它在国际上进一步表现为南北对立，东西对立，贫富对立，民主与专制的对立。作为一种社会策略，发展主义把民主想象为发展的最终结果，无疑成了这个时代最有诱惑力的观念；但作为一种现代经济神话学，在逻辑上和实践上却表现为一个失败的战略。[①]

另一方面，人类的生存发展与自然界的矛盾却日益尖锐起来：人口膨胀、资源危机、环境恶化，发展难续。对世界的解蔽与遮蔽反映出我们给予自然的世界图像的理想与现实在当代技术条件下之间存在着张力。如海德格尔所指，技术世界中的人只追求把天地万物看做技术生产的原材料，并以技术生产需要的唯一尺度去衡量一切事物，把一切事物都纳入技术生产需要之中，事物的一切展现都是技术展现，即事务只被允许在预定的技术生产系统中表现出它们的面貌，就是只充当技术生产的储备物，随时到位以供技术生产利用和消耗。因此，人就不可能去了解事物的其他的未隐蔽状态，不可能去了解更本源的展现和更始源的真理。在技术框架中，世界是被解蔽的。[②] 而在鲍德里亚的分析中，"模拟"（simulations）基于技术与媒介的合谋，媒介的拟像（simulacra）正在构成超现实，新的媒介现

[①] [美] 道格拉斯·拉米斯：《激进民主》，中国人民大学出版社 2002 年版，第 40—75 页。另，对发展主义的批判，可参见 [法] 弗朗索瓦·佩鲁《新发展观》，华夏出版社 1987 年版；许宝强、汪晖选编《发展的幻象》，中央编译出版社 2001 年版。

[②] 宋祖良：《拯救地球和人类未来：海德格尔的后期思想》，中国社会科学出版社 1993 年版，第 62—77 页。另：[德] 博尔德：《海德格尔分析新时代的技术》，宋祖良译，中国社会科学出版社 1998 年版。

实"比现实还现实",实现了现实与表征的倒置,即现实已经从属于表征,导致现实的最终消融,现实被表征所遮蔽、被完美所谋杀,人与现实的关系变得可疑,虚拟构成了"完美的罪行"。①

再一方面,全球化实现了资本剥削的普遍化,"流动的现代性"② 建构了"资本流向全球,利益流向西方"的完全构形,实现了资本化体系对世界的"形式的统治"③,人类生存更加向不均衡不平等方向发展。现代性的模棱两可与不尽如人意反映出长期以来作为社会理想的启蒙理性恰恰是问题的根源:现代性,尤其是科学理性及自由民主的政治宏图带来了"启蒙"作用,解放了人类,使人们脱离于许多此类支配形式之外,但现代性并没有带来完整的解放结果。马克思、迪尔凯姆和韦伯以不同的概念,把握了人类追求现代性过程所付出的"成本",他们用来描述社会精神症候新形式的概念是:"异化"、"失范"(anomie)与工具理性的"铁笼"。④ 霍克海默尔与阿多诺在《启蒙的辩证法》中准确地把握了现代化的核心问题:这并不只是资本主义体系的不公不义,也不只是社会偏差的多种外显形式,也不只是占有式个人主义的意识形态。问题的关键在于所有的现代社会,都根据一个特定而狭隘的理性观(也就是韦伯所说的"工具理性")在运作,这样的理性观盘踞了社会主要社会机构的核心:"经济体"、以官僚组织进行社会控制、科学与技术。这些所谓的理性机构的运作,才是现代性的种种不自由的根源。⑤ 理性的历史任务是解放人类,但迄为止的政治与历史记录却显示,其结果是现代社会距离理性所允诺的园地相去甚远。

2. 当代基本问题集合的经验层面

上述三方面的问题,既表现为仍然有一些国家在经济和政治上落后于历史时代的发展:贫困、专制或二者兼俱;又表现为国际的意识和利益都处在对立和动荡状态,以致核武相向,危机四伏,争战不断。当然,所有

---

① [法] 让·鲍德里亚:《完美的罪行》,商务印书馆 2000 年版。
② [英] 齐格蒙特·鲍曼:《流动的现代性》,上海三联书店 2002 年版。
③ [美] 迈克尔·哈特、[意] 安东尼奥·奈格里:《帝国——全球化的政治秩序》,江苏人民出版社 2003 年版。
④ [英] 汤林森:《文化帝国主义》,上海人民出版社 1999 年版,第 269 页。
⑤ [德] 霍克海默尔、阿多诺:《启蒙的辩证法》,上海人民出版社 2003 年版。

这一切，都是在和平、发展、环境这一人类总体趋势的大背景中产生的重大问题，可在以下经验层面中得到证实：

在经济上，当今世界更加处在贫富对立状态：世界上20%的富有人口占有生产总值的86%；而60%的人口占有生产总值的13%，20%的贫困人口只占有生产总值的1%。前20%的人在物质上严重侵犯后20%的人的生存发展权，世界范围的反贫困、反疾病、反愚昧、反专制的斗争还很艰巨。人类的合理生存与健康发展遇到了社会不平等的巨大鸿沟。人类世界被经济动物所统治。

在技术上，我们开始进入现代性的一个极其特殊的阶段——"风险社会"，工业化社会道路上所产生的威胁开始占主导地位。"原本无害的东西突然间怎么就有危险了：酒、茶、面条等等。肥料变成长期毒药，造成全世界的后果。过去一度被大肆夸赞的财富来源（核子、化学、基因科技等等）一变而为不可见的危险来源。"① 首先是现代工业社会与自然资源和文化资源之间的关系，在现代化完全确立后这些资源逐渐消失了；其次是社会与其自身所产生的、超越了社会对安全的理解范围的威胁与问题之间的关系，人们一旦意识到这些威胁和问题的存在，就很可能动摇旧社会秩序的根本假设；② 最后是工业社会文化中的集体的或具体团体的意义之源（如阶级意识或进步信念）正在枯竭、失去魅力。③ 工业社会的核心问题是财富分配以及不平等的改善与合法化，而在风险社会，我们必须把伤害的缓解与分配作为核心问题。

在国际社会中，恐怖、杀戮、暴力、战争、军备、核武、专制、高压、种族歧视、宗教愚昧、思想统治等严重的动物学行为和非理性东西，在今天仍然横行于世，成为人类走向合理生存、健康发展与自由解放的大敌，在这些动物学丛林法则盛行的地方，人类学原则就严重受阻。

在人与自然的关系方面，人口在不断增长，预计将达100亿以上；物种在飞速减少，现在每年灭绝6万种，平均每天以170种的速度灭绝；不可再生资源开始告罄；稀缺资源影响经济发展和导致国际危机；大气污染

---

① [德] 乌尔里希·贝克：《风险社会——通往另一个现代性的路上》，台北巨流图书公司2004年版，第52页。
② [德] 乌尔里希·贝克：《世界风险社会》，南京大学出版社2004年版，第174—190页。
③ [英] 吉登斯：《现代性的后果》，生活·读书·新知三联书店2000年版，第109—110页。

和水污染危及人类健康。人类对自然的破坏反过来惩罚着人类本身。人类的合理生存与健康发展在自然界这个基础层面上即已严重裂变。在被称为后工业时代的发达国家，人们指出：其最重要的社会经济问题是"人类与自然关系的恶化"。① 虽然人们被迫提出了发展"绿色生产力"的新观念，并把它看做是继农业、工业之后人类发展的第三高度，但自然界在人类的动物性所统治的基本事实面前，又能解决多少问题呢？

这些问题的集合，使得全球化又呈现为全球人类生态和自然生态的危机化，它的改善和解决，只有依靠人类的智能和理性意志推动的科学技术的发展和合理生存意识的增长。

可以说，当代世界的社会基本问题，是人类与自然的生存冲突、人类内部的利益冲突导致的全球范围的自然生态和人类生态的危机化，其中特别是财富集中、权力集中和对自然物质的消费集中造成的人类不平等、不合理现象——与人类走向和平、民主、平等、协调并逐步实现合理生存与自由解放的时代要求、时代精神相矛盾；与人类信息化、网络化、技术化、智能化的生存方式、生存要求相矛盾。

总之，人类过去的问题既未能很好解决，今天又新增加了许多巨大问题，即全球性问题：资源危机、生态恶化、人口膨胀、军事竞争与核战危险等。这些问题当然给人类实践提出了新的任务，给人类解放划出了界限和提出了新的要求，也给哲学的现实定位和现实形态提出了新的要求。这些，决定了马克思哲学在当下时代的现实形态，即一种根植于人类解放的理论形态——广义人类学—哲学，也决定了我们应当认真对待广义人类学—哲学和人类解放的问题。

二 哲学的人类学转向与马克思广义人类学—哲学的出场

1. 从知识论哲学到人类学—哲学

从古代开始，哲学就一直以追求对世界的本质的把握为目的，力图产生对世界本体的终极解答的形而上学知识，这是一种贯穿古代到近代的知

---

① 熊映梧：《改善人类与自然的关系：新千年经济学的头号课题》，《生产力研究》2002 年第 1 期。

识论哲学纲领。近代以来，当笛卡儿把客观存在的特征界定为广延性而主体特征界定为思维性之际，近代哲学的根本问题就转换为思维如何可能认识存在，进而追问这种认识何以可能。于是，认识论问题、真理性问题成了哲学的核心。哲学关注的焦点问题虽然发生了改变，但是哲学目的的知识论诉求仍然没变。

当人们对世界的认识与改造都进入相当水平之后，特别是人的生存手段和人本身也相对丰富复杂化之后，"人类本身"就进入了哲学的理论视野，从近代哲学中逐步开拓出现代哲学的人类学方向：康德的《实用人类学》开了先河，叔本华从人的意志出发理解世界、青年黑格尔派对人的"自我意识"的强调、费尔巴哈对人的自然本性的探究、施蒂纳的"唯一者"对形而上学的批判、克尔凯郭尔对"人的存在"的存在主义提出、马克思所关注的"人的社会存在"，以及后来舍勒、普列斯纳对哲学人类学的提出等等，在当时兴盛的经验人类学基础上，开始了哲学的人类学时代。在这个时代，不仅仅是哲学对人的存在、人类问题的关注，更重要的是：一种建基于人类学视野上的哲学理论——人类学哲学呼之欲出。而马克思在这一路径上居于特殊的地位：正是马克思开创了独立的人类学—哲学范式。

1845年春，《关于费尔巴哈的提纲》横空出世，宣告"新唯物主义的立足点是人类社会或社会化了的人类"。[①] 其中，第十条[②]明确表示出：虽然十一条提纲中有八条涉及实践，但实践并不是终极目的，并非要以实践为"本体"建构一种以实践为对象的"实践哲学"或"实践唯物主义"，而只是要从人类社会意义的实践视野、实践思维来理解、把握、探索人和人类世界，实践只是把握这种人类世界的立场、关键线索和方法论原则。在此，历史唯物主义的主体性维度与费尔巴哈的"类存在"产生了文本的断裂，转向人类共同体的实践性社会存在，进入了人类的社会历史活动领域，从而创立了关于人类问题的人类学—哲学。于是，人类的合理生存与自由解放问题，自然就成了马克思所开创的这一现代哲学形态所追问的核心问题。

---

① 《马克思恩格斯选集》第1卷，人民出版社1995年版，第16—19页。

② 第十条的文本是：旧唯物主义的立脚点是"市民"社会；新唯物主义的立脚点则是人类社会或社会化了的人类。

第十七章　当代世界的社会基本问题与马克思的人类学—哲学 / 263

马克思的人类学哲学与费尔巴哈的旧人本主义哲学固然有着质的区别，也不同于出现于其前后的"人类学"及"哲学人类学"。康德是第一个开始从哲学上研究人类一般问题的哲学家，其《实用人类学》为了回答"人是什么"以至于标示出自康德后哲学皆为人类学的基本转向特征。而舍勒所首创的哲学人类学则是从"人类存在的基本结构"研究人类的"一般品性"和活动成就的人类学，是从哲学上对人类"一般问题"的研究。① 马克思与这两条路径的不同之处在于：他不是抽象地研究人类的一般本性，也不研究人类存在的基本结构及其产物，而是具体地从人的社会存在，深入人的社会关系研究人的合理生存问题，即"人类幸福"问题，从人的个体生命存在进入人的社会存在、社会关系、整体矛盾以及人类的生存发展问题。

2. 马克思理论的二重目标及其一致性

马克思把现实的社会基本问题看做时代的呼声，马克思的哲学活动就是从时代呼声、时代的社会基本问题开始的。在马克思的时代，最大的社会基本问题就是发源于劳动与资本对立的劳动异化和由它导致的无产阶级生存的非人境况，这是一种严重的社会不合理存在。因此，马克思直接把无产阶级的解放置于他的时代的首要问题，为当时被压迫群众的合理生存而奋斗，并把一生的主要精力都用于解决这一问题。如果仅就这一直接的外在表现的层面说，他是无产阶级解放的理论家和革命家。但是，由于马克思把无产阶级的自由解放既放在人类的政治解放的基础上，又如实地看做是全人类自由解放的实现前提和实现条件，因此，他的无产阶级解放的目的是全人类的自由解放。马克思终其一生所做的努力，实际上是人类自由解放的工作，他的深层内涵是人类的自由解放。在这个更深层次的意义上，马克思是人类自由解放的理论家和革命家。

前者是从经济学哲学语境中透析出来的马克思，后者是从人类学语境中即马克思对现存世界的基本态度和他的基本哲学理念中透析出来的马克思，这就是他内在的广义人类学—哲学的旨趣。明白这一层，也就可以回答这样的问题：马克思属于无产阶级还是属于全人类？这是应当明确的。从直接性与现实上说，他是无产阶级的，但从间接性和根本性上说，他属

---

① ［德］舍勒：《人在宇宙中的地位》，上海文化出版社1989年版，第74页。

于全人类，正像人类其他一切杰出的思想家皆属于全人类一样。

结合两方面，可以说，马克思所关心的，不外是从广大被压制的人民群众出发的人类社会即全人类的合理生存、健康发展与自由解放问题。这一问题会随着历史的发展，随着社会基本问题的不断改变而出现新的形态。

这里要注意的是：100多年后的今天，先进资本主义国家无产阶级的面貌发生了重大变化：他们已由无产者变成了一定意义上的有产者，由资本主义的掘墓人变成了资本主义社会的建设力量，从而使马克思所关心的问题的前一方面在世界发达地区的现实意义淡化，而问题的后一方面的意义在全球化的背景下则凸显出来。随着全球性问题和全球化热潮的出现，人类的合理生存与自由解放，已成为摆在当代马克思主义者面前的首要问题。当然，正如在马克思时代，无产阶级解放内在地包含人类的合理生存与自由解放问题一样，在今天，人类的合理生存与自由解放，也内在地包含着无产阶级的以及一切弱势群众的合理生存与自由解放。

问题在于，马克思通过先进国家无产阶级解放而解放全人类的设想，在当时没有实现，即使十月革命和中国革命以这个理论为指导影响了半个世界。究其实，在于落后地区需要政治革命和政治解放，但是，却以无产阶级的革命和专政的形式实现出来，这一历史中的不同现实与不同理论的交合，使两个解放都受到了变形，从而一直以"集权"的形式不容于世界。由于根深蒂固的封建专制意识与革命活动在客观上需要集权的结合，从而忽视了民主与自由的建设，压制了个体的独立自由精神，从而导致了社会主义在苏东地区的解体和中国的改革开放与探索有中国特色社会主义道路，不同角度、不同程度地影响了世界社会主义的持续发展。当然，这是历史的事，但从理论上思之，在于对无产阶级解放的道路——它和政治解放与人类解放的关系，从当时到现在都未能搞清楚。这个问题不仅有待于实现，更有待于探讨。这里应当注意到：无产阶级解放与人类解放，或者说，包含政治解放在内的三大解放，三者互为内在的尺度。无论我们提哪个方面，都包含着另一方面的原则于其内，为另一方面所规定。

人类解放问题不仅是历史的任务，也是极其现实的、当下需要全力以赴的命题。但是，人之所以为人，就在于其现实的行为既受现实要求所规定，又受过去的历史和未来的发展所规定，因而人的现实行为又总是历史的行为，过程的行为。人们过去已经走过的道路，达到的高点，决定了他将要继续走下去的路，除非现实条件和客观要求他改变。但这一改变仍然是在过去奠下的基础、提供的可能性范围中的改变。同时，人的现实的行为，又总是受其对未来的期望、追求、认识、目标所规定的。因此，人类的合理生存与自由解放，作为马克思时代的历史发展的内在目标，也规范着人类历史的现在和未来。这也就是说，当代世界突显出来的全球化运动，应当以人类的合理生存与自由解放为鹄的，否则就失去了合理性和合法性。如果说，马克思在他的时代为了人类的解放问题就创立了广义人类学—哲学的话，那么在今天，为了人类的合理生存与自由解放，更需要发展马克思的广义人类学—哲学。

3. 从对马克思理论的多重理解中透析人类学—哲学

把马克思的广义人类学—哲学与全球化问题结合起来，可能立即会受到非议。这里应注意到：马克思的理论提出了100多年，它总是在各种不同的声音中坚持着自己的立场，但也总是在各种不同的现实诉求中透析出不同的当下形态，对它的理解也从来没有统一过。一方面，马克思针对当时的社会基本问题，力争先进资本主义国家同时实现无产阶级革命这一斗争没有实现，而以这一理论为指导的东方专制主义国家发生的从而以专制形式出现的无产阶级革命却红遍了半个世界。另一方面，针对世界先进地区，也一直有一种力量，力图重新理解或者说修正马克思主义的理论倾向，以较为缓和的形式参与和改变现实的运动，但也始终没有成功。再一方面，也是更值得反思的，是苏东地区曾以官方形式出现的"正统理解"，反而导致了这种官方制度的僵化和最终解体，这本身就足以证明这种理解离马克思原意、离人类的世界历史发展实情是很远的；更为重要的是，现实的一些制度存在如权力体制和产权体制，作为结果也在政治和经济两方面离马克思的一些理论设想很远；等等。

反思这样一种历史与现实不能不表明：一方面，人们理解的马克思理论总是存在着某种局限，某种暗伤，这是阐释学所不能摆脱的循环；另一方面，必须结合世界历史发展和具体的现实情况，理解马克思哲学—政治思想的精神实质，提出能够影响现实的合理化发展的新的理论，这是人类生存与发展的基本需要。本着这一考虑，提出一种能对我们的时代发生作用的对马克思哲学、马克思主义的新理解，但这一新理解只能是属于马克思的。关键问题是，马克思的上述理论，怎样与人类当前的现实历史、与当代人类社会的基本问题相结合呢？马克思哲学的最基本要求，就是要求从认识当前的世界历史发展状况出发，考虑人类的合理生存、健康发展与自由解放问题。而这，只有把马克思哲学理解为实践广义人类学—哲学并与当代世界的社会基本问题和具体的历史情境结合起来，才能使马克思哲学成为我们当今的时代精神的精华。这一考虑，不是没有根据的。

三　人类实践的发展与全球伦理价值尺度的增长

每个时代的人们都是在解决他们的社会基本问题中前进的。当代世界性社会基本问题的存在，也促进了解决问题的理论工具的形态，从而促使一些全球伦理价值尺度的增长。

所谓全球化，其合理性在于：人类的生存与发展活动或自身生存家园的建设活动，已由先进资本主义主导世界发展的实践，发展为全球性互动化的实践；人类社会的发展，也从由资本开辟道路发展为由知识和创新开辟道路，社会变迁由物质资源、金融资本的关键作用发展到了制度资源和人力资本、知识资本起关键作用；人类的生产实践，已由工业化时代的机械化制造体系发展到精益生产（lean production）①、非物质生产②，生产力由机械生产力的主导转化成了智能生产力的主导。因此，原来的以体力劳动为准的实践尺度，作为人类活动的价值尺度，就需要转化为以智力劳动为主的实践尺度。这就需要从智能生产力的视角和全人类利益的视角，提出新的世界性的即全球伦理的价值尺度。这样一种全球尺度的伦理价值已在全球化过程中萌发展示出来。

1. 全球化趋势与广义人类学—哲学的任务

人们指出，马克思的《德意志意识形态》是全球化理论的源头。的

---

① 参见：Wright, P. K. 21st Century Manufacturing.（影印版），清华大学出版社2002年版以及（1）[英] 理查德·拉明：《精益供应》，商务印书馆2003年版。(2) [美] 沃麦克等：《精益思想》，商务印书馆1999年版。(3) [美] 沃麦克等：《改变世界的机器》，商务印书馆1999年版。

② [美] 马克·第亚尼：《非物质社会》，四川人民出版社1998年版。

确，马克思在其中提出的交往理论的扩大，生产与交往的发展，必然是走向普遍化，走向世界历史，走向全球化。同样，这也可以看做是广义人类学—哲学的理论渊源。马克思在哲学上的视域转换，就是从形而上学的普遍世界向具体的"人类世界"的转换，关心人类的生存与发展；从自然的人向"社会化的人类"的格式塔转换，关心人类的合理生存。这也就是说，马克思正是从世界历史的视角首先从哲学上关注人类而进入了广义人类学的哲学视域。唯其如此，马克思才关注特殊历史向世界历史的转变，开辟了关注人类化、全球化的先声。而约100年后，马歇尔在1960年出版的《交往的探索》中，首次根据现实发展而提出"全球村"即全球化的概念。同样，在20世纪60年代，罗马俱乐部从人类全球发展考虑提出了地球资源和环境危机，即"全球性问题"，从而把人类的共同生存与合理发展问题提了出来。从彼时起，时代的精神也就越发要求凸显马克思内在的广义人类学—哲学这一理论诉求。但这一理论诉求一直被主流意识形态遮蔽着。

当前，要认识广义人类学—哲学的合理性必须明白：在马克思哲学中潜伏着的这一哲学实质，是符合当代世界现实要求的哲学。目前中国马克思主义哲学界正在思考的问题域主要包括：什么是真正的马克思哲学？马克思哲学的本真精神是什么？马克思哲学的革命性、当代性是什么？以及当代需要怎样建构马克思主义哲学？可以说，广义人类学—哲学就是对这些问题的合理回答。

因此，广义人类学—哲学作为新时代的马克思主义哲学，首先面对的是新世纪的全球性的社会基本问题，研究和提出基本问题的解决途径，为人类寻求新的价值理性与新的生存方式，对全球共生的合理方式进行开拓，并以此规范和影响全球化浪潮，使它向合理化的即人类向合理生存与自由解放的方向发展。

广义人类学—哲学以人类的合理生存与健康发展为思考方式和哲学胸怀，思考人类在当代科技与环境、人类整体的现状和问题的克服途径，把"宏伟述事"与"科学分析"结合起来。使人类的现实活动能够日渐趋向合理化、合法化方向。

2. 全球伦理价值尺度的兴起与局限

价值尺度是历史发展在解决其社会基本问题中形成的。由于当代世界的社会基本问题具有全球性质，因而，就形成了一些全球性的伦理价值尺度。

从世界历史发展的方面看，16世纪—20世纪40年代主要是资产阶级的资本扩张、殖民扩张的时代，阶级斗争与民族斗争也比较尖锐。而从20世纪40年代即二战至今，一方面是联合国主持的非殖民化运动，另一方面是发达资本主义国家内部出现的工人阶级的"非无产化"发展，使这一社会底层也成了有产者，从而使民族矛盾与阶级矛盾得到调和。这当然可以看做是随着生产力在科学技术推动下的发展而取得的历史性进步，大体上又可以分为两个阶段：其一是前全球化时代，强调以工业为主的现代性，但属于传统工业时代，生产的发展依赖于垄断市场和强权政治，世界是在单极、对抗、冷战、军事霸权、文化霸权中存在和斗争；它导致了现代化的负面效应，即异化劳动和全球性问题的出现。其二是全球化时代：后现代思潮，属知识经济时代，信息时代，各国相互依赖，形成全球市场，追求民主政治与多极合作，各国相互对话、相互尊重主权，世界也进入文化整合的时代。

在这一过程中，由于非殖民化和非无产化的发展，现代化的负面效应和阶级对立开始弱化和消退，这就必然要向全球伦理价值尺度发展，其核心是人类性即人类共生共荣精神的增强。其主要体现和不足表现在：一是在人与自然关系上的生态化价值尺度的兴起，人类的无限发展观转化为有限发展观，但仍无法改善人与自然的关系；二是在人与人的关系上的共生、互利价值尺度的高扬，一部分人消灭另一部分人的强盗逻辑被普遍抛弃，但强势人群依靠在经济上侵凌弱势人群的生存排他现象依然严重存在；三是在国际关系中虽然确立了相互尊重与和平对话的机制，但是强权政治依然横行；四是在人类经济发展上的创造性价值尺度的显赫，但社会制度和意识形态的压制，条件的缺乏，仍然是创造性的牢笼；五是在政治上的公平、民主、自由与人权的价值尺度的弘扬，但是，相反的现象仍然大量存在；六是在文化上的多元化价值尺度的推行，但是，"文化帝国主义"、"意识形态帝国主义"仍很有势头；七是和平民主的发展成为世界主潮，但恐怖与战争仍然横行，等等。此外，当代的全球伦理思潮，全球公民社会思潮，全球的系统整合思潮，全球人才思潮和创新思潮，和平民主思潮，可持续发展思潮，环境保护思潮，人权思潮等，都是其表现。

当然，全球化发源于资本主义经济的扩张，继而是其政治、文化的扩张，其总的趋势是"资本流向全球，利益流向西方"的逻辑布展以及资本主义意识形态的扩张，但这并不排除"人类性"因素的成长。全球化既然是人类当代社会历史实践的主要特点，也就形成了人类的主要社会历史进步，即全球财富的增长和全球伦理精神的出现，以及其日渐走上主导地位。近几十年来形成的和平、发展、环境这一世界趋势就是它的体现。

当代世界的发达与不发达国家，资本主义与社会主义，经济主权与经济安全等矛盾的存在，恐怖与战争的存在，资本流向全球、利益流向西方的现实，是与全球伦理价值尺度背道而驰的，但作为当代世界的社会基本问题的表现，正需要我们运用实践的广义人类学—哲学去研究，去奋斗，去解决。

四 当代人类学—哲学：研究人与自然的、人类内部的合理性原则

广义人类学—哲学，就是研究和解决人类在不同时代的社会基本问题的哲学，并且力图以实践的方式解决这些问题，推进人类的合理生存、健康发展与自由解放。当代世界的社会基本问题，决定了当代广义人类学—哲学必须探索人类生存发展的合理性原则。

从人与自由的关系上说，自20世纪60年代以来，当代思想界已集中在人与自然、人与人的关系问题上进行了思考。生态主义、生态伦理学以及可持续发展思想，都是从人类整体的健康发展和人类与自然的合理关系出发进行研究的，他们提出的人类发展的三大公平和五大原则，应当成为广义人类学—哲学的普遍伦理原则。三大公平是：①人对大自然的公平：人的发展不削弱自然界的多样化发展的可能性；②人对人的代内公平：这部分人的发展不削弱另一部分人发展的可能性；③人对人的代际公平：当代人的发展不削弱后代人发展的可能性。五项发展原则是：①公平性原则（三大公平）；②全球性原则（自己发展与全球协调）；③可持续原则；④多维协调原则（人类与生态、人类社会各子系统、生态内部）；⑤合理需求原则（反对无节制消耗资源）。

这些先进思想，实际上都可以看做是基于全球伦理所形成的价值尺

度,是对于人类当代的社会基本问题提出的解决方案之一。因此,也是广义人类学—哲学的有机内容,是广义人类学—哲学的自然观、价值观、世界观的有机内容。但这仅限于当代问题的一个方面,合理生存原则更多地体现在人与人、国与国之间在物质占有方面、权力占有方面的合理性,对此,必须援引更多的、其他的研究资源。而马克思实践广义人类学哲学的任务之一,就是要研究全球伦理的价值尺度,为当代的社会基本问题开辟解决的途径,为人类的合理生存与自由解放服务。而这,首先就要求认识当代世界的历史发展。

至于人与人的合理生存原则,还有待于人们的积极研究和斗争。可以乐观的是,全球伦理的价值原则的发展,与人类解放的新现实与新的历史力量互相促进,必定有利于人类的合理生存与自由解放的发展。

第十八章

从对马克思主义哲学的据点式理解跃向整体式发展

小引：马克思主义哲学界以物质、辩证法、实践、历史等等这些抽象范畴为理解据点，构建出了不同的分别解释马克思主义哲学的理论体系。今日看来，这些都是对马克思恩格斯哲学思想的据点式的理解和发展。马克思恩格斯的哲学思想远不是这些范畴能够范定的。但是，人们公认，唯物性、辩证性、历史性、实践性、生存性、解放性等，又不能不是马克思主义哲学理论基本方面。那么，如何把它们统一起来呢？这就只有站到人类学高度，把马克思哲学界定为关于人和人类世界的哲学，就能把这些丰富内容包含于自身，这就是从据点式发展跃向整体式发展。并且，也只有这一发展，才能把握马克思哲学的真谛和它的当代世界历史意义。

新词：据点式理解，人类学高度，人和人类世界的哲学，整体式发展，人类学—哲学与哲学人类学的不同

本书所提出的对马克思哲学的新的理解范式，与传统马克思主义哲学、与西方马克思哲学以及与中国改革开放后对马克思主义哲学的诸多理解范式，大都截然不同。但是，它是从这些研究范式中成长起来的。这就有必要加以适当的比较，以见出本书的理论特征。

一　对马克思主义哲学的据点式发展

马克思主义哲学的发展，可以说，有自己的逐步深入转换的发展过

程。这种深入转换和发展，表现在两方面：一方面，是以物质、辩证法、实践、历史等范畴为理解据点，构成了解释马克思主义哲学的不同的理论体系，今日看来，这些都是对马克思恩格斯哲学思想的据点式的发展和更新转换；另一方面，每一个据点式发展，大都由浅入深、由片面到全面形成了相应的理论体系。我们这里主要讨论前一方面。

1. 对马克思主义哲学的主要据点式发展

（1）以"物质"和"辩证法"为据点的"辩证唯物主义"。我们新中国成立初期所接受的苏联在 30 年代所构建的马克思主义哲学，是建立在两大理论据点之上的理论体系：其一是被法国唯物主义玩透了的"物质"，其二是被黑格尔玩透了的"辩证法"。根据这两个据点建成的辩证唯物主义哲学体系，力图把唯物主义发展的核心成果——物质概念，与主要在唯心主义体系中发展起来的核心成果——辩证法概念，结合成一元性的理论体系。应当说，这一结合是大体成功的。它的成功在于既概括了唯物主义哲学史的成果，也概括了辩证法发展史的成果。由于这一哲学是以物质为本体的本体论哲学，我们在 50 年代全盘接受过来之后，60 年代前后主要根据列宁《哲学笔记》中的"辩证法也就是黑格尔和马克思主义的认识论"的思想，做了一些认识论的理解和发展。毛泽东当时也说"哲学就是认识论"（1965 年）。至于把辩证唯物主义"应用"于社会历史而形成的历史唯物主义，已属于低一层次的理论，有的学者就不把历史唯物主义视为可以与辩证唯物主义平起平坐的哲学（所以，本部分不对其进行讨论）。

把这一理论放在马克思恩格斯的思想体系中看，立刻就会发现：它的以"物质"为据点的"唯物主义"，既不符合马克思的思想，也不符合恩格斯对哲学的见解。马克思所说的唯物主义，不过在于"按照事物的真实面目及其产生情况来理解事物"[①]，正如恩格斯所强调的那样，他们的"唯物主义不过是抛弃任何不切实际的唯心主义怪想而已，除此以外没有别的"[②]。即不过是立场性、态度性、方法性的唯物主义。这就否定了以物质为据点的唯物主义的合法性。因为他们清清楚楚知道，以物质为据点

---

① 《马克思恩格斯选集》第 1 卷，人民出版社 1995 年版，第 77 页。
② 《马克思恩格斯选集》第 4 卷，人民出版社 1995 年版，第 238 页。

第十八章 从对马克思主义哲学的据点式理解跃向整体式发展 / 273

的唯物主义,不过是前康德的法国唯物主义所达到的结果。至于"辩证法",特别是建立在物质世界内部的辩证法,马克思恩格斯都没有说过。马克思所说的辩证法,主要是指人和人类世界的辩证法和把握它的辩证方法。恩格斯借助自然科学,力图发现自然界的辩证法基础,建立辩证自然观,他的《自然辩证法》不过是这一努力的还不成熟的一些札记。他在公开理论场合,倒是把辩证法作为方法论来强调的。在晚年他明确指出:"对于已经从自然界和历史中被驱逐出去的哲学来说,要是还留下什么的话,那就只留下一个纯粹思想的领域:关于思维过程本身的规律的学说,即逻辑和辩证法。"① 这里的"辩证法"也不过是指"思维过程本身"的辩证方法。所以,这话也明确否定了自然辩证法作为哲学的合理性,强调辩证法不过是思想领域的东西。既然在马克思恩格斯那里都找不到这两个据点,辩证唯物主义作为马克思主义哲学的合法性就自然成了空壳。所以,改革开放后中国马克思主义哲学思想的发展,就不能不以否定"教科书"的形式来否定这一体系了。

还在马克思时代,对物质的认识已由哲学的领域转移到了自然科学领域。在自然科学的物质概念之外另外构造一个哲学性的物质概念,不能不是多余的。它对于现代科学与精神文化来说,已失去了哲学启迪的意义。从提出这一体系的狄慈根和普列汉诺夫来说,他们都不是严格意义上的哲学家,更不是现代哲学家,只能站在近代哲学的立场上做出这一概括。这对于马克思所达到的反对一切形而上学的现代哲学境界来说,不能不是一种倒退。正是由于以近代本体论方式把马克思主义哲学概括为辩证唯物主义,马克思真正的现代性的哲学创造就不能不被遮蔽。

(2)以"历史"为据点的"历史唯物主义"或"历史哲学"。对马克思主义哲学的理解,最接近马克思恩格斯思想而又最有文本基础的,是以"历史"为理论据点的历史唯物主义的提出。马克思和恩格斯对他们在《德意志意识形态》中所强调的"唯物史观"都比较重视,后来恩格斯称之为历史唯物主义,这一强调既是完全符合当时的社会历史任务的,又是以人为基础的。其核心是把历史理解为人的活动:马克思恩格斯都强调"历史不过是人的活动而已"。但是,后来的辩证唯物主义对于历史唯物主义的构建,则是抛开人的主体地位,单纯地以《〈政治经济学批判〉

---

① 《马克思恩格斯选集》第4卷,人民出版社1995年版,第257页。

导言》中的生产力逻辑为根据，以物质生产的"铁的规律"形成其理论体系，从而忽略了《形态》中所强调的人的本原性、主体性和能动性，这就不能不曲解马克思恩格斯的思想。

中国在 20 世纪 90 年代之后对于历史唯物主义的强调，把它理解为马克思主义哲学的正宗，则是出于对以上辩证唯物主义和实践唯物主义的否定而产生的。的确，这两种理解体系，都不能不降低历史概念在马克思主义哲学中的重要性。

但是，当时对历史唯物主义的强调，一开始仍然是传统理解的理论框架，即没有人的地位的历史唯物主义。所以，进入 21 世纪初，一种包含人的或者说以马克思的人的理论为基础的"广义历史唯物主义"就提了出来，最近又进了一步：提出了把马克思的人与自然的关系也包含进来的"大历史唯物主义"。但是，不论怎样，只要我们强调的是历史唯物主义，就不能不是以"历史"为据点的对马克思主义哲学的解释体系。至于中外都有的"历史哲学"的提法，更把这一据点发展到极端。这种以历史为据点的理论，如何把创造历史的人、人类，把人与自然界的生态关系放在主导地位，是个迄今还没有解决的问题，因为以历史为据点不能不排除人的主导地位。人和人类世界这一广大领域，决不是"历史"一词所能概括得了的。

值得注意的是，马克思明明只把自己的观点称为"唯物史观"，而并不称为历史唯物主义，这是有其深意的。作为历史观，只能是某种哲学的历史观，从产生的时序上说，也只能是他的"新唯物主义"哲学发展深化出来的历史观。马克思并没有把它上升到一种哲学的高度。他明确强调：唯物史观作为"对现实的描述会使独立的哲学失去生存环境，能够取而代之的充其量不过是从对人类历史发展的考察中抽象出来的最一般结果的概括。这些抽象本身离开了现实的历史就没有任何价值。它们只能对整理历史资料提供某些方便，指出历史资料的各个层次的顺序。但是这些抽象与哲学不同，它们绝不提供可以适应于各个历史时代的药方或公式"[①]。正是在这一意义上，马克思反对把它作为历史哲学看待。但是，以历史为据点的历史唯物主义，无论从逻辑上说还是从事实上说，都不能

[①] ［德］马克思、恩格斯：《德意志意识形态》（节选本），人民出版社 2003 年版，第 18 页。

第十八章 从对马克思主义哲学的据点式理解跃向整体式发展 / 275

不违背马克思的告诫而把它发展成为一种历史哲学。

无可否认，"唯物史观"是马克思哲学思想发展的峰尖。然而，如果只看到这个峰尖而不顾马克思构建的整个哲学高山，即一叶蔽目，那不仅不能全面理解马克思，还会曲解马克思。事实正是这样的。

近来有的同志也看到仅仅以历史为据点不能概括马克思主义哲学，提出了辩证的、实践的、历史的唯物主义。但是，据点加据点不能等于整体，正如所有部分的加和不等于整体一样。

（3）以"实践"为据点的实践哲学或实践唯物主义。"文革"之后，政治上的改革开放为哲学研究发生革命性变化开辟了道路。哲学界鉴于"文革"时代精神导向的迷误，提出了"实践是检验真理的唯一标准"，这虽然饱含政治含义并且还是在认识论的范畴内提出来的，但是对"实践"的哲学关注，很快就在中国兴起了实践唯物主义和实践哲学思潮。

对马克思主义哲学的实践哲学（发源于葛兰西）和实践唯物主义（发源于南斯拉夫）的理解，就其抛弃物质和辩证法这两个理论据点来说，显然是一种革新。这比起"物质"和"辩证法"两个据点来，显然更具有经典文本依据。而当它以"实践"为据点重构马克思主义哲学时，立刻就超越了对"实践"的传统的认识论理解，而不能不上升到本体论层次，所以，"实践本体论"的产生就是这一思潮的必然产物。

实践哲学和实践唯物主义从一开始提出之时，就是把"实践"作为一个本体论的据点提出来的。葛兰西指出："实践哲学的创始人（马克思）是从来不把自己的哲学叫做唯物主义的。"[①] 这就是说，"实践"超越了唯物主义与唯心主义的对立，它本身就是自足自立的本体论意义的实践。这一理论的发展一方面发现了实践在马克思哲学中的重要地位，另一方面力图构建一个以实践为核心的对周围世界和社会历史的统一解释理论，这就不能不把实践作为一个形而上学范畴突出出来，成为理解世界的根据。于是，我们在进入马克思时同时又走出了马克思：因为在马克思那里，实践不过是人和人类的一个谓语，他所说的实践都不过是对具体的、活生生的从事实际活动的人的界说，不过是人的生存方式、生活活动以及改变世界的方式和手段而已。即使在最高的意义上，它也不过是指"人类的感性活动"，是人类的一种生存特征而已。他以"人类的"感性活动

[①] ［意］葛兰西：《实践哲学》，重庆出版社1990年版，第152页。

来界定实践。而实践唯物主义和实践哲学则把"实践"作为一种脱离开人的抽象的主语来运用，否则就不能作为理论生发的据点来解释一切。至多，只能把实践理解为"人的（生成的）本体论"，"社会历史的本体论"（笔者 1985 年提出的观点）。但是，学术界却把它发展成为解释人的周围世界甚至客观世界的本体论意义的实践。这就不能不以人类特性之一的实践遮蔽了整个人和人类世界。因而不能不背离了马克思和恩格斯哲学理念的真旨。它充其量不过是强调了实践在马克思主义哲学中的重要地位而已。人们对于实践的研究，甚至如徐长福所说的从观念论进路、伦理学进路、本体论进路、生存论进路向后现代进路发展，都未能形成一个以实践为基点的实践唯物主义或实践哲学的理论体系，表明把实践作为理论据点的先天软弱性。特别是把实践与人的生存问题联系起来，在 21 世纪初又发展出了多受关注的生存论哲学。但是，谁的实践？谁的生存？这就不能不走向对实践和生存主体即人和人类的关怀，从而预示了对实践的人类学理解方向的到来。而对实践的人类学理解，丁立群的"人类学实践论"，应当视为否定实践本位的通向人类学—哲学的桥梁。

（4）以"解放"为据点的"解放哲学"。马克思的解放理论，恩格斯当然是知道的，但是，他没有上升到哲学范式的高度来理解。倒是伯恩斯坦，充分理解到"人的解放"在马克思哲学思想中的重要性，从哲学上突出了马克思的人类解放理论，以"解放"为理论据点把马克思的哲学理解为"解放哲学"。这是第二国际对马克思主义哲学理解上的重要贡献。后来伯恩斯坦一直被作为修正主义进行批判，马克思的"人的解放"、"全人类解放"这种人类性诉求，也就一直不被重视，成了无产阶级解放的附属物，转化成了阶级性诉求。

马克思这一思想的光辉，在中国改革开放的时代天空，再一次显耀出它的万丈光芒。近来一些同志纷纷强调马克思的哲学就是解放哲学。这当然比以前的诸多理论都更接近马克思的哲学思想。

但是，正如实践哲学不能不以实践为据点一样，解放哲学也不能不以"解放"为据点来构建理论体系。然而，正如我们面对前述理论，不能不追问"谁的实践"、"谁的历史"那样，谈到解放，当然也不能不问：谁的解放？解放依然是个谓词，它的主词不能不是人或人类，无论是无产阶级解放还是全人类解放，都不能不以人为根基，为主词。是以人为根基还是以解放为根基构建理论体系，成了解放哲学的二难选择：以人为根据，

第十八章 从对马克思主义哲学的据点式理解跃向整体式发展 / 277

就不能再是解放哲学,因为解放不过是人的诸多问题之一;以解放为根据,解放何意?人将放在什么地位?不以人为根据的"解放"显然也就失去了解放的本意。

此外,西方马克思主义对马克思主义哲学的重新理解,在我们思想领域的改革开放中也得到了理解和尊重。这些理论有一个特点,就是开始突破一定的理论据点,从一种哲学精神上来理解马克思哲学。卢卡奇一方面正确地理解了马克思的辩证法是主体与客体之间的辩证法,因而是社会历史发展的辩证法,说"认识到这种方法被限定在历史的和社会的范围内,是特别重要的"①。另一方面也深深感受到了马克思的人本论,虽然他没能全面理解,但理解了它的精神实质,把它概括为"人道主义"。认为马克思主义哲学就是人道主义哲学。这就比较接近马克思哲学的早期出发点了。他后来提出的社会存在本体论,不能不说是对马克思哲学理念的比较好的把握。柯尔施从理论与实践相统一的角度,把马克思主义哲学理解为改变现存秩序的革命哲学,这就比较接近马克思哲学重在实践、重在"改变世界"的特质。这些无疑是对马克思哲学真旨的逼近。

通过以上讨论,我们应当看到,今天盛行的对马克思主义哲学的理解,如"辩证唯物主义"、"历史唯物主义"、"实践唯物主义"、"实践哲学"等主张,都既不能概括马克思的上述哲学构建,又没有超出近代形而上学本体论哲学观,而马克思则从一开始就超出了这种形而上学哲学。相反地,西方马克思主义和西方哲学对马克思的"人道主义"、"人本主义"理解,也不能概括马克思哲学的上述特质。马克思固然有人道主义的底蕴,有人本主义倾向,但他早就说他"不仅仅是人道主义者",而是具有人类学意义的共产主义者。

事实上,如果我们能像马克思那样站到"人类精神的真正的视野"这种人类学高度观察世界,那么,辩证法、实践、历史甚至唯物论,都不过是理解和把握人和人类世界的局部性的哲学范畴。这些都是为其理论核心——人类的合理生存、健全发展与自由解放这一社会人本主义目标服务的。马克思确实强调过自己的立场是唯物主义的,方法是辩证的,但他的前提和基点是人的生存世界而不是形而上学的物质世界。他没有创建以物质范畴为基础的哲学,也没有创建以自然辩证法为对象的辩证法哲学,难

---

① [匈牙利]卢卡奇:《历史和阶级意识》,重庆出版社1989年版,第6页。

怪无论马克思还是恩格斯，都否认这种一般意义上的形而上学哲学的存在合理性。他们所要创建的，只是以人类的社会存在为对象的、能实际"改变"人的生存世界的哲学，这就只能是广义的人类学—哲学。问题是，马克思恩格斯都未明确提出他们哲学的这一深层内蕴。但上面的大量考察表明，这一方向才是马克思的真实而巨大的哲学存在，也才是他的伟大精神的当代意义之所在。

当然，以一定的范畴为据点来理解马克思主义哲学，依然有强劲的势头。如以脱离社会性的抽象的"人"、一般性的"人"为据点（人的哲学或人学），以脱离个体的"类"为据点（类哲学），以西方的哲学人类学为据点等等，这些当然都无不可以，但都不是马克思的哲学。其实，人道主义、人本主义也是一种现成拿来的理论据点。好在这些主张与马克思哲学的距离，人们都看得很清。这些情况表明，以任何抽象范畴为理论据点来概括马克思哲学乃至马克思主义哲学，都不能不失之偏颇。

毫无疑问，以上以不同据点为根据、为主导的哲学，都是马克思主义的后继者们对于经典作家哲学思想的理解和结合时代需要的发展。其积极意义是应当肯定的。

问题是，每一种据点式的展开，虽然充分展现了这一范畴的哲学意蕴，但却不能不遮盖其他范畴的意蕴，从而，其他范畴也不能不以自己为据点做同样的弘扬，这就是几种据点式哲学互相争雄的原因。既然这些据点式发展不能再现马克思恩格斯的哲学思想整体，既然这些据点式发展所形成的理论也不能互相承认，在逻辑上更不能结合起来，那就不能不引进我们的深思。

2. 不同据点式发展的原因：没有理解马克思哲学创造的核心所在

以上所有理解的重大失误，在于没有看到马克思哲学思考的对象，即人和人类世界，这就不能不抓住马克思揭示人和人世界特征的一些范畴，来建立其哲学体系。但是，以上理解范式，应当说都把握住了马克思哲学理念的一些重要特点，它们在这样一点上是合理的：马克思处于一个近代理性主义的、又非常强调辩证法的哲学时代。理性主义比较强调本质性、一元性和决定性，辩证法比较强调矛盾和辩证关系的决定性（但是，它同时也强调相对性）。这些理论背景，在他的思想理论中也有反映，主要体现在他的经过充分论证的唯物史观里。如以生产力与生产关系的矛盾为

第十八章 从对马克思主义哲学的据点式理解跃向整体式发展 / 279

基础解释历史发展,以生产力为一元论的解释模型,形成了一种一元论的、经济"最终"决定论和由"生产逻辑"在必然性中所形成的社会发展理论等等。这些,集中体现在他的"阶级性使命"里。这些哲学精神在以上三种理解范式中得到了继承和发挥。对此,我们这里不多讨论。我们应当强调的是,马克思同时处在西方哲学由近代哲学向现代哲学转型的时代,由认识论哲学向人类学转向的时代。马克思本人就是这种转向的真切体现。因此,在他的精神理论中既有前者,也有本书所要突出的后者,这就是他的相对的、多元的、强调人的自由、人的价值、人的创造性以及人的生存发展的广义人类学—哲学精神。以上几种理论没有意识到或不能正视这一层,这就自然不能自觉地与近代形而上学哲学的绝对理性主义区分开来,力图把自身变成一种新的绝对理性主义的形而上学哲学,这就不能不远远背离了马克思的哲学转向;不能上升到人类学层次,因而没有上升到马克思的广义人类学哲学范式的台阶上来。从而,在立场和方法上背离了马克思的哲学意向。

当然,广义人类学—哲学范式不是排他性理论,它指出这些理论的问题只是为了走向真理,并不是要排除这些理论以及其他理论在一定社会历史中的合理性,而只是要从这些理论的遗漏和偏差中发现新的内容,并提供一种新的理解范式来理解马克思哲学。这就是说,广义人类学—哲学范式,力图包含以上的传统的据点式发展的合理性于自身。

今天,人们公认,马克思主义的哲学理论,主要有唯物性、辩证性、历史性、实践性、生存性、解放性等几个基本方面。但是,如何把它们统一起来呢?第一种范式,错误地强调了唯物性和辩证性;第二种范式,只强调了历史性;第三种又只强调了实践性。由于各自分别以不同的范畴作为理论据点建立不同的理论,这就都被孤立化、绝对化并且片面化了,从而无法把握马克思哲学的生命力。

把马克思主义哲学概括为"辩证的、实践的、历史的唯物主义",其意图固然是要把马克思的主要理论概括进来,但依然没有"人"的地位。要知道,历史、实践、辩证法,都不过是人的活动而已。没有人,所谓历史、实践、辩证法都是不可能存在的。这些理论的共同问题在于丢掉了人。他们不明白,马克思的整个理论的深层意蕴都不过是为了人类社会的合理生存与自由解放而已。唯物性、辩证性、历史性、实践性等等,都不过是马克思把握人的生存世界的环节和方法而已。于是,全部问题归结到一点:如何理解人,把握人和由他构建的人类世界。

马克思恩格斯大力撰写的《德意志意识形态》,从基点上说,就在于批判费尔巴哈与施蒂纳对人的错误理解,树立了从"有生命的个人"及其"社会关系"出发的"社会人本论"立场。丢掉了这一点,就丢掉了马克思哲学乃至其整个理论的生命和灵魂,把握住这一点,以上一切理论也就活了起来。

前面的讨论表明,广义人类学—哲学范式的新理解,以社会人本论为中心,可以在逻辑上把以上理论统一起来:把它们转化为以社会人本论为核心的人本唯物论、人类学辩证法、人类学历史观、人类学实践论等等,它们都成了广义人类学—哲学的的有机组成部分。这就否定了它们的独立自在性和绝对性,把它们视为人的生存世界的不同特性,强调"人类"是它们的共同主语,从而还其以合理的统一的形态。

但是,广义人类学—哲学范式的目标,不在于统一这些理论。它的核心精神在于关注每个时代的"时代的迫切问题",通过对"时代的迫切问题"的合理性审思与合法性批判,为不同时代的人实践地改变世界寻找道路,实现人的合理生存与自由解放。这是马克思全部理论的核心价值立场,是马克思一切理论的归宿,是马克思人本理性精神之所在。对此,马克思虽未直接论述,但实际上是其全部理论的中心思虑。从而,这也是马克思哲学中一切理论所本、所依的价值硬核。而传统的据点式理论,在逻辑上不能不把这一核心精神排除在外。

总之,主要由以上理论硬核构成的广义人类学—哲学理论,既从人类学层次、又从人的具体社会历史存在层次全面系统地解释了人的生存世界,并在这种解释的基础上形成了"改变世界"的理论。如果说,在马克思诸多哲学理论中,社会人本论是各个理论的核心,它能在逻辑上把各个理论统一起来的话,那么,把马克思哲学概括为广义人类学—哲学而不是其他哲学,就要更合理一些。

同时,在这里,我们不妨强调马克思广义人类学—哲学范式的以下四个特点:

其一,人本性。广义人类学—哲学范式的九大人本理论,以人类学价值立场为前提,以社会人本论为核心,以人本存在论、人本关系论、人本生产论、人类学实践论、人类学历史观、人类学辩证法、人类学解放论为主干,全面把握了人的生存世界,从而创立了为人类的合理生存、健全发展与自由解放而奋斗的即以人为根本的广义人类学——哲学。它的各个环节系统地有机地联系在一起，形成为一个以人为根本的理论整体，这是以往任何哲学都没有达到的境界。

其二，独创性。把马克思哲学理解为广义人类学——哲学范式，能够彰显和全面把握马克思独特的前无古人的哲学创造，并能正确把握其他理论所看不到的方面而超越其他理论；它比任何其他理解范式都更为丰富，更可以与当代世界历史相结合。

其三，包容性。从原则上说，任何一种理论，如果能在其理论硬核或事实的基础上逻辑地组织其他理论并能克服其他理论的局限而更好地为现实所用，那它就是比其他理论更深广、更合理的理论，就更应当有它存在的正当性。广义人类学——哲学的理解范式，比起对马克思哲学的其他理解范式来，更有这种包容性。

其四，当代性。马克思是以"世界历史"问题的眼光从事他的哲学理论创造的。把马克思哲学概括为广义人类学——哲学范式，是"世界历史"发展到这个机会与风险并存的"和平、发展、环境"的全球化时代的要求，即它是世界历史发展的当代理论要求。正是这一时代性要求，才使我们能够发现马克思真正的、被深深隐藏、曲解但又有当代世界历史意义的伟大哲学创造。如我们一再强调的，这一哲学是以社会人本论为根基的、一切为了人的生存发展的社会人本主义哲学。这是当代中国和当代世界特别需要的哲学精神。

二　从对马克思哲学理念的全面理解跃向整体式发展

1. 对马克思哲学思想的全面理解

上述种种据点式的理解和发展，它们之间的相互否定，说明任何以抽象范畴为据点理解马克思主义哲学，都不能不失之片面。要摆脱这一困境，当前必须全面理解马克思和深入理解马克思，看看马克思都有哪些哲学构建，而不要先用一把尺子把马克思的一些哲学思想打入地下，再用我们自己的理解为据点解释马克思的哲学思想。

马克思主要是一位经济学家，虽然他青年时代热爱哲学，在后来也说他"没有哲学就不能工作"，但除了博士论文之外，单纯的专门为哲学而探讨哲学的著作不多。因为在他看来，没有任何既有的哲学问题还值得探讨。但是，马克思作为一位伟大的人类思想家不能没有他自己的丰富的哲学思想。这些思想在他批判当时的理论思潮和时代问题时不断表达出来：

作为理论起点的1841年的博士论文，是借希腊哲学从本体论层次上来宣扬人的自由本性的（1）。

1842年在一些论文中，他一是要求新的哲学对现实世界要有干预性，称之为"真正的哲学"，应当是作为"世界公民"的哲学（2）；二是提出了"用人的眼光"来观察把握世界的"人类精神的真正的视野"，它表明马克思的广义人类学视野已经形成（3）；三是强调以"人是人的最高本质"等等为表述形式的人类学价值原则，从而创立了以人类学价值原则干预现实世界的新的哲学理念（4）。

1843年他强调其哲学的解放性，在肯定政治解放的基础上强调"无产阶级解放"和"全人类的解放"（5）。

1844年在《手稿》中，马克思一是强调人与自然的区别和关系、人在自然界的劳动生成和人的人类学存在（人是自然存在物、社会存在物等等）（6）；二是强调人的人类学特性和人的生命的辩证本性（7）；三是强调共产主义就是"实践的人本主义"，确立了他的哲学的实践的社会的人本立场（8）；四是强调异化劳动和劳动与资本的对立，初步建立了以人生存逻辑对抗资本积累逻辑的基本斗争方向（9）；五是强调要以人的社会性来理解人类行为，创立了社会人本论（10）；同时也为人类学的实践论、历史观、辩证法、解放论等奠定了理论基础；六是提出了作为哲学范畴的广义的"人类学"这一概念，为人类学—哲学的形成奠定了理论基础（11）；七是同时确立了他的哲学的阶级性使命和人类性使命，为人类性的广义人类学—哲学判定了理论基础（12）；八是提出"自由自觉的活动恰恰就是人的类的特性"，为人的自由本性和自由解放理论判定了理论基础（13）；九是提出了人的本质力量的对象化与自然界的人化这一人与自然关系的基本哲学矛盾，为广义人类学—哲学奠定了一根红线（14）；十是提出人改变世界的两种尺度即物的尺度（科学的尺度）与人的尺度（内在固有的尺度即价值尺度）（15）；等等。

1845年，在《关于费尔巴哈的提纲》中，他一是明确强调这一哲学的实践性，因为"社会生活在本质上是实践的"（16）；这是干预性的进一步发展；二是进一步强调这一哲学的人本性，整个11条提纲都是谈论人和"人类世界"的问题的（17）；三是明确提出他的"新唯物主义"哲学及其"立脚点"是"人类社会或社会化了的人类"，指明了这一哲学是立足于社会化了的人类而把握人的生存世界的哲学（18）；四是以"人类的感性活动"来理解实践，这就把实践提高到了人类学高度（19）；五是强调要"从主观方面"去理解"事物，现实，感性"即人的周围世界，创立了从人的"主观方面"即人的人类学方面理解世界的人类学世界观（20）；六是进一步强调人是"社会关系的总和"，完成了以"社会人"为根据观察理解人类社会的社会人本论（21）；七是强调要创立以实践"改变世界"即改变不合理的现实社会的哲学（22），等等。

1846年在《德意志意识形态》中，马克思和青年恩格斯一是批判抽象的人、孤立的人而探索"真实的人"，强调要以"从事实际活动的个人"作为他的哲学理论的出发点（第一章500多次提到人）（23）；二是建立了以"人的个体生命的存在"为本体的个体生命本体论（24）；三是强调人的需要，建立了人的需要论（25）；四是强调人的生存发展迫使人进行物质生产和物质交往以及它在人的历史发展中的重要性，以西欧历史为蓝本对由此导致的世界历史发展阶段做了划分，形成"唯物史观"（26）；五是强调人类生存发展的基本形式是社会共同体（27）；六是强调社会分工对人类生存发展的限制以及它的消亡与人的全面发展的关系（28）；七是强调世界历史的发展与人的自由发展（29）；八是把"自然史"与"人类史"联系进来，强调他们所关心的是人类的活动、人类史（30）；九是强调社会存在与社会意识、语言与意识之间的制约关系（31）等等。至此，马克思的基本哲学理念大都得到表述，以后则是不断地深化发展。

1847年的《哲学的贫困》、1859年的《〈政治经济学批判〉导言》以及后来在《资本论》中，专门讨论了作为方法论的辩证法（32），以及人类经济活动的辩证法，人类世界历史的辩证法，完成了他在人类学辩证法方面的发展创造（33），等等。

1848年在《共产党宣言》中，马克思强调了无产阶级革命要以"每个人和一切人"的自由发展为目标，把无产阶级性革命上升到人类学高度，把公有制代替私有制作为世界历史发展亦即人类发展的必然环节（34），等等。

1858年在《经济学手稿》中，他进一步指明了人类走向自由解放的历史发展三阶段论（35），等等。

1859年在《〈政治经济学批判〉导言》中，他一是强调了唯物主义历史观中的生产力与生产关系的矛盾运动，建立了生产力逻辑的历史观（36）；二是指出了人对世界的四种基本生存掌握方式，完成了人对世界的关系理论（37），等等；

1867年出版的《资本论》，一是在以上思想基础上进一步提出了改变不合理世界的经济学根据，即剩余价值被资本家无偿占有（38），完成了他以劳动者的生存逻辑反对资本逻辑的斗争（39）；二是强调人类未来的合理发展方向，要以人与自然界的合理关系为前提（40）；三是强调未来的共产主义，要以"人的自由而全面的发展"为旨归，从而完成了他的广义人类学—哲学的最终目标（41）；等等。

1873年之后，他以主要精力，力图在对狭义的实证人类学和历史学的研究中，发现人类发展的一般问题（42）和它在不同社会文化环境中的特殊表现，探索不同民族的具体历史发展道路（43），进一步直接表明马克思在人类学中探索人类生存发展问题的广义人类学方向（44），等等。

概括以上40多种哲学理念，基本上都是马克思青年时代创立的关于人和人类世界的哲学理念。可以说，在马克思那里，在他的以科学社会主义为体现的"阶级性使命"之上，还始终存在着一种"人类性使命"，即关怀人类命运、关怀人类苦难、关心人类如何走向合理生存与自由解放的人类学情怀。

然而，除唯物史观之外，对他的所有这些哲学思想，马克思只是格言式地提出，标明，强调，显示，并未做深入阐述。由于他深入阐明了的只是它的新唯物主义哲学的历史观而不是其全部哲学，并在其上构建了科学社会主义，于是，一个以"阶级性使命"为根据的狭义马克思主义理论体系就建立起来。由于它在现实斗争中的重要性，反而遮蔽了马克思以上诸多人类性的哲学理论构建和他为全人类解放而奋斗的人类性使命。

由上面简单的考察就可以看出，前面那种以物质、以客观辩证法为据点构建的哲学，在马克思的理论文本中并没有地位。在恩格斯那里也只是得到歪曲的反映。而那种分别以实践、以历史、以解放等为据点构建的理论，在我们初步列出的马克思恩格斯的主要哲学思想之林中也只是一种局部性理论。为了突出它们，通常做法是把这些选为据点的哲学思想无限放大，力图以它概括马克思的全部哲学思想。然而，实际上则是以这些放大了的理论遮盖了马克思的其他哲学理念，即使有些显露出来，也会被作为错误的或不成熟、不重要的说法而忽略过去。这就不能不失去了从整体上理解马克思主义哲学的立场。

显然，从整体上理解马克思，不能再以上述任何一种哲学理念为据点，于是，问题就被归结为：如何把握和概括这些哲学理念呢？如何从整体上理解马克思的这些哲学创造呢？

2. 整体式发展：从广义人类学的价值高度把握"人和人类世界"

仔细考察上述被作为据点的物质、辩证法、实践、历史等概念范畴可以发现，它们都是一些抽象性概念，都不是指具体的对象性东西：物质是个抽象的形而上的概念，辩证法、实践、历史、解放等等也是这样，它们总得是某种东西的辩证法，某种东西的实践、历史、解放。脱离开"某种东西"，它们都不能独立自足地存在。这"某种东西"是什么呢？不仅如此，前述40多种哲学理念，也大都是对于"某种东西"的界说，它们都有一个主词，一个作为被思考、被把握的对象的主词。

这个主词，我们认为，不过就是马克思所强调的人或者是"人类社会或社会化了的人类"，用他的另一个说法亦是"人类世界"，即人和人类世界。马克思没有讨论客观的物质世界，他所讨论的自然界也只是"人类学的自然界"，是与人组成生态一体关系的自然界。也没有讨论"整个世界"或"一切存在"。在马克思那里，只有人和人类世界才是他所关心的具体的"对象性存在"，"世界历史性的存在"。显然，上列40多种哲学理念，都不过是对人和人类世界即"社会化了的人类"的种种规定性的界说。至少，这里可以初步肯定，马克思的"社会化了的人类"就是他明确说出的他的哲学的对象性世界。脱离开这个对象世界，辩证法、实践、历史、解放等等便都失去了主体性意义。换言之，马克思关心的是从事物质生产的人，实践的人，历史的人，辩证的人，追求解放的人，实践、历史、解放等等都不过是作为对"社会化了的人类"的某种特性的界说才有哲学意义。

这样一来，我们不必把所有据点加和起来，而只要上升到它们的主体，即人和人类世界，更切近地说是人的生存世界，那就会抓纲震网，从整体上把握住马克思的种种哲学理念的内在联系。因此，人和人类世界就是能概括马克思上述哲学理念的整体性范畴。

那么，是否抓住了"社会化了的人类"，就是抓住了从整体上理解马克思哲学构建的法宝呢？

这里有个如何理解和把握"社会化了的人类"或"人类世界"的问题。仔细分析马克思哲学论断的立足点、出发点和归宿点可以看出，他把握人类世界的新的哲学"眼界"，是他在1842年就提出的站在广义的人类学立场上所产生的人类学眼界。所谓广义人类学立场，就是全人类合理生存、健全发展与走向自由解放的价值立场。只有站在这样一种高度，才能发现上列哲学理念的内在统一性，也才能理解《手稿》、《提纲》和《形态》等等中所表露出来的真正的哲学思想何在。最近，"马克思恩格斯人类学"专家李立纲同志，就《德意志意识形态》的人类学问题指出：

> 马克思恩格斯的这一著作，是历史上第一部以严谨的科学态度对如此多的人类历史重大问题进行论述的广义人类学巨著；同时也是一部为马克思主义奠基的著作。[1]

这里，把《德意志意识形态》理解为"广义人类学巨著"是一种创造性见解。是对马克思理论事业的真正的理解。马克思早年提出的"人类精神的真正视野"，就是马克思自己创立的广义人类学视野。事实上，在马克思时代，人类学一方面以文化人类学、民族人类学这种狭义的具体实证学科的形式开始发展起来；另一方面，自康德的《实用人类学》出现之后，一种超出具体的人类学问题而上升到人类的一般问题对人类进行哲学思考的广义人类学思潮也出现了。马克思由于他对"人类幸福"、"人类苦难"、"人类命运"即人类生存问题的极端关心，自然从一开始就自觉不自觉地参与开创了这种广义人类学思潮，以这种思想理念构建了他关于人类世界的哲学理论。

在《德意志意识形态》中，无论是对于费尔巴哈还是对鲍威尔与施蒂纳的批判，都主要在于批判他们的错误的人的观念，力图弘扬一种正确的人的出发点，这就是"从事实际活动的个人"，"现实的历史的人"，即社会性地真实地存在着的个人。他力图从这种"真实的人"出发把握他

---

[1] 李立纲：《马克思恩格斯人类学编年史》，云南民族出版社2009年版，第88页。

所说的"人类世界"的诸多问题。

上面随便列出的40多种哲学理念，都是马克思恩格斯在不同时间针对不同理论问题而表露出来的广义人类学—哲学理念。是他从广义人类学视角提出的关于社会化了的人类、关于人类世界的新的哲学理念。所以，我们把马克思在这种广义的人类学高度的哲学构建，称为广义人类学—哲学或实践人类学—哲学等，这是一种以人类世界为对象的人类学唯物主义。顺便指出，这种广义人类学思潮，在马克思之后，在舍勒那里在，最终发展成为一种"哲学人类学"，即从哲学上对人类一般问题进行研究的一般人类学。它和马克思的广义人类学—哲学的根本区别在于：能不能深入人类的具体社会问题之中，关不关心解决人类生存发展的具体问题，即有没有社会历史性。所以，马克思的广义人类学—哲学是他所独创的全新的哲学，而绝不是什么西方已有的哲学人类学。

总结过去是为了今后发展。马克思主义哲学在中国的60年发展表明，未来马克思主义哲学的发展，不能再从任何抽象的理论据点出发，而必须上升到人类学高度，直接站立在"社会化了的人类"这种人类学立场上，把"人类世界"作为马克思主义哲学的研究对象。只有在"人类世界"这种对象性存在中，我们才能发现实践、历史、辩证法、解放论等等在人类的生存发展和走向自由解放中的地位，把以唯物、辩证、实践、历史等等为据点的哲学开拓，在广义人类学—哲学的高度中重新统一起来，并在这种整体性高度的统一中争取有比较大的、适应于当代世界历史发展需和中国改革开放的理论要求的发展。

三 广义人类学—哲学范式：具有当代"世界历史"生命力的哲学范式

1. 广义人类学—哲学范式的当代世界生命力

为了和传统哲学理论相区别，我们可以把传统马克思主义哲学理论，概括为狭义哲学理论范式，这是建立在阶级性之上的为无产阶级解放服务的哲学理论。而把本书所讨论的以社会人本论为根基的广义人类学—哲学范式，概括为广义哲学理论范式，它是建立在人类性之上并为全人类的解放服务的哲学理论。对于过去的历史时代的问题来说，以阶级性为根基的狭义理论范式是必要的；而对于当代和今后的世界历史问题来说，以人为本的广义理论范式则更显得重要。马克思从来都是站在世界历史的潮头上关心世界历史的发展的。而当今"世界历史"的发展,就其主流而言,已经走出了通过阶级斗争推进社会历史发展的时代。科学技术的进步和人类理性的增长,已经可以通过经济的、政治的、文化的、精神意识的现代性发展,而不断推动社会进步和人的解放——包括无产阶级的解放。邓小平把这个时代概括为"和平与发展的时代",指明了这个时代的上述特征。显然,传统哲学理论所针对的"时代问题"已成历史,它已不能适应这个新的"和平、发展、环境"的"时代精神"的要求。然而,就全人类的生存发展来说,这个时代也是一个危机四伏的时代,是风险与机会并存的时代,人类从来没有像今天这样面对着新的生存危机和新的发展机遇。更何况,无论在哪个国家,不合理、非法性的东西都还是一种严重的存在,并且在一些地方,非正义与不公平依然占据统治地位,这就还需要马克思主义和一切进步力量的批判战斗,团结奋斗。当然,由于资源与环境的紧张,不能排除人类历史会进入新的黑暗时期,但这正需要广义人类学—哲学的坚强斗争。一向被我们所忽视的马克思理论中更为深广的理论方面即广义人类学—哲学理论,恰恰可以和这个时代的理论需要和世界性的问题相结合。因此,为发扬马克思哲学与现实相结合的生命力,我们应当从狭义理论范式过渡到广义理论范式。

从中国的改革开放来说,我们一直在"摸着石头过河",为什么要"摸"呢?主要在于原有的狭义理论范式已不能指导我们的新的实践,而又没有新的哲学理论能够照彻我们在广义方向上的改革开放。但是,在政治思想上,我们也在打开新的局面:邓小平时代提出的"解放思想,实事求是",就是要从狭义理论范式的束缚中解放出来;江泽民时代提出的"三个代表",就是向广义方向的政治开拓;胡锦涛主政以来提出的"以人为本"、"公平正义"、"和谐社会"等等,在理论上已接近广义哲学范式的未来指向。这些"摸"出来的新的政治理论及其哲学基础,都不可能在狭义理论中找到。相反地,只有广义哲学理论范式,可以为改革开放大业及其未来发展,提供马克思主义的哲学理论基础的支持;可以为"以人为本"、"公平正义"的政治文明方向提供最重要的哲学理论支持。

马克思广义人类学—哲学范式的生命力,不在于研究抽象的永恒的哲学问题,而是针对人的生存世界(包括它的不同发展形态)在每一个时代的迫切问题,提出既有人类学意义、又是时代精神所要求的回答。它的基本方法（人类学视野、人类学价值高度等等）、基本理论（人的人类学存在、人类学关系等等），为它提出人类学意义的回答提供了理论基础；同时，它的根本要求，是针对"时代的迫切问题"，进行合理性审思和合法性批判，并力图通过实践的途径改变不合理的现实世界，推动人们在他的不同历史发展时代争取到更多的自由解放。凭借这两方面，它可以结合各国的具体历史发展环境而走在时代开拓的前沿，成为可以推动和规范时代发展方向的哲学。

2. 广义人类学—哲学范式：普适性的世界观、价值观、实践观与人生观

马克思的广义人类学—哲学，作为一种世界观，与以往的形而上学世界观不同的是，它不再是对一切存在的观念，不再去寻求万事万物的始元和共同本质，即不再寻求以抽象的本体论规定为特征的世界观，而是把对一切存在的形而上的追求，转向为对人的生存世界的价值追求。从而，马克思的哲学世界观，不是对自然世界、不是对物质世界、也不是对精神世界的总体观念，而是站在人的生存世界的立场上对于人所面对的"事物、现实、感性"与人的关系的观念。因而，这是一种人本世界观。

广义人类学—哲学，作为从人的生存发展立场而理解和把握人的周围世界的哲学，就其精神实质而言，就是一种以社会人本论为根基的行动性、实践性、主体性的人本世界观。这一人本世界观首先有它的价值立场（在这个意义上，它是一种价值观），即它既是关于全人类、关于任何社会共同体的合理生存的价值立场，也是关于任何个体、任何"我"的合理生存的价值立场。因为，不仅对于全人类、对于任何共同体来说，在今天（在与自然界的既定关系中、在现实的社会结构中）有合理生存、健全发展与自由解放的问题，而且对于任何个体而言，在今天也都有个如何合理生存、健全发展与自由解放问题。这也就是他们作为人的生存发展权。对于前者即对于集体和整体来说，它是在人与自然、人与人的整体关系的前提下的制度建设、制度保障问题，是政治学问题；而对于后者即对于任何个人来说，它是在人与社会、人与人、人与物的个体关系的前提下自觉争取实现的问题，是伦理学问题。在这两个意义下，它都——如徐长福所说——是"作为实践的哲学"而发生作用的。所以，它是可以进入当代世界生活、国家生活、当代社会生活和个人生活的普适性的哲学世界

观。在这些意义下,它不仅仅是人类学的世界观、也是人类学的价值观、实践观和人生观。正是在这里,它可以承载当代的时代精神,成为当代世界、当代人的哲学。

仅仅根据以上几点,可以说,广义人类学—哲学范式是可以与当代世界历史发展相结合的马克思主义哲学理论,它将赋予马克思主义哲学在21世纪的新的生命力。

附　录

马克思人类学—哲学与西方哲学人类学的本质区别

小引：从西方马克思主义到东欧、美国和中国，都有一种思潮，就是把马克思的哲学理解为哲学人类学。这样一来，马克思就毫无自己的哲学创造。这种理解不明白：马克思恰恰是在西方当时还不明朗的广义人类学思潮或者说哲学人类学思潮的基础上，更深入一步，通过人的社会性和社会关系进入人类社会，发现它的根本问题而构建了研究"人的社会存在"问题的新哲学。它超越了哲学人类学的抽象性、形而上学性而深入到了人的具体关系世界，从而创立了与哲学人类学完全不同的新哲学，我们特命之为人类学—哲学。能不能解决人的社会矛盾问题是二者的本质区别。区分哲学人类学与人类学—哲学的不同，是正确理解马克思哲学开创的前提。

新词：人类学—哲学与哲学人类学的不同

如何理解马克思的哲学开创以及创新马克思主义哲学，是当前的重大理论问题。本文认为，马克思创立这一哲学的理论基础，一是来源于人本化了的黑格尔的辩证理性精神，二是来源于社会化了的费尔巴哈的人本感性精神，三是来源于当时正在形成的人类学和哲学人类学思潮的人本科学精神，在这三种精神之上，他创立了包含这三重精神的、最关心人类命运的人本价值精神，并以他的"激情的理性"或"理性的激情"，站在"世界历史发展"高度即人类学价值高度上，开辟了体现自己时代的"时代精神"的、作为"世界公民"的新哲学。这种新哲学面对人的生存世界，从三个方面研究"现实的人及其活动"，一是从人类学高度上对全人类命运和其自由解放的深切关怀；二是力求从深层次、广范围上把握人和人的生存世界的问题与其解决方式；三是进一步深入到对"无产阶级"的生存境遇和其解放道路的热切关注，从而形成了他的人类学—哲学这一全新的哲学范式。并在《巴黎手稿》中得到基本的理论构建。这是青年马克思在哲学史上的真正的哲学开拓。要认识这一哲学，还有必要突出概括它与传统的哲学人类学的如下本质区别。

1. 哲学基础不同

其一，生成前提与学科性质不同：概括地说，"哲学人类学"是哲学与具体的人类学交叉而成的一种部门哲学，是现代哲学的分支学科。而马克思的人类学—哲学，则是西方哲学由以客观世界为主体转向以人和人类世界为主体的产物，是哲学本身的发展转化而形成的新的哲学方向；哲学人类学是建立在狭义的实证人类学基础之上的、对于人类这种特殊存在物的普遍特性与文化创造的探索；而马克思的人类学—哲学，则是建立在广义人类学思潮之上的、并与时代的迫切问题相结合的产物；因而前者是哲学性的人类学而后者是人类性的哲学。这是两种绝不相同的学科。

其二，构成基础和出发点不同：哲学人类学是哲学性的人类学理论，它建立在人的一般本性或者说人类学特性的基础上；而马克思开创的人类学—哲学，是人类学的哲学理论，它建立在人类的社会特性以及社会问题的基础上；哲学人类学从人的一般生命出发进入人的人类学存在；而人类学—哲学则从人的个体生命出发进入人的社会存在。换言之，哲学人类学是从人类的一般本性即人的人类学特性出发，它关心的是人的人类学存在。而人类学—哲学则是从"社会化了的人类"出发，它关心的是人的社会存在。在这个意义上，人类学—哲学更深入，更具体。

其三，对象和内容不同：哲学人类学以人类的一般品性及其文化创造为对象，诸如人类的生命、意志、宗教、信仰、语言、艺术、科学等等普遍特性，都是它的理论内容；而人类学—哲学则以人和人类世界为对象，是研究人和人类世界的生存发展问题的哲学，如劳动，生产，实践，历史，解放，生存合理性，历史合法性等等；即前者抽象地研究人类的一般文化特性，后者则具体地研究人类的社会生存问题。换言之，"哲学人类学"是从哲学上、从普遍本性上对人的抽象考察，因此，它在逻辑上不能进入人类社会的问题域。人类学—哲学则在人类的一般本性中特别突出人的"社会本性",通过人的社会本性深入"社会化了的人类",因而能考察"人类社会"的问题及其历史性的解决途径。

2. 哲学使命不同

其四,理论立场和哲学使命不同:"哲学人类学"是为了解释"人类"这种特殊的存在物,从它的规定性考察它的行为的客观合理性,因而不涉及人类的社会问题。而人类学—哲学则是为了"改变"人的生存世界的不合理状态,因而必然要涉及人的社会性问题;换言之,哲学人类学是在人类本性中解释人类的"合理行为"即天然合理性的理论,它是"解释"人类本性的、追求真理的理论性哲学;而人类学哲学则是在人类的社会问题的基础上构建的"改变"人类社会的不合理状态的实践价值性哲学;从而,二者有不同的理论使命。简言之,前者是旨在"解释世界"的哲学,后者是旨在"改变世界"的哲学。关不关心人类社会的不合理问题及其实践改变,是二者在理论立场和哲学使命上的本质区别。

其五,性质和任务不同:哲学人类学所研究的是人的一般本性及其文化创造,理论任务要求它浮在人类的社会问题之外;而人类学—哲学则深入人类的社会问题的内部,理论任务要求它深入研究社会的具体矛盾;前者只是一种抽象性的探索人类一般本性的哲学理论,而后者则必须突破抽象性疆界,进入具体的社会领域,形成与每个人和一切人的命运密切相关的即探索人类如何合理生存与健全发展的新哲学。

其六,价值立场不同:"哲学人类学"是对人的人类学特性进行哲学分析,它以科学性为参照框架,形成以"求真"为准则的认识性理论,没有必要进入人类如何合理生存的价值性思考领域;而人类学—哲学则不能不从对人类命运的关怀出发,进行"因为人而为了人"的价值性思考,形成以"求善"为准则的实践价值性理论,以便从人类学立场解决人类社会中的不合理、非法性问题,推进全人类的合理生存与自由解放;而这是二者在价值立场上的不同。

3. 哲学体系不同

其七,所属哲学派别不同:哲学人类学是在马克思前后发展起来的存在主义哲学,是现代哲学的一个分支;而人类学—哲学是马克思所独创的、而至今尚未被人们理解和认识的马克思主义新哲学。

正是根据以上几点，我们把马克思的哲学理论构建，称之为在人类学思潮基础上进一步形成的人类学—哲学构建。"改变世界"是马克思这一哲学的宗旨。这是理解马克思的独特的哲学创造和他在哲学史上杰出地位的关键。它与哲学人类学的区别，可以具体地用如下五个否定和五个肯定来概括：即：它不是关于狭义的"人类学"这门实证科学的哲学；不是从哲学上对人类学理论问题的关怀；不是舍勒的哲学人类学；不是费尔巴哈的哲学人本学或人本主义；也不是人学、人的哲学或类哲学；而是从广义的人类学价值高度上把握人类生存发展问题的哲学；是关于"人类社会"的社会进步问题的哲学；是建立在人的社会关系之中的哲学；是关于人类个体和群体（无产阶级）如何合理生存、健全发展与争取自由解放的新哲学；是把人的生存世界的社会政治问题提高到人类学价值高度上寻求解决道路的哲学。

概括地说，马克思的人类学—哲学与西方哲学人类学的本质区别在于：是停止在人类学之中还是从人类学出发深入社会问题；是能不能在逻辑上进入和研究人类的社会问题，是能不能把人类的社会性的生存发展问题作为其研究的主题，是能不能发现和解决人类的社会苦难的根源并为人类走向合理生存与自由解放开辟道路。除了马克思，费尔巴哈不可能，舍勒也不可能，其他一切人类学转向的哲学家都不可能走上这条路。

总之，马克思在哲学的人类学思潮基础上的这一哲学创造，没有现成的范畴可以概括，只有用从他既从广义人类学高度、又从哲学高度研究"社会化的人类"这一特征，称之为人类学—哲学方显恰当。这是一种建立在广义人类学思潮之上的人类学唯物主义哲学范式。由于马克思这一哲学自始至终都是建立在辩证理性精神和人的感性活动之上的，也可以称之为人本理性哲学；由于这一哲学的哲学使命在于促使人类走向合理生存、健全发展与自由解放，因而也可称之为人的生存理性哲学，由于这一哲学的目的在于以实践"改变世界"，因而也可以称之为实践人类学—哲学，等等。不论如何，我们都不能把马克思的人类学—哲学湮没在哲学人类学的理论水域之下。

但是，马克思所开创的这一极重要的人类学—哲学，却一直被遮蔽，被埋没。甚至被误解为西方固有的人道主义、人本主义、民主主义、人类学、哲学人类学等等而贬入冷宫。现今，在世界历史进入人类学时代的今天，在全人类问题结成一体的今天，在中国站在当代马克思主义立场上提出"以人为本"、"公平正义"、"和谐社会"、"和谐世界"的今天，理应从对马克思的传统理解中超脱出来，站到人类学价值立场的高度，重新理解马克思和他所创立的这一全新的哲学。重要的是，21世纪是人类学世纪，从这一全新的人类学—哲学出发，可以使马克思主义哲学与21世纪的世界历史发展和我国的改革开放精神相结合，成为能够指导和规范我国改革发展和当代世界历史问题的解决方向的马克思主义新哲学，从而开辟马克思主义哲学的当代新形态和它在21世纪的世界性生命力。

参 考 文 献

一 著作

1. 《马克思恩格斯选集》，人民出版社 1995 年版。
2. 《马克思恩格斯全集》，人民出版社第 1 版、第 2 版。
3. [德] 马克思：《博士论文》，人民出版社 1973 年版。
4. [德] 马克思：《1844 年经济学哲学手稿》，人民出版社 1979 年版。
5. [德] 马克思：《资本论》第 1 卷，人民出版社 1965 年版。
6. [德] 马克思：《资本论》第 3 卷下，人民出版社 1975 年版。
7. [德] 马克思：《费尔巴哈》，人民出版社 1988 年版。
8. [德] 马克思、恩格斯：《德意志意识形态》（节选本），人民出版社 2003 年版。
9. 《马克思恩格斯论人性、人道主义和异化》，人民出版社 1984 年版。
10. 《列宁选集》，人民出版社 1995 年版。
11. 《列宁全集》第 31 卷，人民出版社 1972 年版。
12. 《列宁全集》第 41 卷，人民出版社 1990 年版。
13. [俄] 列宁：《哲学笔记》，人民出版社 1974 年版。
14. 《邓小平文选》，人民出版社 1995 年版。
15. 《江泽民文选》，人民出版社 2004 年版。
16. 《费尔巴哈哲学著作选集》，中文新 1 版，商务印书馆 1984 年版。
17. [英] 休谟：《人性论》上、下卷，关文运译，商务印书馆 1980 年版。
18. [法] 卢梭：《社会契约论》，商务印书馆 1980 年版。

19. ［德］黑格尔：《小逻辑》，商务印书馆 1960 年版。
20. ［德］海德格尔：《存在与时间》，生活·读书·新知三联书店 1987 年版。
21. ［德］海德格尔：《尼采》下卷，孙周兴译，商务印书馆 2002 年版。
22. 孙周兴选编：《海德格尔选集》下卷，上海三联书店 1996 年版。
23. ［德］蓝德曼：《哲学人类学》，彭富春译，工人出版社 1988 年版。
24. ［德］赫尔德：《民主的模式》，中央编译出版社 1998 年版。
25. ［德］舍勒：《人在宇宙中的地位》，上海文化出版社 1989 年版。
26. ［美］阿历克斯·英格尔斯：《人的现代化》，人民出版社 1985 年版。
27. ［英］波普尔：《开放的社会及其敌人》第 2 卷，郑一明等译，中国社科出版社 1999 年版。
28. ［法］让－马克·夸克：《合法性与政治》，中央编译出版社 2002 年版。
29. ［英］伯尔基：《马克思主义的起源》，华东师范大学出版社 2007 年版。
30. ［法］埃蒂安·巴利巴尔：《马克思的哲学》，中国人民大学出版社 2007 年版。
31. ［德］哈贝马斯：《认识与旨趣》，学林出版社 1999 年版。
32. ［法］汤姆·洛克曼：《马克思之后的马克思：卡尔·马克思的哲学》，东方出版社 2008 年版。
33. ［美］庞德：《普通法的精神》，唐前宏译，法律出版社 2001 年版。
34. ［美］摩尔根：《古代社会》，中央编译出版社 2007 年版。
35. 《杰斐逊选集》，商务印书馆 1999 年版。
36. ［法］雅克·德里达：《马克思的幽灵》，何一译，中国人民大学出版社 1999 年版。
37. ［匈牙利］卢卡奇：《历史和阶级意识》，重庆出版社 1989 年版。
38. ［意］葛兰西：《实践哲学》，重庆出版社 1990 年版。
39. ［美］道格拉斯·拉米斯：《激进民主》，中国人民大学出版社

2002 年版。

40. ［英］齐格蒙特·鲍曼：《流动的现代性》，上海三联书店 2002 年版。

41. ［美］迈克尔·哈特、［意］安东尼奥·奈格里：《帝国——全球化的政治秩序》，江苏人民出版社 2003 年版。

42. ［英］汤林森：《文化帝国主义》，上海人民出版社 1999 年版。

43. ［德］霍克海默尔、阿多诺：《启蒙的辩证法》，上海人民出版社 2003 年版。

44. ［法］让·鲍德里亚：《完美的罪行》，商务印书馆 2000 年版。

45. ［英］吉登斯：《现代性的后果》，生活·读书·新知三联书店 2000 年版。

46. ［德］乌尔里希·贝克：《世界风险社会》，南京大学出版社 2004 年版。

47. ［法］沃麦克等：《改变世界的机器》，商务印书馆 1999 年版。

48. ［美］马克·第亚尼：《非物质社会》，四川人民出版社 1998 年版。

49. ［法］弗朗索瓦·佩鲁：《新发展观》，华夏出版社 1987 年版。

50. ［德］博尔德：《海德格尔分析新时代的技术》，宋祖良译，中国社会科学出版社 1998 年版。

51. 赵剑英等主编：《马克思哲学论坛文丛》第 1—7 卷，社会科学文献出版社。

52. 鲁克俭：《国外马克思学研究的热点问题》，中央编译出版社 2006 年版。

53. 鲁路：《马克思博士论文研究》，中央编译出版社 2007 年版。

54. 俞吾金：《重新理解马克思》，北京师范大学出版社 2005 年版。

55. 尹树广：《晚年马克思历史观的变革》，黑龙江人民出版社 2000 年版。

56. 宋祖良：《拯救地球和人类未来：海德格尔的后期思想》，中国社会科学出版社 1993 年版。

57. 孙正聿：《思想中的时代》，北京师范大学出版社 2005 年版。

58. 陈学明、王凤才：《西方马克思主义前沿问题二十讲》，复旦大学出版社 2008 年版。

59. 吴晓明、王德峰：《马克思的哲学革命及其当代意义》，人民出版社 2005 年版。

60. 李兵：《生存与解放》，人民出版社 2007 年版。

61. 黄克剑：《人韵》，人民出版社 1982 年版。

62. 王锐生、景天魁：《论马克思关于人的学说》，辽宁人民出版社 1984 年版。

63. 王若水：《为人道主义辩护》，生活·读书·新知三联书店 1986 年版。

64. 王南湜：《人类活动论引导》，南开大学出版社 1993 年版。

65. 袁贵仁：《马克思主义人学思想》，北京师范大学出版社 1996 年版。

66. 俞可平编：《全球化时代的"马克思主义"》，中央编译出版社 1998 年版。

67. 高清海等：《人的"类生命"与"类哲学"——走向未来的哲学精神》，吉林人民出版社 1998 年版。

68. 夏甄陶：《人是什么》，商务印书馆 1998 年版。

69. 韩庆祥、邹诗鹏：《人学——人的问题的当代阐释》，云南人民出版社 2001 年版。

70. 邹诗鹏：《人学的生存论基础——问题清理与论阈开辟》，华中科技大学出版社 2001 年版。

71. 韩敬：《马克思主义哲学与社会主义》，云南民族出版社 2006 年版。

72. 郭湛：《主体性哲学：人的存在及其意义》，云南人民出版社 2002 年版。

73. 吴江：《社会主义资本主义沟通论》，中国社会科学出版社 2003 年版。

74. 王南湜、谢永康：《主体性哲学的视域——马克思唯物主义的当代阐释》，中国人民大学出版社 2004 年版。

75. 冯景源：《类境遇与历史时空》，中国人民大学出版社 2004 年版。

76. 汪信砚：《当代视域中的马克思主义哲学》，湖南大学出版社 2004 年版。

77. 边立新：《社会进步与人的发展——发展的评价尺度》，党建读物出版社 2005 年版。

78. 郭艳君：《历史与人的生成——马克思历史观的人学阐释》，社会科学文献出版社 2005 年版。

79. 李昌道等：《外国法律制度导论》，复旦大学出版社 2003 年版。

80. 刘建新：《马克思现代性视阈中的人的全面发展》，人民出版社 2009 年版。

81. 张一兵：《马克思哲学的历史原像》，人民出版社 2009 年版。

82. 李立纲：《马克思恩格斯人类学编年史》，云南民族出版社 2009 年版。

83. 杜玉亭：《基诺族传统爱情文化》，云南人民出版社 2008 年版。

84. 许宝强、汪晖选编：《发展的幻象》，中央编译出版社 2001 年版。

二 论文

1. ［英］查理斯·泰勒：《马克思主义哲学》，《国外社会科学动态》1998 年第 7 期。

2. 贺来：《马克思哲学与"存在论"范式的转换》，《中国社会科学》2002 年第 5 期。

3. 俞吾金：《海德格尔的现代性批判及其启示》，《江海学刊》2008 年第 5 期。

4. 俞吾金：《物、价值、时间和自由》，《哲学研究》2004 年第 11 期。

5. 张曙光：《人的哲学与生命哲学》，《江海学刊》1999 年第 4 期。

6. 郭湛：《论人类主体及其主体性》，《天津社会科学》2001 年第 5 期。

7. 孙正聿：《人的解放旨趣、历程和尺度——关于马克思的人的全面发展的思考》，《学术月刊》2002 年第 1 期。

8. 孙正聿：《哲学如何面向现实》，《江苏社会科学》2002 年第 2 期。

9. 衣俊卿：《马克思思想：人之存在的文化精神》，人大复印报刊资料：《哲学原理》2001 年第 7 期。

10. 赵剑英：《论人类实践形态的当代发展》，《哲学研究》2002 年第 11 期。

11. 薛德震：《"以人为本"的马克思主义证明》,《光明日报》2004年6月22日。

12. 夏兴有：《论以人为本》,《光明日报》2004年5月27日。

13. 于欣：《当代中国人学研究的问题与出路探析》,《理论学刊》2004年第8期。

14. 张立波：《实践的逻辑：从哲学到社会理论》,人大复印报刊资料：《哲学原理》2001年第8期。

15. 程彪：《马克思哲学的"实践"范畴研究评析》,《哲学动态》2003年第3期。

16. 徐春：《对马克思人的现实生存理论的当代反思》,《江苏行政学院学报》2008年第1期。

17. 李大兴：《论马克思人的全面发展理论的根本变革》,《哲学研究》2006年第2期。

18. 晏辉：《论价值与意义的原始发生》,《学术月刊》2008年第1期。

19. 陈曙光：《关于"以人为本"的形上之思》,《哲学研究》2009年第3期。

20. 袁祖社：《新思维方式的实践 生活维度及其"现代性"祈向——马克思人学理论变革的实质》,《理论学刊》2004年第6期。

21. 张奎良：《马克思视域中的以人为本》,《马克思主义与现实》2004年第3期。

22. 徐亦让：《马克思主义哲学不是"以人为本"——与张奎良同志商榷》,《哲学研究》2004年第9期。

23. 叶汝贤：《唯物史观视域中的"以人为本"——兼与张奎良教授商榷》,《哲学研究》2004年第10期。

24. 黄楠森：《马克思主义与"以人为本"——回答以人为本研究中的几点疑问》,《北京日报》2004年3月1日。

25. 王锐生：《"以人为本"——马克思社会发展观的一个根本原则》,《哲学研究》2004年第2期。

26. 张曙光：《人的存在的历史性及其现代境遇》上,《学术研究》2005年第1期。

27. 欧阳志远：《从"人类中心主义"到"人的类存在主义"》,《教学与研究》2009 年第 12 期。

28. 刘国胜：《论马克思对作为历史前提的人的批判》，《广东社会科学》2010 年第 3 期。

29. 高中建、张英姿：《科学社会主义关于"人"的检视》，《人民论坛》2011 年第 3 期。

30. 张奎良：《关于马克思人的本质问题的再思考》，《哲学动态》2011 年第 8 期。

31. 眭明泉：《两种形态政治监督的比较及思考》，《广西社会科学》2002 年第 5 期。

32. 任仲夷：《政治改革需要勇气》，《南风窗》2004 年 7 月 16 日。

33. 何俊志等：《社会中心论、国家中心论与制度中心论》，《天津社会科学》2003 年第 2 期。

34. 韩安贵：《略论马克思关于人与自然的价值关系的思想》，人大复印报刊资料：《哲学原理》2001 年第 4 期。

35. 卜祥记：《福斯特生态学语境下的马克思哲学》，《哲学动态》2008 年第 5 期。

36. 杨发明、许庆瑞：《生态性发展的涵义及其实现的基本条件与手段的探讨》，《自然辩证法通讯》1997 年第 1 期。

37. 范柏乃等：《生态性发展理论综述》，《浙江社会科学》1998 年第 2 期。

38. 张传奇：《建设有中国特色社会主义的生态性发展体系》，《社会科学辑刊》1998 年第 3 期。

39. 梦海：《走向世界哲学的可能曙光——论卡尔·雅斯贝尔斯的未来世界哲学规划》，《哲学动态》2007 年第 8 期。

40. 孙伟平：《作为价值哲学的马克思哲学》，《学术研究》2007 年第 1 期。

41. 谢韬：《民主社会主义模式与中国前途》，《炎黄春秋》2007 年第 2 期。

42. 唐正东：《手稿的"实践"》，人大复印报刊资料：《哲学原理》2001 年第 10 期。

43. 张宝英：《关于人的本质的再思考》，人大复印报刊资料：《哲学原理》2001 年第 11 期。

44. 晏辉：《论哲学在场的方式》，《哲学研究》2006 年第 3 期。

45. 熊映梧：《改善人类与自然的关系：新千年经济学的头号课题》，《生产力研究》2002 年第 1 期。

后　记

　　我以自己的余生研究马克思哲学，在于从青年时代对于马克思的热爱。马克思对全人类命运的关心，他的真理正义精神，他的深刻和才华，深深触动了我。但是，生活，任务，社会的与精神的环境，还有学术修养，都不可能让我把生命华章用于对马克思的研究。直到我退休后，才有机会实现我青年时代的意念。当然，水平所限，究竟能否展现出马克思不为人知的更为光辉的一面，我却没有信心。不过，如果一个学术方向是正确的，是符合时代需要的，就会有许多人来把它做得更好，这，正是本书的希望。马克思深刻影响了19世纪、20世纪人类历史的发展。在这个意义上，诚如德里达所说，地球上所有的人，所有的男人和女人，不管他们愿意与否，知道与否，他们今天在某种程度上说都是马克思和马克思主义的继承人。从我们每一个人的命运上说的确如此。问题是，马克思能否在当代的时代精神的意义上影响解决当代人类问题？怎样影响21世纪的世界历史发展？这就要求我们去发现马克思精神与当代的时代精神的结合点，这个结合点就是人类学精神。可以断言，世界历史已经进入了人类学时代，正是这一时代精神，使我们能够发现和弘扬马克思的人类学精神，人类学价值立场，以及建立在这种精神和价值立场上的人类学—哲学。鉴于传统观念的强大，本书做的工作，实际上是在这一意念下一点点地展示马克思的哲学言说，再步步深入地彰显他的人类学—哲学思想。所以，本书的行文方法，不过是一种向导的方法，如果真的能把读者引入马克思人类学—哲学的"大观园"——这个为真理正义奋斗的理论世界，笔者也就心满意足了。

　　本书能在今天出版，正是时代精神使然。正是人类学的时代精神，使一些专家认识到本书的价值，对稿子做出了很高的评价，获得了云南省哲学社会科学规划办公室的经济支持，得以面世。因此，我要向这些富有时代精神慧眼的专家致以真诚谢意，向一向支持本人研究的云南省社会科学院的领导和同事以及院外专家致谢，向为本书的编辑出版付出心血的出版社的同志特别是王茵博士的认真审阅特别致谢！

  本书也是作者共同讨论的产物，林安云同志参与讨论并撰写了部分章节以及全书的资料和经典引文校正，为本书的形成付出了心血，不再一一点明。

  本书是系列著述的开篇，还有许多问题，可以在后续文本中叙说，这里就暂时止住了。

苗启明

2013 年 1 月 12 日